Gerenciamento de Projetos
em tirinhas

Alonso Mazini Soler
organizador

Gerenciamento de Projetos
em tirinhas

Especialistas comentam a rotina
de trabalho de Rosalina,
a Gerente de Projetos

Copyright© 2015 por Brasport Livros e Multimídia Ltda.
Todos os direitos reservados. Nenhuma parte deste livro poderá ser reproduzida, sob qualquer meio, especialmente em fotocópia (xerox), sem a permissão, por escrito, da Editora.

Editor: Sergio Martins de Oliveira
Diretora Editorial: Rosa Maria Oliveira de Queiroz
Gerente de Produção Editorial: Marina dos Anjos Martins de Oliveira
Editoração Eletrônica: SBNigri Artes e Textos Ltda.
Capa: Use Design
Ilustrações: Agenor Rubens Delício

Técnica e muita atenção foram empregadas na produção deste livro. Porém, erros de digitação e/ou impressão podem ocorrer. Qualquer dúvida, inclusive de conceito, solicitamos enviar mensagem para editorial@brasport.com.br, para que nossa equipe, juntamente com o autor, possa esclarecer. A Brasport e o(s) autor(es) não assumem qualquer responsabilidade por eventuais danos ou perdas a pessoas ou bens, originados do uso deste livro.

G367

Gerenciamento de projetos em tirinhas / Alonso Mazini Soler (organizador); ilustrações Agenor Rubens Delício - Rio de Janeiro: Brasport, 2015.

ISBN: 978-85-7452-739-0

1. Gerenciamento de Projetos I. Soler, Alonso Mazini II. Título

CDD: 658.404

Ficha Catalográfica elaborada por bibliotecário – CRB7 6355

BRASPORT Livros e Multimídia Ltda.
Rua Pardal Mallet, 23 – Tijuca
20270-280 Rio de Janeiro-RJ
Tels. Fax: (21) 2568.1415/2568.1507
e-mails: marketing@brasport.com.br
           vendas@brasport.com.br
           editorial@brasport.com.br
site: **www.brasport.com.br**

Filial SP
Av. Paulista, 807 – conj. 915
01311-100 – São Paulo-SP

À vida, que insiste em me dar tantas novas ideias, o tempo todo, que fazem brilhar meus olhos.

>

Agradecimentos

A todos os profissionais extraordinários que embarcaram comigo nessa viagem – amigos e incentivadores que se transformaram em coautores e cúmplices do compartilhamento irrestrito de conhecimentos em prol da evolução do profissionalismo do gerenciamento de projetos. A todos os 93 colaboradores que abrilhantaram este livro, vai daqui o meu mais profundo agradecimento.

À equipe que dá vida à minha Rosalina – Agenor Delício, Déborah Lovares e Marcelo Pavan. Muito obrigado pelo apoio!

Abertura

Com a palavra, a equipe que ajuda a dar vida à Rosalina, nossa protagonista, a gerente de projetos...

Marcelo Pavan, *Brand Manager*

Vivenciar o dia a dia de Rosalina e a construção da marca desta personagem foi e continua sendo, sem dúvida, uma experiência única e marcante para minha vida profissional e pessoal.

A cada aventura, a cada situação inusitada que a personagem representa, além de me divertir muito, me proporciona crescimento e me dá inspiração para solucionar os diversos problemas que eu próprio encontro pelo caminho, com muito planejamento, perseverança e tranquilidade – sempre respaldado em sua ética.

Fiz parte do processo de crescimento e construção da personagem, e ela, por sua vez, fez parte do meu crescimento e da minha evolução profissional, tornando-se um exemplo de conduta não só para mim, mas para todos que a seguem.

Desejo sucesso para a gerente de projetos mais carismática e famosa do Brasil!

Déborah Lovares, *Social Media*

Em 2011 Rosalina já estava nas redes sociais como uma "Super gerente de projetos" devido à dinâmica "Rosalina e o Piano". Foi nesse ano que eu conheci o trabalho e a personagem. Minha missão era mudar o seu perfil nas redes sociais. Mas como fazer isto? Recebi 1001 recomendações e confesso que fiquei assustada. O primeiro passo foi entendê-la, compreender a sua história, a sua missão, as suas prioridades, as causas que ela abraçava. Enfim, entrar em seu mundo e na sua psique. Daí a me apaixonar pela personagem foi questão de pouco tempo. E confesso que essa paixão surgiu desde o nosso primeiro encontro.

Rosalina, gerente de projetos, hoje ajuda o meio ambiente, se envolve nas causas de inclusão, se preocupa com a educação do país, apoia as iniciativas de mobilidade urbana, está ao lado da profissionalização dos jovens, divulga artigos de seus amigos e muito mais. Rosalina se preocupa em ajudar o próximo levando às pessoas o conhecimento e uma representação de como deveríamos ser.

É um prazer fazer parte dessa equipe. Dar vida à Rosalina nas redes sociais é realmente uma tarefa incrível.

Agenor Rubens Delício, Ilustrador

Ao ser convidado para desenhar Rosalina (nome de minha mãe), fiquei assustado. Os traços a serem desenvolvidos fugiam do "realismo" que eu costumava trabalhar. Foram dias de pesquisa e envolvimento completo com a personagem para desenvolver uma nova técnica. Com histórias claras, fáceis e diretas, as situações desta gerente de projeto foram de grande aprendizado para mim. Hoje a satisfação é enorme ao ver a Rosalina na "tela" sorrindo para mim e tanta gente conhecida e competente dialogando com ela. Sucesso!!!

Sumário

Introdução 1

Capítulo 1. Situações Típicas em Gerenciamento de Projetos 3
    Tirinha 1: a promoção 3
    Tirinha 2: expectativas individuais. 6
    Tirinha 3: com muita emoção! 9
    Tirinha 4: mérito transitório 12
    Tirinha 5: o ciclo virtuoso do reconhecimento 15
    Tirinha 6: a carreira em Y 18
    Tirinha 7: escolhendo a equipe – disponibilidade ou competência?..... 21
    Tirinha 8: alocação de gerentes aos projetos. 24
    Tirinha 9: a lógica invertida da competência 27
    Tirinha 10: alocação de recursos aos projetos 30
    Tirinha 11: mais um projeto! 33
    Tirinha 12: mais projetos na carteira 36
    Tirinha 13: se vira nos trinta 39
    Tirinha 14: sim ou não? 41
    Tirinha 15: ética 44

Capítulo 2. Gerenciamento da Integração 47
    Tirinha 16: o plano do projeto 47
    Tirinha 17: o plano do projeto em uma única folha 50
    Tirinha 18: o PM Canvas 52
    Tirinha 19: contatos pessoais durante a execução 55
    Tirinha 20: encerramento administrativo do projeto 58

Capítulo 3. Lições Aprendidas 61

    Tirinha 21: antes de partir para o próximo projeto 61

    Tirinha 22: registro da memória dos projetos 63

    Tirinha 23: lições aprendidas, boas práticas e inovações 65

    Tirinha 24: aprendizados extraídos de projetos 67

Capítulo 4. Gerenciamento do Escopo 69

    Tirinha 25: *gold plating* 69

    Tirinha 26: escopo incompleto 71

    Tirinha 27: controle integrado de mudanças 73

    Tirinha 28: impactos das mudanças. 75

Capítulo 5. Gerenciamento dos Requisitos 77

    Tirinha 29: os requisitos do projeto 77

    Tirinha 30: os requisitos e o planejamento 79

    Tirinha 31: ajuste do escopo ao longo da execução do projeto 81

Capítulo 6. Métodos Ágeis para o Gerenciamento de Projetos 83

    Tirinha 32: as metodologias ágeis 83

    Tirinha 33: projetos com escopo flexível. 85

    Tirinha 34: entregas em vez de documentação abrangente 87

    Tirinha 35: trabalho colaborativo. 89

    Tirinha 36: foco nos indivíduos e nas suas interações. 91

Capítulo 7. Gerenciamento de Recursos e de Durações 93

    Tirinha 37: a mobilização de recursos. 93

    Tirinha 38: relação entre recursos e duração 95

    Tirinha 39: *crashing* 96

    Tirinha 40: opinião de especialista. 98

    Tirinha 41: estimativas baseadas em premissas 100

    Tirinha 42: a estimativa de tempo e custos. 102

    Tirinha 43: planejamento de quantidades e produtividades dos recursos 104

Tirinha 44: a alocação de recursos............................106
Tirinha 45: prazos inexequíveis..............................108
Tirinha 46: programação das atividades com restrição de recursos....110
Tirinha 47: o cronograma planejado e a programação..............113
Tirinha 48: caminho crítico..................................115

Capítulo 8. Método da Corrente Crítica 117

Tirinha 49: lei de Parkinson 117
Tirinha 50: a lei de Parkinson e o término antecipado..............120
Tirinha 51: programação ALAP................................122
Tirinha 52: programação ALAP versus ASAP......................126
Tirinha 53: folgas na programação..............................128
Tirinha 54: congelamento de projetos do portfólio..................131
Tirinha 55: critérios para o congelamento de projetos...............133

Capítulo 9. Gerenciamento dos Custos 135

Tirinha 56: o dilema da precisão das estimativas...................135
Tirinha 57: o PERT custo.....................................137
Tirinha 58: nivelamento dos recursos...........................139
Tirinha 59: a precisão das estimativas de custos...................141
Tirinha 60: um limite superior para os sobrecustos................143
Tirinha 61: o atraso econômico e a ética do pragmatismo...........145
Tirinha 62: equilíbrio econômico e financeiro do projeto............147

Capítulo 10. Gerenciamento da Qualidade 149

Tirinha 63: planejamento da qualidade..........................149
Tirinha 64: certificação do sistema de qualidade..................151
Tirinha 65: controle e garantia da qualidade......................153
Tirinha 66: garantia da qualidade – auditorias....................155

Capítulo 11. Gerenciamento dos Recursos Humanos........................... 157

Tirinha 67: desenvolvimento de competências....................157
Tirinha 68: como fazer as coisas acontecerem?....................160

Tirinha 69: saber lidar com os conflitos da equipe 162
Tirinha 70: sinergia da equipe 164
Tirinha 71: vida dura de gerente de projetos 166

Capítulo 12. *Coaching* para Gerentes de Projetos **169**
Tirinha 72: desenvolvimento de gerentes de projetos através do *coaching* 169
Tirinha 73: visão sistêmica 171
Tirinha 74: o perfil do gerente de projetos 173
Tirinha 75: o método socrático..................................... 175

Capítulo 13. Geração Y em Projetos **177**
Tirinha 76: o novo estagiário 177
Tirinha 77: o acesso à internet e às redes sociais no trabalho 179
Tirinha 78: pensando "fora da caixa"............................... 181
Tirinha 79: o mundo mudou....................................... 184
Tirinha 80: em breve o mundo será deles 186

Capítulo 14. Projeto Universidade Corporativa............................ **188**
Tirinha 81: desenvolvimento profissional e planejamento estratégico .. 188
Tirinha 82: competências profissionais desejadas 191
Tirinha 83: concepção de uma universidade corporativa............. 193
Tirinha 84: vantagens da universidade corporativa.................. 195
Tirinha 85: impactos organizacionais da universidade corporativa 198

Capítulo 15. Gerenciamento da Comunicação........................... **200**
Tirinha 86: o plano de comunicação do projeto..................... 200
Tirinha 87: a visão do teto.. 202
Tirinha 88: reuniões, apresentações, mensagens, etc. 204
Tirinha 89: as diferentes línguas funcionais 207

Capítulo 16. Gerenciamento dos Riscos 209

Tirinha 90: os riscos e as condições incertas 209

Tirinha 91: a identificação dos riscos. 211

Tirinha 92: os riscos e os estudos de viabilidade financeira do projeto . 213

Tirinha 93: o contingenciamento de riscos. 215

Tirinha 94: conhecendo as incertezas 217

Tirinha 95: o monitoramento de riscos. 218

Tirinha 96: desempenho adequado ou planejamento mal feito?....... 220

Capítulo 17. Gerenciamento das Aquisições 222

Tirinha 97: procedimentos rígidos de contratação 222

Tirinha 98: cronograma de aquisições. 224

Tirinha 99: exigências inadequadas. 226

Tirinha 100: cadastros de materiais 228

Capítulo 18. Gerenciamento de Contratos 230

Tirinha 101: proposta, contratos e entregas 230

Tirinha 102: termos vagos. 232

Tirinha 103: captar um projeto com escopo nebuloso ou aparar
as arestas antes?. 233

Tirinha 104: conflito de interesses 235

Tirinha 105: aditivos contratuais 236

Tirinha 106: critério de faturamento 238

Tirinha 107: pagamento contra entregas aceitas 240

Tirinha 108: fogo amigo. 242

Tirinha 109: multas contratuais 244

Capítulo 19. Gerenciamento dos *Stakeholders* 246

Tirinha 110: o tabuleiro de xadrez. 246

Tirinha 111: o lado político do gerenciamento dos projetos 249

Tirinha 112: demandas conflitantes. 251

Tirinha 113: os *stakeholders* e a mudança de opinião 253

XV

Capítulo 20. PMO – Escritório de Gerenciamento de Projetos 255

    Tirinha 114: expectativas sobre o PMO 255

    Tirinha 115: as competências do gerente do PMO 257

    Tirinha 116: maturidade do PMO 259

    Tirinha 117: mais um centro de custo... 261

Capítulo 21. Gerenciamento de Programas 263

    Tirinha 118: gerente de programas 263

    Tirinha 119: os projetos que compõem o programa 266

    Tirinha 120: eficiência coletiva..................................269

    Tirinha 121: gerente de programas ou gerente funcional 272

Capítulo 22. Certificação Profissional PMP 275

    Tirinha 122: quem é o melhor gerente de projetos? 275

    Tirinha 123: conhecimento ou experiência?......................277

    Tirinha 124: os PMPs da empresa 279

    Tirinha 125: passei na prova. E agora?...........................281

Capítulo 23. Gerenciamento Sustentável de Projetos 283

    Tirinha 126: responsabilidade social e ambiental 283

    Tirinha 127: a reutilização da água das chuvas.....................287

    Tirinha 128: a carona solidária 289

    Tirinha 129: o uso de energia após o expediente de trabalho 292

    Tirinha 130: o uso da bicicleta 294

    Tirinha 131: protagonistas da mudança 297

Anexo. Relação de Colaboradores 301

Introdução

Sinto-me totalmente realizado com a produção deste novo livro. O projeto foi inovador, ambicioso, grandioso, maravilhoso!!!! Tudo no superlativo. São 93 colaboradores dentre os mais destacados nomes do gerenciamento de projetos do país, 131 tirinhas e 384 comentários. Já imaginou gerenciar um projeto assim?

Sou imensamente grato a todos os amigos, colegas de profissão, que acolheram o meu projeto, que me deram incentivo, contribuindo de forma voluntária e que embarcaram comigo nesse sonho. É realmente um sonho amealhar tantos amigos assim pela vida! Hei de retribuir a todos com minha amizade sincera e com o profissionalismo que sempre pautou a minha vida.

Este livro é mais uma contribuição aberta (*wiki*) ao ensino do gerenciamento de projetos que se alavanca nas peripécias da personagem Rosalina – uma metáfora criada para apoiar a comunicação direta e o aprendizado com meus alunos, professores e profissionais da área.

Cada tirinha aborda uma situação típica, um caso, um momento único na rotina de trabalho de Rosalina, e propicia reflexões imediatas ao leitor. Obviamente, o nível de conhecimento e de vivência de cada um conduzirá a uma interpretação pessoal do tema, não havendo de minha parte a intenção de induzir o que é certo ou o que é errado nessas reflexões. A proposta de complementar as ilustrações com comentários de especialistas (gente que faz a diferença!!!) baseia-se na possibilidade de ampliação dessa visão imediata do leitor, proporcionando a abertura para novas possibilidades de interpretação "além da caixa", aceleração do seu amadurecimento profissional, o seu protagonismo em relação à própria carreira e a formação de suas conclusões pessoais a serem usadas pela vida afora.

Estou muito feliz com o resultado obtido. Espero que os benefícios almejados por esse projeto sejam plenamente atingidos e que o leitor faça bom uso do conteúdo rico que tem nas mãos.

Alonso Soler

Capítulo 1. Situações Típicas em Gerenciamento de Projetos

Tirinha 1: A promoção

ALONSO SOLER (Roteirista e Agente de Rosalina): Geralmente o papel de gerente de projetos não é bem entendido por quem não é da área. Essa promoção implica no aumento da responsabilidade, da dedicação, do nível de problemas, etc. e quase sempre não vem acompanhada de aumento de salário ou benefícios... mas para os que gostam e se sentem confortáveis no papel... é tão bom quanto chocolate!

ANTÔNIO ANDRADE DIAS (Presidente da APOGEP, CPM IPMA): Relembro sempre como me tornei gerente de projetos – no corredor de uma multinacional. Eu era na época um jovem cheio de sonhos enquanto gerente de produtos. Tinha chegado à companhia através de um processo de *headhunter*, bom salário e um excelente pacote de benefícios adicionais. Mas, de um momento para o outro, a minha vida mudou. Não fazia ideia do que era ser um gerente de projetos, que técnicas, que ferramentas, que metodologias utilizar. E o relógio estava a contar contra mim. Mas o desafio era enorme... fazer parte de algo que poderia marcar a diferença na organização. E esse desafio superava qualquer tipo de receio.

Rosalina, quase sempre a carreira de um gerente de projetos tem esse início. E a grande questão fica em saber se a escolha foi a certa. No meu caso, os passos dados foram simples – procurei onde encontrar informação que me ajudasse nesse desafio. Não bastava o conhecimento técnico; eu precisava adquirir experiência, e esta apenas se obtém fazendo as coisas acontecer. O mais importante foi a minha *toolbox* de competências comportamentais: já dispunha de elementos para gerir pessoas e fazer acontecer. Este é, sem dúvida, o grande diferencial dessa profissão – as competências comportamentais cotidianas necessárias para um desempenho de excelência. No fundo, todos nós, gerentes de projetos, temos que enfrentar os grandes desafios dessa profissão, mas o reconhecimento e a recompensa por certo irão chegar quando você menos esperar. Por isso sou gerente de projetos há mais de 25 anos!

JOSÉ CARLOS ALVES (Presidente do PMI-DF e PMO do MF): Muitas vezes nos surpreendemos fazendo "cara de coruja" com alguém falando de suas conquistas. Isso acontece, muitas vezes, devido ao desconhecimento do grau de dedicação que nosso interlocutor dedicou à tarefa ou ao valor que ele dá a situação.

Se, no nosso grupo social e com os familiares, é muito importante esse reconhecimento, qual a solução? Tratar esse grupo de pessoas como um conjunto de *stakeholders* "especiais" e aplicar as abordagens da área de comunicações e de gerenciamento de *stakeholders* para vender nossos projetos e assuntos de interesse. Temos de vender nossos projetos e desafios no nosso círculo pessoal e familiar como fazemos no círculo profissional. Comunicar essas pessoas de maneira estruturada pode minimizar o *gap* de conhecimento desses *stakeholders* "especiais" sobre nossos desafios e conquistas.

MARIA HELOIZA MAGRIN (Diretora de Projetos/PMO da SOFTMAG, PMP, MBA, SAP CPM): Rosalina, por ser uma função relativamente nova no mercado quando comparada com funções mais tradicionais, tanto os familiares quanto a maioria das pessoas nas empresas não entendem o que é ser um gerente de projetos, confundindo essa função com cargos hierárquicos da estrutura organizacional das empresas, como gerentes funcionais e operacionais. Você está correta, ser gerente de projetos significa ter as competências, habilidades e atitudes necessárias para realizar as estratégias da empresa através de projetos que irão inovar ou aprimorar os processos ou produtos da empresa.

Capítulo 1. Situações Típicas em Gerenciamento de Projetos

O gerente de projetos se motiva frente aos desafios, às oportunidades de aprendizado e melhoria contínua, alcançando a cada dia mais maturidade. Como costumamos dizer, nós fomos contaminados pelo "vírus projectus".

RICARDO VARGAS (Diretor Mundial de Projetos, Nações Unidas – UNOPS): Rosalina, o reconhecimento é fruto do trabalho e não do título. Até que o gerente de projetos mostre o resultado através da entrada do produto ou do serviço correto, no prazo e qualidade acertados, o que ele tem nada mais é do que um título no seu crachá... título este que pode, inclusive, ser um grande adversário caso os resultados não apareçam!

TIRINHA 2: EXPECTATIVAS INDIVIDUAIS

ALONSO SOLER (Roteirista e Agente de Rosalina): O gerente do projeto deveria poder indicar os recursos alocados aos seus projetos. DEVERIA, pois nem sempre isso é possível. Geralmente os recursos alocados aos projetos são aqueles que estão disponíveis no momento da mobilização. Por isso, é fundamental que o gerente de projetos trabalhe as expectativas individuais e o modo de convívio da equipe. Não é uma tarefa fácil! Como tudo durante o projeto. Trabalhar com equipes fixas pode ser uma boa prática, caso a natureza do trabalho e a empresa permitam.

ANTONIO CESAR AMARU MAXIMIANO (Professor da FEA-USP): Está certo, Rosalina, você deve saber lidar com as expectativas da equipe e esclarecer os benefícios e encargos da participação no projeto. Querer sempre mais é da natureza humana. Por isso, abrir o jogo é boa política – se o projeto não pode oferecer recompensas materiais, "oportunidade de crescimento" é um conceito que deve ser bem definido. "Oportunidade" é palavra que costuma ser usada levianamente.

MAGALI AMORIM (Professora e Consultora em Gerenciamento de Projetos na Gestão Secretarial): É, Rosalina... você precisa realmente motivar o pessoal disponível! E para isso deve usar todo o seu latim para convencê-los de que há desafios que nem sempre representam ganhos financeiros ou posições de prestígio, mas que, certamente, podem beneficiá-los no médio ou longo prazo, impulsionando suas carreiras. Por vezes, o ganho pode se resumir a um incremento de conhecimento que será fundamental em algum projeto futuro. Aliás, sua habilidade em liderar é desafiada a cada novo projeto em que tenha que formar uma nova equipe. Cada um com seus anseios e expectativas, e o desafio é justamente trazê-los para o projeto e ainda captar o entusiasmo e a aderência de todos, quando a reciprocidade se dá apenas no que não é tangível... seu desafio vai além: fazê-los **perceber** que a atuação de cada um no novo projeto pode ser uma excelente oportunidade para a evidência e a exposição de seus talentos.

MÍRIAM MACHADO (Consultora da Planning Consultoria, MSc e PMP): Rosalina, para sensibilizar os recursos disponíveis e obter um time com as devidas competências requeridas pelo projeto use a seguinte combinação de estratégias:

Boas práticas das áreas de conhecimento do gerenciamento dos *stakeholders* + Appendix X3 do PMBOK® *Guide* 5ª edição (*soft skills*) + gerenciamento das comunicações.

Aplique as estratégias de levantamento das características e dos requisitos dos *stakeholders* para identificar as habilidades interpessoais demandadas pelo projeto. Com essa identificação você poderá avaliar as competências de cada recurso e montar um plano de desenvolvimento para a equipe disponível. O próximo passo é fazer uso dos processos da área de gerenciamento das comunicações para manter a equipe informada sobre a performance individual e a do projeto.

ROQUE RABECHINI JR. (Sócio da C&R Consultoria): Vejo dois problemas na sua abordagem com futuros membros da sua equipe de projetos:

1) A forma de seu convite: "quem quer...".

2) A venda de seu projeto: "uma grande oportunidade de crescimento profissional".

Rosalina, você como uma gerente de projetos experiente não deve "leiloar" o seu projeto – quem dá mais! É preciso apresentar o projeto de forma profissional. Você terá que seduzir os recursos que formarão sua equipe. Para isso será preciso conhecê-los melhor. Só assim você poderá alinhar as expectativas de cada um dentro do projeto.

O segundo problema é mais perigoso: nem todo projeto apresenta uma oportunidade de crescimento. Imagine você convocar um profissional para um projeto de manutenção de programa de um software feito há dez anos? Não tem como oferecer crescimento profissional! Penso que a maioria dos projetos é formada por profissionais que trabalham nele por necessidade, só isso. Não só por oportunidade de crescimento.

Com base nisso, Rosalina, acho que você terá que arrumar outros meios de estimulá-los – este será seu maior desafio.

TIRINHA 3: COM MUITA EMOÇÃO!

ALONSO SOLER (Roteirista e Agente de Rosalina): Ah! Essa é fácil. A vida profissional de um gerente de projetos é sempre regada a MUUUITA emoção. Portanto, Rosalina e equipe, afivelem seus cintos de segurança que o projeto vai começar! Sem juízo de valor, trabalhar como gerente de projetos não é para qualquer um – só para os fortes!

EDMARSON B. MOTA (Coordenador e Professor MBA da FGV-IDE): Rosalina, projetos são sempre com emoção e se você ainda pedir com uma pitada adicional de emoção, o que terás é um descontrole emocional! Cuidado! Ambientes que são naturalmente "emocionantes e estressantes" demandam muito planejamento, análise de riscos, sem contar todos os cuidados e boas práticas naturais para iniciar um projeto. As emoções virão com certeza, mas poderão ser administradas de modo a não termos tragédias no projeto e aquela sensação de impotência. Gerenciar projetos com sucesso não é para qualquer perfil gerencial, mas para quem gosta de aliar desafios e emoções com responsabilidade e metodologias adequadas para sobreviver com galhardia e gerar os resultados esperados. O lema é: EMOÇÃO COM RESPONSABILIDADE!

GUILHERME ARY PLONSKI (Professor da USP, ex-Presidente Fundador do PMI-SP): Rosalina, recomendo ver o filme "O Jogo da Imitação", vencedor do Oscar em 2015 para melhor roteiro adaptado. O enredo desse filme apaixonante é o desenvolvimento, pela Inglaterra, do projeto secreto de decifração do código criptográfico utilizado pela máquina militar da besta nazista. Você verá um caso de emoções extremas, quer pela intensidade, como pela duração. Haja adrenalina... é que o projeto junta três condições que individualmente já são geradoras de estresse: incerteza inicial, quase absoluta, sobre como atingir o objetivo, alta complexidade e extrema urgência. Não se preocupe, Rosalina, poucos projetos são essa loucura...

Aproveite para também observar na narrativa outras características da vida do(a) *Homo Projectus*. Uma delas, dolorosa, é a ausência de reconhecimento adequado aos que levam o projeto a bom termo. No caso, passaram-se quase setenta anos da vitória dos aliados na II Grande Guerra, para a qual tanto contribuiu o resultado desse projeto, até que a rainha da Inglaterra fizesse o reconhecimento público póstumo de Alan Turing, o seu brilhante gerente. Penso que há numerosas razões para essa demora. A natureza secreta do projeto e a vida pessoal de Turing, discrepante da norma vigente à época, são fatores evidentes. O que lhe peço para avaliar ao longo da projeção é um fator enigmático: o não reconhecimento pode ser consequência do ressentimento gerado pela ruptura das crenças e práticas existentes em decorrência do êxito de um projeto fortemente inovador.

JOHN DALE (Consultor e Professor de MBA em Gestão de Projetos): Uma forma de identificar um projeto é através da frase, sempre presente: "é para ontem!". A pressão sobre os gerentes de projetos é constante, o que exige que seu perfil tenha um alto grau de tolerância ao estresse. Um bom gerente de projetos vive da "emoção", mas normalmente não a procura nem a retransmite à sua equipe, o que aumenta a sua pressão interior.

Saber lidar com a pressão e com o estresse é muito importante para a sobrevivência pessoal do profissional de gerenciamento de projetos. Assim, cada um procura um "escape" diferente para as suas emoções: voar, andar de moto, paraquedismo... sempre procurando algo que o coloque em situações com algum grau de estresse para extravasar a adrenalina do dia a dia.

RAPHAEL ALBERGARIAS (Fundador e Presidente IPMA Brasil): É, Rosalina… emoção na vida de um gerente de projetos no Brasil faz parte de nossa cultura. Um dos fatores que mais pude observar é o "fazejamento"! A falta de análise do contexto de negócio do projeto, da cultura da empresa e das ferramentas disponíveis acaba tornando a vida do gerente de projetos pura adrenalina!

Um exemplo quanto ao contexto de negócio a se observar é a nossa origem recente da economia… só temos estabilidade econômica há duas décadas. Antes disso, o cenário era completamente descontrolado, com inflação galopante, e não tínhamos como prever o que iria acontecer. Isso formou a base da cultura das empresas e de boa parte das lideranças que temos à frente dos negócios. Se planejar não era parte do dia a dia, como eles vão entender que será parte do nosso? Além disso, duas décadas atrás não tínhamos as ferramentas computacionais de planejamento que temos hoje... na verdade, a microinformática demorou a entrar no Brasil.

Como resultado desses fatores, acabamos por viver em uma cultura onde incêndios constantes, conflitos, falta de comunicação e consequente desmotivação da força de trabalho acabam por transformar a vida do gerente de projetos em um misto de emoção, intuição, arte e misticismo!

Tirinha 4: Mérito Transitório

ALONSO SOLER (Roteirista e Agente de Rosalina): Em gerenciamento de projetos o reconhecimento pelo trabalho bem feito acaba sendo um mérito bastante transitório; afinal, o próximo projeto já está "no forno" e já pipocam diversas pendências a serem resolvidas. Portanto, Rosalina, não se desilude, pois isso faz parte da profissão que você escolheu para si.

ANTÔNIO ANDRADE DIAS (Presidente da APOGEP, CPM IPMA): O desafio das competências técnicas, contextuais e comportamentais acompanha o dia a dia dos profissionais de gestão de projetos. Em ambiente de projeto sou muitas vezes questionado pela minha equipe:

— Tenho os meus projetos sob controle, e agora?

A resposta automática:

— Obrigado!

Capítulo 1. Situações Típicas em Gerenciamento de Projetos

Uma das nossas maiores lacunas passa pela dificuldade do reconhecimento. Temos que agradecer, mas temos que reforçar que já contávamos com isso, que sabíamos que eles eram capazes. Mas, vendo a "frio" a situação, eles estão na organização por uma razão – porque são gerentes de projetos e, como tal, são pagos para criar valor, para entregar no prazo, no custo e na qualidade, e isso não pode ser esquecido jamais. Saiba, contudo, que o próximo desafio será ainda mais complexo. Faz parte do nosso crescimento e do nosso DNA esse tipo de posicionamento. O desafio é diário e você não pode sofrer de "gastrite". Tem que saber gerir competências comportamentais enquanto gerente de projetos, tem que possuir e aplicar toda a sua inteligência emocional. A "pipoca" será diária.

Contudo, cabe a nós, diretores ou gerentes de projetos, a gestão clara das expectativas dos nossos *sponsors*. Eles vão pedir sempre mais e, certamente, nós iremos entregar sempre mais. É por isso que somos gerentes de projetos e não meros executores de projetos. É por isso que somos pagos não para "trabalhar", e sim para gerir. Assim, tempo para reportar as suas horas no final da semana você vai ter sempre de sobra, basta você se organizar.

JOSÉ CARLOS ALVES (Presidente do PMI-DF e PMO do MF): No ambiente turbulento de gerenciamento de projetos em que vivemos, quando há o reconhecimento, este vem com muitas possibilidades de ser transitório. Portanto, celebre cada vitória na sua vida profissional. Uma entrega cumprindo prazo, custo e qualidade ou até um simples relatório no prazo. Mesmo para pequenas conquistas, tenha consigo a prática de celebração e autorreconhecimento. Pode ser apenas um chocolate que você vai abrir e degustar vagarosamente como um prêmio pela realização de uma tarefa ou entrega. Pode, inclusive, ir até o topo do edifício ou no meio do estacionamento e dar um grito de guerra de vencedor (UUHHHUUUU!!!). Você ainda pode se retirar para um lugar calmo, uma sala de reunião vazia ou uma escada de incêndio, para agradecer e curtir alguns minutos em paz (qualquer que seja o seu credo) como celebração por aquela vitória. Não delegue a ninguém este momento.

MARIA HELOIZA MAGRIN (Diretora de Projetos/PMO da SOFTMAG, PMP, MBA, SAP CPM): Como gerente de projetos, Rosalina, você deve motivar a sua equipe e comemorar com eles cada uma das vitórias conquistadas e transmitir a todos o reconhecimento percebido pelo *sponsor* ou outros superiores e, ao mesmo tempo, não se deixar desmotivar pelas cobranças, pois elas fazem parte do nosso dia a dia e, independente do momento, os prazos de entrega têm que ser cumpridos. Devemos aprender com as lições de sucesso também, mas não esquecer que a vida continua.

RICARDO VARGAS (Diretor Mundial de Projetos, Nações Unidas – UNOPS): Rosalina, eu queria compartilhar com você uma citação que eu adoro usar: "gerenciamento de projetos nada mais é do que uma relação de compra ou venda de estresse... a sua empresa ou o seu cliente o remunera e compensa para assumir o estresse das entregas e do trabalho". Você já notou que não existe um projeto fácil? Todas as vezes que você tem essa sensação você pode ter certeza de uma coisa: ou você entendeu mal ou lhe explicaram errado!

Capítulo 1. Situações Típicas em Gerenciamento de Projetos

TIRINHA 5: O CICLO VIRTUOSO DO RECONHECIMENTO

ALONSO SOLER (Roteirista e Agente de Rosalina): Novamente a temática do reconhecimento transitório do gerente de projetos. O fato retratado na tirinha remete a um ciclo virtuoso: quanto maior o reconhecimento de sua competência, mais Rosalina se habilita a liderar projetos cada vez mais complexos, desafiadores e trabalhosos. Mas por que eu, diria Rosalina? Exatamente porque você costuma entregar as suas incumbências com um grau de qualidade adequado. Ou você acha que teria a chance de tocar esses projetos caso não passasse confiança ao seu chefe? Acalme-se e pense que quanto mais você responde adequadamente, mais você estende e fortalece suas raízes na empresa, gerando visibilidade e criando dependência da empresa quanto ao seu trabalho. É complicado, mas aumenta a sua empregabilidade e certamente lhe dá muito prazer.

ANTÔNIO ANDRADE DIAS (Presidente da APOGEP, CPM IPMA): Mais um quadro comum nas nossas organizações. Você é capaz, você foi capaz, e por isso tem agora mais um desafio para si: o projeto mais complexo da empresa. A questão toca, uma vez mais, o campo das competências comportamentais. Que perfil o gerente de projetos deve possuir para gerir o projeto? Formação técnica adequada é um *must*. O conhecimento do negócio é um *must*. Mas o diferencial passa pelo componente comportamental e o seu ajustamento à cultura da organização. E essa questão é exponencial quando esses projetos se tornam globais e multiculturais, onde a medição da complexidade reside não na solução técnica, mas na "fórmula mágica" utilizada pelo gerente de projetos na gestão dos vários *stakeholders* envolvidos. O desafio para si, gerente de projetos, está precisamente no desenvolvimento das suas competências. Quanto maior for a sua visibilidade na organização, maior a chance de "tocar" projetos complexos, e então aí os seus *skills* de liderança, trabalho em equipe, assertividade, negociação, conflito, crise e resiliência serão postos à prova. Como diria a Rosalina: eu sei que vai dar certo!

JOSÉ CARLOS ALVES (Presidente do PMI-DF e PMO do MF): Rosalina, o reconhecimento é bom e infla nossos egos, mas às vezes são verdadeiras armadilhas. Pense nisso. No caso de uma indicação para um projeto mais complexo ou para um conjunto de novas responsabilidades de mais alto nível, tenha sempre em mente a seguinte métrica: RESPONSABILIDADE = AUTORIDADE. O que significa isso? Significa que para cada nível extra de responsabilidade que você recebe, deve receber a equivalente parcela de autoridade. Este é um mantra que sempre repito para meus interlocutores no mundo de projetos. Quando a interlocução é com os superiores o meu objetivo é mostrar-lhes a necessidade do "empoderamento" adequado para permitir que sejam exigidas responsabilidades. Já a interlocução com os colaboradores ocorre no sentido de alertá-los para não aceitarem responsabilidades para as quais não tenham o adequado grau de autoridade. Aceitar responsabilidade sem autoridade é o princípio do fim. Então, fica o conselho: novas responsabilidades devem vir acompanhadas da correspondente parcela de autoridade.

MARIA HELOIZA MAGRIN (Diretora de Projetos/PMO da SOFTMAG, PMP, MBA, SAP CPM): Rosalina, vou dizer uma coisa que eu sempre falo para os meus alunos de MBA: ser gerente de projetos pode não ser difícil, mas ser um bom gerente de projetos, capaz de entregar seus projetos com sabedoria e agregar valor à empresa, constituindo equipes altamente produtivas, que a ajudem a alcançar seus objetivos estratégicos através da entrega dos projetos de forma correta, é extremamente difícil, mas altamente valorizado e disputado pelo mercado.

Quando eu atuava como gestora do PMO global de uma das maiores consultorias brasileiras presente em muitos países, um dos gerentes de projetos que fazia parte da minha equipe sempre me questionava por que sempre ele era designado para fazer recuperação (*recover*) de projetos que não estavam indo bem e muitas vezes eram abandonados pelos seus gerentes. E a resposta que ele recebeu sempre foi a mesma: porque você tem as qualidades necessárias para realizar esse tipo de trabalho e levar ao sucesso um projeto condenado ao fracasso. Na última vez em que o vi, nos encontramos no aeroporto de NY quando ele voltava de um projeto na China. Veja que o mercado também reconhece os gerentes e suas capacidades.

RICARDO VARGAS (Diretor Mundial de Projetos, Nações Unidas – UNOPS): Rosalina, o reconhecimento gera novas responsabilidades, que, por sua vez, geram mais reconhecimentos. Esse ciclo que muitos podem chamar de vicioso é, na verdade, um ciclo virtuoso que faz com que o gerente de projetos ganhe reconhecimento, solidifique o seu trabalho e aumente a sua capacidade profissional. Lembre-se sempre de que o sucesso é construído não necessariamente por uma grande vitória, mas, sim, por vitórias pequenas obtidas dia a dia no trabalho em projetos e, naturalmente, quanto mais vitoriosos somos, mais estratégicas e relevantes serão as batalhas no futuro. Fato natural da vida. ☺

TIRINHA 6: A CARREIRA EM Y

ALONSO SOLER (Roteirista e Agente de Rosalina): É, Rosalina, lembrei-me de uma frase antiga: "nem sempre um grande especialista se torna (ou deseja se tornar) um grande gerente"! Para atender aos profissionais que, como o Klauss, não se veem ocupando um papel gerencial é que surgiu o conceito da carreira em Y. Espero que o Dr. Agenor compreenda isso tanto quanto você!

ANTONIO CESAR AMARU MAXIMIANO (Professor da FEA-USP): Prezada Rosalina, talvez o Klauss não sirva mesmo para chefe – principalmente porque ele não quer ser chefe e prefere o papel de especialista. Você vai ter que explicar isso para o Dr. Agenor, chefe dele. Mas, Rosalina, você ficou em uma situação delicada – interferir nas decisões de outro chefe não é prudente. Faça isso com muito cuidado. Finalmente, nada permite predizer que o Klauss vá fracassar como gerente de projetos. Talvez, como "gerente acidental", ele acabe revelando competências insuspeitas.

MAGALI AMORIM (Professora e Consultora em Gerenciamento de Projetos na Gestão Secretarial): Rosalina, sua empresa tem muita sorte em ter um especialista com autoconhecimento suficiente para perceber o que quer e o que não quer e, com isso, fazer escolhas acertadas! Mas parece que o Dr. Agenor ainda não se deu conta de que não é uma promoção vertical que seu especialista Klauss deseja. Klauss quer continuar a ofertar seu talento e sua *expertise*. Ocupar uma função de gestão não está em seus planos. Ao alocar um especialista como ele, que já sinalizou não possuir o perfil necessário para gerenciar um projeto, corre-se um sério risco, tanto de perder esse talento (pela frustração em ficar alocado na tarefa errada) quanto de conduzir o projeto ao insucesso. É evidente que Klauss deseja crescer e ser reconhecido. Quem sabe não esteja na hora do Dr. Agenor adotar o plano de carreira em Y e propiciar ao Klauss um crescimento que não passe necessariamente pela ascensão vertical, mas concedendo-lhe os mesmos benefícios e remuneração que as posições de gestão? Então, Rosalina, missão dupla para você fazer a intermediação da situação!

MÍRIAM MACHADO (Consultora da Planning Consultoria, MSc e PMP): O Klauss está na encruzilhada, ou, em termos mais atuais, está diante da possibilidade de inaugurar sua carreira no modelo Y. Esta carreira em Y é um sistema de promoção que permite dois caminhos paralelos e com o mesmo grau de importância. O profissional pode se tornar um especialista ou generalista tendo status e mobilidade para ganho de senioridade, sem a necessidade de assumir posições de supervisão, gerência ou diretoria.

O modelo Y permite que o gerente de projetos identifique as habilidades interpessoais e interesses profissionais de cada recurso para, em conjunto com o RH, propor as trilhas para cada eixo.

ROQUE RABECHINI JR. (Sócio da C&R Consultoria): Rosalina, o problema (de lógica ou sensibilidade) não é do Dr. Agenor. Penso que é da empresa como um todo. E será preciso saber se esta quer enfrentar tal problema, pois uma organização precisa estar madura para criar o conceito de carreira paralela (Y é um caso particular). Isso vai depender das suas necessidades.

Nas empresas ou empreendimentos de baixo teor tecnológico, por exemplo, a necessidade de carreira em Y é menor. O oposto ocorre com as empresas de alta tecnologia. Veja os casos, Rosalina, do departamento de pesquisa e desenvolvimento da divisão de química da Union Carbide e da vice-presidência de pesquisa e desenvolvimento da Mobil Oil. Lá há carreiras em Y, mas localizadas nos setores que demandam alta tecnologia, percebe?

Para institucionalizar a carreira em Y em uma empresa e nos seus empreendimentos como um todo, é preciso estruturar os níveis técnicos e administrativos, constituindo os braços de capacitações correspondentes.

Será que no seu projeto, Rosalina, há necessidade de criar uma estrutura de carreira em Y? Ou talvez apenas resolver o problema do Klauss? Eu sei, colocar o Klauss como gerente certamente vai ser uma fria, mas deixá-lo ao lado de gerentes administrativos, medíocres ou não, muitas vezes ganhando mais que ele, também não vai ser bom!

O Dr. Agenor, Rosalina, poderá então se inspirar nas empresas que têm implantado a carreira em Y e aplicá-la em seu projeto. Mas isso é paliativo, não resolve o problema, pois não institucionaliza a mudança gerencial de carreira em Y em âmbitos maiores. A desvantagem de implantar uma forma de carreira em Y apenas no âmbito do projeto é que conflitos podem ser gerados com o resto da empresa.

Minha sugestão é que vocês (Rosalina, Klauss e Dr. Agenor) se reúnam e levem o assunto para as esferas decisivas de cima.

Capítulo 1. Situações Típicas em Gerenciamento de Projetos

TIRINHA 7: ESCOLHENDO A EQUIPE – DISPONIBILIDADE OU COMPETÊNCIA?

ALONSO SOLER (Roteirista e Agente de Rosalina): Como é que você escolhe os recursos de seu projeto, Rosalina? O melhor modo seria escolher através das competências necessárias. Entretanto, o modo mais comum talvez seja o da indicação do profissional mais disponível. Você pode imaginar a diferença entre dispor de uma equipe capacitada e ter uma equipe simplesmente disponível???

ANTONIO CESAR AMARU MAXIMIANO (Professor da FEA-USP): Prezada Rosalina, você sabe muito bem disso: a estimativa dos recursos nasce da WBS do projeto. Se seu projeto é a implantação de um sistema ERP, para desenvolver requisitos e outros entregáveis da WBS, as negociações com o cliente estão implícitas e são parte integrante do projeto. Explique isso para o Klauss. O papel dele no projeto é cuidar do cliente – falando alemão e fazendo a ponte com sua equipe. É ele quem tem a competência para isso e está disponível. Seria mais fácil se houvesse um especialista em ERP que falasse alemão. Mas se você só pode contar com o velho Klauss, que assim o seja! Não é a competência ideal, mas a que está disponível. A bola está com ele nessa parte do projeto.

MAGALI AMORIM (Professora e Consultora em Gerenciamento de Projetos na Gestão Secretarial): Ah, Rosalina... cá está você novamente às voltas com a formação da nova equipe! Como houve um atraso na decisão ou no aceite do projeto, aquela equipe toda formada que você havia conseguido já está alocada em outros projetos... e agora vamos com os que estão disponíveis...! Mas nem todos os disponíveis detêm o perfil adequado e necessário para atuação no projeto. Há condição de treinamento? Hum... sei, isso implica em custos extras... puxa... então é entrevista pessoal, ainda que informal, para a busca de talentos que ainda estejam disponíveis! Agora é usar a empatia, sua habilidade de negociação, reunião de alinhamento para compartilhar todas as informações e esclarecer qual função está alocada. E, novamente, sua capacidade de liderança fará enorme diferença para que a equipe possa aderir convenientemente ao projeto e cumprir todos os requisitos.

MÍRIAM MACHADO (Consultora da Planning Consultoria, MSc e PMP): Rosalina, podemos sim imaginar que uma equipe com as competências e habilidades para atender às peculiaridades do projeto terá maiores chances de sucesso. Entretanto, os recursos disponíveis também podem trazer benefícios e surpresas positivas para o grupo. Por exemplo, um recurso que pertença ao quadro funcional da empresa em que o projeto será desenvolvido provavelmente conhece a cultura e o clima organizacional do ambiente, o que seria de grande valia na descrição dos fatores ambientais da empresa, dos processos e dos ativos organizacionais.

Um acompanhamento mais criterioso da composição do time do projeto por parte do gerente o ajudará a encontrar o equilíbrio entre os recursos disponíveis e os recursos com competências já desenvolvidas para a função.

ROQUE RABECHINI JR. (Sócio da C&R Consultoria): Cuidado, Rosalina, pois a capacidade de cuidar do cliente independe da capacidade de falar fluentemente alemão – "não misture alhos com bugalhos". Saber as necessidades exatas de recursos em um empreendimento é uma das principais competências do gerente de projetos. A formação de uma equipe de projetos depende dessa competência do gerente que é uma atividade não trivial.

Vale a pena, Rosalina, pensar em duas perspectivas. A primeira se refere ao binômio disponibilidade x competências. Se você montar uma equipe levando em conta apenas a disponibilidade de recursos, certamente terá problemas. E estes serão agravados quando o recurso for incompetente (embora seja uma palavra de interpretação pejorativa, ela quer dizer: falta de competência para exercer uma determinada atividade). Isso poderá trazer atrasos para as atividades do projeto, desvios de orçamentos, insatisfações de clientes, entre outros problemas.

A segunda perspectiva se refere aos elementos que caracterizam uma equipe e que precisarão ser administrados. Ao pensar numa equipe, Rosalina, leve em conta as suas características ou capacidades em termos de desenvolvimento técnico e relacionamento. Uma equipe fraca tecnicamente e com problemas de relacionamento ninguém quer, concorda? No entanto, há as equipes técnicas – boas tecnicamente mas que apresentam problemas de relacionamento – e há, também, as "sociais", que se relacionam bem, porém suas entregas não são adequadas.

Já uma equipe de alto desempenho caracteriza-se pelo alto padrão de entregas (capacidades técnicas) e excelente relacionamento com seus membros. Isso todo mundo quer. Mas muitas vezes é preciso formá-las!

Levando em conta essas duas perspectivas, acho que você, Rosalina, fará um belo trabalho.

TIRINHA 8: ALOCAÇÃO DE GERENTES AOS PROJETOS

ALONSO SOLER (Roteirista e Agente de Rosalina): Como costuma acontecer a alocação de gerentes aos projetos? Quais critérios são usualmente adotados pelas empresas? Competência demonstrada? Experiência em projetos semelhantes? Ou simplesmente a disponibilidade do profissional na hora "errada" e no local "errado"? Quem está com pouco trabalho por aí? Cuide-se! Hehehe!

ANDRÉ VALLE (Coordenador do FGV Management): Isso depende muito do grau de maturidade corporativa em relação ao gerenciamento de projetos. Empresas com baixo nível de maturidade acabam alocando os gerentes, utilizando fórmulas aleatórias ou mesmo esotéricas, enquanto empresas mais avançadas desenvolvem sistemas formais ou informais para suas escolhas. Independentemente do modelo, o importante é ter em mente os benefícios e as oportunidades que o projeto poderá trazer para a sua carreira e seguir em frente.

Capítulo 1. Situações Típicas em Gerenciamento de Projetos

CARLOS ESPANHA (Integrante do PMO Corporativo do BNDES): Existe um adágio – não tão popular – que nos alerta para o fato de que o principal requisito para 'ganhar' uma nova responsabilidade é não estar presente na sala de reunião onde a decisão foi tomada! Hehehe...

Rosalina, minha querida amiga, são os mais ocupados que 'ganham' mais responsabilidades, pois são os que mais aparecem e têm mais visibilidade. Estes normalmente têm demonstrado capacidades críticas diversas para os executivos da organização, como, por exemplo, capacidade de comunicação (incluindo negociação, influência, venda de ideias, etc.) ou capacidade de liderança (incluindo disciplina de execução) ou conhecimento e experiência do tema em questão ou todas juntas, o que é mais raro.

Na teoria, escolher um gerente de projetos é parte do processo de distribuição dos direitos decisórios da organização – conhecido como governança – e isso está ligado à cultura organizacional, ou seja, "o jeito como fazemos as coisas aqui"! Na prática, significa que algumas organizações são orientadas pela subjetividade, pelo "personograma" ou amigos dos amigos ou "quem eu conheço que sabe fazer ou já fez isso"; no outro extremo, outras organizações escolhem gerentes de projetos por critérios claros de competência nas suas dimensões de conhecimento (formação necessária para distinguir valor de negócio), habilidades (experiência adquirida usada para obter resultados) e atitude (comportamento necessário para usar, no contexto, o conhecimento e a habilidade).

Um bom princípio para gestão de talentos em projeto é "a pessoa certa, no lugar certo, pelos motivos corretos". Então, deixo uma dica para o 'dono' do projeto. Ao pensar em nomes para alocar um gerente de projetos em um projeto, ele deveria fazer algumas perguntas sobre o candidato:

— Ele **QUER** fazer? Tem atitude? ☺

— Ele **SABE** fazer? Tem conhecimento? ☺

— Ele **VAI** fazer? Tem habilidade? ☹

Qualquer não é **NÃO**!

DARCI PRADO (Sócio consultor da FALCONI, PhD): A função gerente de projetos cresceu enormemente nos últimos anos, sob os mais diversos ângulos: visibilidade, importância, remuneração, carreira, etc. Assim, ser escolhido para gerenciar um projeto pode ser um reconhecimento de que seu trabalho está sendo bem visto pela alta administração. Mas, como tudo na vida, existem também os riscos e as armadilhas. Se você for bonzinho demais, pode ficar com o "ombro cheio de macaquinhos". Então, avalie e, se for o caso, mostre isso para o seu gerente. Se sua principal função é a rotina do dia a dia e não tocar projetos, é bom negociar bônus, visto que temos aqui um acréscimo de função (não tenha medo de tocar no assunto com o seu gerente; mesmo que a resposta seja negativa, defenda seus direitos e saiba que isso é bem visto). Continuando este caso, se o projeto vai ocupá-lo *full-time* e, então, você retornará para sua função rotineira do dia a dia, fique muito alerta: você pode não encontrar o seu cargo na volta e, até mesmo, descobrir que sua carreira ficou estacionada. Negocie sempre. Gerenciamento de projetos é uma profissão de riscos, não é para amadores.

MARCOS ROBERTO PISCOPO (Professor, Pesquisador e Consultor em Gestão de Projetos): A alocação de gerentes de projetos geralmente não segue critérios preestabelecidos e acaba ocorrendo de forma emergente e urgente. Entretanto, confiança e experiência anterior são pontos normalmente considerados diante das responsabilidades que são assumidas pelo gerente de projetos e por quem faz sua alocação. Assim, na hora de alocar um gerente de projetos, é mais provável que os aspectos comportamentais, como a confiança, a motivação e as habilidades de negociação e tomada de decisão, sejam mais levados em conta do que aqueles profissionais e técnicos com o conhecimento sobre negócios e metodologias, ferramentas e técnicas de gestão de projetos.

TIRINHA 9: A LÓGICA INVERTIDA DA COMPETÊNCIA

ALONSO SOLER (Roteirista e Agente de Rosalina): Até onde vai a competência de um gerente de projetos lidando com tantos projetos sob a sua responsabilidade? Quantos projetos ele pode carregar nas costas e, ainda assim, continuar proporcionando bons resultados e sendo reconhecido? Essa é uma questão complexa, Rosalina – geralmente quem desempenha melhor tem uma carteira maior de projetos do que aquele que desempenha pior, além de dispor de mais trabalho e mais problemas para resolver. Ops! A lógica não deveria ser oposta, Dr. Agenor?

ANDRÉ VALLE (Coordenador do FGV Management): Esse problema é comum no mundo corporativo. Qualquer gestor tende a demandar mais dos seus subordinados com melhor desempenho, afinal o que eles querem é que os problemas sejam resolvidos. Por outro lado, ser bastante demandada significa uma maior possibilidade de crescimento profissional para você, Rosalina, bem como maiores oportunidades.

Cabe a você, Rosalina, exercitar suas habilidades de comunicação interpessoal, negociação e liderança e mostrar ao Dr. Agenor que um equilíbrio entre essas demandas é desejável e saudável para todos os *stakeholders*.

CARLOS ESPANHA (Integrante do PMO Corporativo do BNDES): Jesus Cristo bem já disse em uma parábola: "pois a quem tem, mais será dado, e terá em grande quantidade. Mas a quem não tem, até o que tem lhe será tirado", e mandem embora o incompetente que não entrega!!! Descartes afirmava que "o bom senso é a coisa mais bem distribuída do mundo: pois cada um pensa estar tão bem provido dele, que mesmo aqueles mais difíceis de se satisfazerem com qualquer coisa não costumam desejar mais bom senso do que tem." Nesse aspecto, a competência guarda uma certa similaridade com o bom senso: cada indivíduo, diga-se, cada gerente de projetos, acha que tem competência suficiente para os desafios que enfrenta. Será?

Rosalina, qual o limite da competência profissional? Até onde podemos ir antes de falhar? Qual o balanço entre capacidade de trabalho e competência? Quando um gerente de projetos deve dizer "NÃO, não posso fazer"? Descobrir o limite da competência é como descobrir o limite antes do abismo: deve-se ficar de olhos bem abertos!!!

Ora, Rosalina, se os atributos da competência são conhecimento, habilidade e atitude, precisamos entender como esses atributos limitam a extensão da nossa atuação como gerente de projetos, bem como, no papel de 'dono dos projetos', até onde podemos exigir do gerente de projetos. Não é mesmo, Dr. Agenor?

Para o gerente de projetos, não basta conhecer as melhores práticas de gerenciamento de projetos, é preciso conhecer bem o contexto de negócio do projeto, conhecer sua equipe e, principalmente, conhecer a si mesmo... ou o projeto o devorará. Hehehe...

Para o dono dos projetos, não basta conhecer o problema do negócio que o projeto precisa resolver, é preciso conhecer a capacidade do gerente de projetos. Qual é a habilidade do gerente de projetos em trabalhar em equipe? Com quantas equipes ele consegue lidar ao mesmo tempo? O dono dos projetos deve entender a elasticidade da competência do gerente de projetos, que depende diretamente da sua capacidade de liderar, identificando competências próprias e da equipe, criando sucessores aos quais delega progressivamente responsabilidades e direitos decisórios dentro do projeto. Juntamente com isso, a organização deve desenvolver uma cultura organizacional que delegue para o gerente de projetos a autonomia necessária no gerenciamento do projeto. Garantir essas duas dimensões – alocação do gerente de projetos dentro de sua capacidade de competência e apoio da organização ao gerente de projetos – tem a ver com o risco global do projeto, definido pelo PMI como "o efeito da incerteza em um projeto como um todo" e, portanto, deve ser responsabilidade direta do dono dos projetos.

Habilidades necessárias, tanto ao gerente de projetos quanto ao dono dos projetos, são a de comunicação, refinada pelo atributo da assertividade, a de negociação, moderada pelo atributo de empatia, e a habilidade de gerenciar pressão por resultados, reconhecendo e recompensando os que entregam resultados.

Como na parábola de Jesus Cristo, se não souber fazer, tenha a atitude de chamar quem sabe – no caso da parábola, chame os banqueiros, pois eles sabem onde e como se ganham juro$.

DARCI PRADO (Sócio consultor da FALCONI, PhD): Este é um tema recorrente em organizações "orientadas aos projetos" onde temos profissionais trabalhando *full-time* como gerentes de projetos. É uma velha reclamação dos profissionais. O tema desta tirinha é complexo, pois abrange muitas disciplinas além das técnicas e da competência dos profissionais em gerenciar projetos. Certamente, o domínio de alguns aspectos de competência comportamental é crítico neste assunto, particularmente a negociação. Então sugiro que a Rosalina leia um pouco sobre isso; existe muita literatura sobre o tema, bastando uma consulta no Google. Algumas escolas (por exemplo, Fundação Dom Cabral) também possuem cursos sobre o tema.

MARCOS ROBERTO PISCOPO (Professor, Pesquisador e Consultor em Gestão de Projetos): Teoricamente, quem tem menor número de projetos para gerenciar deveria alcançar melhores resultados. Contudo, na prática, como dizem: "se você deseja uma coisa bem feita, peça a alguém ocupado!". Certamente isso não é uma regra, mas é o que se observa no dia a dia de muitas organizações. Dessa forma, não existe um número limite de projetos que um gerente de projetos pode tocar, mas o seu comprometimento com o que precisa ser feito parece determinar a sua competência para lidar com vários projetos ao mesmo tempo.

TIRINHA 10: ALOCAÇÃO DE RECURSOS AOS PROJETOS

ALONSO SOLER (Roteirista e Agente de Rosalina): Pode não parecer 'justo' para o gerente de projetos que já está assoberbado com uma grande gama de projetos sob sua responsabilidade, mas o desempenho apropriado demonstrado por um profissional geralmente o habilita a pegar mais (e mais complexos) projetos – *c'est la vie*! Qual deveria ser o critério de alocação de recursos aos projetos, Rosalina?

ANDRÉ VALLE (Coordenador do FGV Management): Ao alocar os melhores gerentes de projeto aos projetos mais complexos, o Doutor Agenor está resolvendo um problema, mas criando outros. Por melhor que seja o desempenho do gerente de projeto, existem limites que devem ser respeitados, e esta talvez não seja a melhor opção. Possivelmente a própria performance do gerente de projetos cairá. Recomendaria uma análise criteriosa das necessidades dos projetos e o estabelecimento de uma matriz balanceada de desempenho e complexidade, permitindo assim ter critérios claros e objetivos para essa alocação. Frequentemente podemos ter surpresas ao utilizar esse tipo de ferramenta – pode ser melhor utilizar um gerente de projetos "médio" em um número menor de projetos do que um gerente de projetos "estrela" assoberbado. Parafraseando o vitorioso técnico Bernardinho: "é melhor lapidar até a exaustão o talento médio (e determinado) do que tentar polir o diamante preguiçoso que não deseja polimento".

Capítulo 1. Situações Típicas em Gerenciamento de Projetos

CARLOS ESPANHA (Integrante do PMO Corporativo do BNDES): Cara Rosalina, a vida corporativa está sempre em transformação, sempre mudando, às vezes lentamente, às vezes bruscamente. O valor do negócio está sempre sendo posto em xeque pelas forças do mercado, e inovar é a melhor maneira de criar e sustentar novo valor de negócio. A inovação cria uma situação curiosa: sempre que se descobrem as respostas, trocam-se as perguntas!!! Como diria o prof. Almir Fernandes, no contexto da inovação a "taxa de 'coisa nova' é maior que a taxa de 'coisa velha', senão é a morte"!

As organizações estão cada vez mais sob pressão para mudanças e transformações. Por isso os projetos são cada vez mais complexos e o *time-to-market*, cada vez menor. É necessário fazer mais com a mesma equipe, ou com menos. Os melhores gerentes de projeto entendem a dinâmica do negócio, respondem adequadamente a ela, mudam o negócio e não querem fazer parte do "menos". Portanto, são os mais adequados aos novos desafios de mudança do negócio. Para os gerentes de projeto é um círculo vicioso. Para os negócios é um círculo virtuoso. Por isso, os melhores gerentes de projetos sempre serão demandados mais e mais, porque é bom para o negócio.

DARCI PRADO (Sócio consultor da FALCONI, PhD): O Doutor Agenor está certo: os projetos mais complexos são alocados aos gerentes de projeto com melhor desempenho. No entanto, o que a experiência prática nos aponta é que nem sempre isso é feito com método e sabedoria. Assim, minha sugestão é fazer um levantamento da carteira de projetos (em andamento e a iniciar) e identificar a sua complexidade (utilize os critérios adequados, tais como prazo, custo, número de áreas envolvidas, especificidades, etc.). A seguir, monte um quadro com a lista de gerentes de projeto, incluindo aspectos de competência, especificidades, etc. Após isso, faça um cruzamento matricial entre ambas as tabelas, procurando respeitar uma quantidade máxima tolerável (e de bom senso) de projetos para cada profissional. Por outro lado, não se esqueça de que uma das funções do PMO é assessorar o gerente de projetos no planejamento e acompanhamento dos projetos. Um bom PMO facilita muito a vida dos gerentes de projeto.

MARCOS ROBERTO PISCOPO (Professor, Pesquisador e Consultor em Gestão de Projetos): A alocação de recursos aos projetos, principalmente os recursos humanos, pode envolver vários critérios e também depende da situação em que cada projeto foi criado. Assim, não é preciso buscar critérios rígidos que possam dificultar a alocação, mas sim critérios flexíveis que orientem a decisão de alocação dos recursos. Uma sugestão é a combinação de aspectos comportamentais e técnicos que leve em conta o tipo do projeto e a contribuição esperada para a organização, visto que o principal ponto é garantir a execução bem-sucedida do empreendimento. Portanto, alguns critérios comportamentais incluem, mas não se limitam à forma como o gerente de projetos lida com as pessoas, resolve problemas e toma decisões. Já os critérios técnicos podem envolver o conhecimento do gerente de projetos sobre o negócio em que a empresa atua e também seu conhecimento e experiência em gestão de projetos.

Tirinha 11: mais um projeto!

ALONSO SOLER (Roteirista e Agente de Rosalina): Visibilidade é muito bom, Rosalina, mas pondere bem antes, pois se o seu desempenho não for adequado os holofotes ainda estarão apontados para você. Reflita comigo: você conseguirá manter o seu costumeiro desempenho adequado com mais um projeto nas mãos? Se não, é melhor deixar nas mãos do Zezé!

LUÍS NEGREIROS (Consultor de PMO, MSc, PMP): Rosalina, a meu ver você está diante do risco de comprometer um aspecto do gerenciamento de projetos muito pouco debatido ainda, principalmente no Brasil: a ética! Já vi muitas vezes bons profissionais comprometerem suas carreiras aceitando fazer mais do que podiam ou do que estavam aptos a fazer. Seja pela ganância de querer subir rápido sendo o herói, seja pelo receio de argumentar com o chefe, ou até mesmo com a melhor das intenções de resolver o problema. Um erro pode colocar sua conduta em dúvida. Minha preocupação ainda é maior com os profissionais em começo de carreira.

Gerenciamento de projetos, em última análise, é seguir processos. A questão é que a linha entre o desvio de conduta e a boa intenção às vezes é muito tênue e com qualquer desvio você pode acabar comprometendo o bem mais precioso de sua carreira: a sua reputação! Você leva a vida toda para construí-la, mas pode perdê-la em um simples instante! E nesse momento esse mercado gigantesco de gerenciamento de projetos se torna minúsculo, pois todo mundo acaba sabendo o que aconteceu ou aparentemente aconteceu. Portanto, só assuma as responsabilidades se você achar que pode dar conta, ok?

MARCUS GREGÓRIO SERRANO (Consultor e Professor, Sócio Diretor da Macrogestão Consultoria e Ensino): Rosalina, dizer "não" pode ser algo libertador. Claro que devemos respeitar a hierarquia e seguir normas e processos de nossa organização. Mas de fato você precisa avaliar com muita cautela: será que essa conversa de "visibilidade" não é só um argumento falacioso para convencê-la a aceitar mais trabalho do que realmente é capaz de conduzir? Você é sempre muito ética, mas infelizmente nem todos à nossa volta são assim também.

Por outro lado, devemos avaliar essa questão por outros prismas: não é apenas uma questão de quantidade de projetos, mas também de entender a complexidade de cada projeto e o volume de trabalho envolvido. Outra avaliação é: será que a sua diretoria não vê em você uma profissional mais capaz do que o Zezé? Sugiro uma conversa franca e sincera com o diretor para que você tome uma decisão que seja saudável para sua carreira e que atenda às expectativas de sua organização.

PETER PFEIFFER (PhD, PMP, Sócio da Management de Projetos e Processos): Realmente, Rosalina, 10 x 2 parece bastante injusto! E aceitar mais um projeto, só se você quiser aparecer como "supergerentona". Mas o risco de se sobrecarregar e fracassar com alguns projetos pode ser muito maior do que a chance de ganhar uma boa imagem.

Se o Dr. Agenor quer que você assuma a responsabilidade pelo novo projeto, que tal você sugerir uma reunião com o chefe e os colegas para redistribuir e equilibrar a carga? Mas cuidado: não tente empurrar um abacaxi para o Zezé. A visibilidade positiva inclui não apenas a competência e eficiência que interessa a chefia, mas também a atitude colaborativa para com os colegas.

Capítulo 1. Situações Típicas em Gerenciamento de Projetos

RUI PINTO (Consultor e Professor de Gestão de Projetos e Sócio da Trans Soluções): "Xá comigo!" e "missão dada é missão cumprida!" são ótimos inícios para os desastres. Se você recebe mais trabalho do que acha que dá conta, parabéns! Você deve ser competente, ao contrário daqueles que não recebem mais tarefas porque, talvez, tenham a fama de não entregar, mas recorde-se daquelas muitas noites chegando tarde em casa, das noites mal dormidas e dos fins de semana no escritório ou na frente do notebook/*smartphone*. Pois bem, dizer "não" é um risco e uma arte, mas pode fazer bem a você e ao seu trabalho.

Pense na diminuição da qualidade, pense do significativo aumento de riscos com a sobrecarga, a pressa de fazer muitas coisas ao mesmo tempo. Mais uma vez, embora tenhamos pouca prática nisso, dizer não pode ser uma alternativa bem vista se for bem fundamentada. Na minha vida os "não" que eu consegui dar para o meu chefe/cliente foram muito mais relevantes do que os "sim".

TIRINHA 12: MAIS PROJETOS NA CARTEIRA

ALONSO SOLER (Roteirista e Agente de Rosalina): Isso pode ser uma ameaça ou uma oportunidade, Rosalina? De qualquer modo, fique atenta para não deixar cair o seu nível de eficiência e deixe clara a transitoriedade da situação! Fazendo uso de um juízo estritamente racional, pergunto: quantos projetos um gerente de projetos poderia "carregar" nas costas conjuntamente?

LUÍS NEGREIROS (Consultor de PMO, MSc, PMP): Rosalina, vivemos um momento de recursos cada vez mais escassos nos projetos, e essa é uma realidade que só tende a piorar. O resultado prático disso é o que você está vivendo agora. Minha sugestão é que você sempre se posicione com argumentos fundamentados. Se você não tem como assumir mais projetos, isso tem que estar sempre baseado em fatos. Como você pode mostrar com evidências que está superalocada? A sua alocação de tempo está bem feita nos cronogramas dos seus projetos atuais? O problema é que muitas vezes os cronogramas não são bem desenvolvidos nas ferramentas e isso às vezes impossibilita um nivelamento de recursos. Lembro que já trabalhei com um gerente de projetos que estava dedicado *full-time* em três projetos de áreas diferentes!

Agora, é preciso entender o lado do negócio também. Às vezes a pressão é tão grande que não há como respeitar a lógica e temos de nos adequar. Aí minha sugestão é não abrir mão das boas práticas de gerenciamento de projetos para isso. Use as técnicas de desenvolvimento de cronogramas e, fundamentalmente, desenvolva uma análise de riscos muito bem-feita para os projetos que você recebeu.

Capítulo 1. Situações Típicas em Gerenciamento de Projetos

MARCUS GREGÓRIO SERRANO (Consultor e Professor, Sócio Diretor da Macrogestão Consultoria e Ensino): Essa restrição de recursos tem se tornado cada vez mais frequente. Em tempos de escassez, será necessário que as pessoas se dediquem com uma dose extra de afinco. No entanto, isso não pode implicar em sobrecarregar ninguém. Afinal de contas, todos temos nossos limites e não adianta forçar demais: uma hora não damos conta e os resultados deixam a desejar. Para o curto prazo, minha dica para você é buscar "empoderar" e capacitar a equipe. Que tal dividir um pouco das responsabilidades com eles? Não se esqueça de ficar atenta ao que pode ou não ser compartilhado, pois você não vai querer cometer o erro de sobrecarregar seu time, nem de se eximir de responsabilidades que são apenas suas.

Observando o médio e o longo prazos, uma forma interessante de você aprimorar sua equipe é dar oportunidade de condução de sessões de planejamento sob sua orientação e supervisão. Outra maneira de desenvolver a equipe é viabilizar aos seus membros algumas oportunidades de fazer avaliações de andamento do projeto, bem como realizar análises de impactos de mudanças. Essas ações poderão apontar futuros líderes e gerentes de projetos, permitindo que a organização redistribua projetos entre essas pessoas.

PETER PFEIFFER (PhD, PMP, Sócio da Management de Projetos e Processos): Tempos excepcionais exigem esforços extraordinários! Não há dúvida de que existem momentos em que as prioridades estabelecidas precisam ser revisadas e eventualmente alteradas. Mas também existem organizações e superiores que aproveitam esses momentos para "espremer" os seus funcionários mais um pouco.

Nessa hora é importante pensar nos valores básicos e perguntar, por exemplo: posso manter o meu padrão de qualidade? Consigo planejar de forma realista e entregar nas datas previstas? Mas também deve-se perguntar: quem se beneficia dos esforços extraordinários? Os benefícios serão sustentáveis? E ainda é para considerar: como isso impacta a minha saúde física e mental e a vida social?

Se as respostas não forem satisfatórias, a crise mundial pode se tornar facilmente uma crise pessoal!

RUI PINTO (Consultor e Professor de Gestão de Projetos e Sócio da Trans Soluções): Fazer mais com menos é um desejo de qualquer gestor, e há momentos que não temos saída possível a não ser aceitar a sobrecarga. Talvez nesse momento valha reforçar o aspecto de lealdade e comprometimento, mas sempre deixando claro que tecnicamente há um cenário novo e perigoso para os projetos em curso.

Diante de uma "imposição" do *sponsor* de antecipar um projeto em um mês, já "gastei" uma semana com o pessoal sênior da equipe estudando detalhadamente as opções, para ao fim ver o mesmo *sponsor* desistir do seu desejo ante a lista de riscos de implementação de cada opção.

Tirinha 13: Se vira nos trinta

ALONSO SOLER (Roteirista e Agente de Rosalina): A TV brasileira tem um programa muito popular chamado "Se vira nos trinta". Provavelmente a popularidade desse programa tenha a ver com a nossa cultura de simplesmente acreditar que algo pode/deve ser feito no prazo ou no custo que desejamos, desprovido de qualquer lógica que fundamente o desejo. Pobre Rosalina e seu comportamento racional! Vamos lá menina, você também tem trinta segundos para dar o seu recado – seja profissional nessa hora!

LUÍS NEGREIROS (Consultor de PMO, MSc, PMP): Rosalina, de fato nós vivemos em uma cultura de fazer tudo a qualquer custo. Algo tipo: "o importante é ficar pronto!". O problema é que somos gerentes de projeto! Temos um compromisso com a previsibilidade da materialização dos desejos em produtos e, mais ainda, de certa forma, com as consequências da materialização dos benefícios dos projetos. Sustentar esse compromisso nos obriga a um comportamento racional-lógico-analítico do qual não podemos abrir mão nunca, mesmo com tantas resistências gerenciais. É preciso planejar! A despeito de discursos gerenciais confirmando a importância disso, sabemos que a prática é bem diferente.

Minha sugestão é que você sempre busque meios para se manter nessa linha racional – e isso passa por entender, no seu contexto, as razões que dificultam mostrar a importância de planejar. A "desculpa" mais comum é a falta de tempo. Sempre falta tempo para planejar, mas nunca para corrigir, certo? A falta de cultura de gerenciamento de projetos, o desconhecimento das melhores práticas e às vezes até mesmo "interesses ocultos" podem agravar ainda mais esse cenário. Mas não abra mão dos argumentos para a necessidade de planejar e use todas as ferramentas de que dispõe para fundamentá-los: *benchmarkings*, análises de risco bem feitas, indicadores, lições aprendidas, informações históricas, etc.

MARCUS GREGÓRIO SERRANO (Consultor e Professor, Sócio Diretor da Macrogestão Consultoria e Ensino): É, Rosalina. Eu também já vi esse filme! Tem muito projeto por aí que é iniciado sob uma frase que dói aos ouvidos de bons gerentes de projetos, tais como você: "vamos fazendo que depois a gente vê o que dá". Deixar os objetivos do projeto (neste caso, o cumprimento de prazos) por conta do comprometimento da equipe é ignorar toda a ciência envolvida no planejamento de projetos, como a elaboração sistemática de estimativas para a duração do trabalho. O comprometimento é, sim, fundamental, mas ele deve se basear em previsões e estimativas exequíveis para a equipe. Ajude a sua diretoria a enxergar isso apresentando estudos de mercado que demonstram o alto custo do planejamento ruim.

PETER PFEIFFER (PhD, PMP, Sócio da Management de Projetos e Processos): A vida corporativa às vezes pode ser cruel e muitas vezes, por causa de prazos e recursos limitados, os projetos estão no foco das crueldades. Uma boa gerente de projetos como você, Rosalina, sabe disso e sabe lidar com isso. Você conhece os melhores métodos e aplica as melhoras práticas. E por isso mesmo você sabe que existem também limites para produzir e entregar.

Além disso, você é uma profissional certificada PMP que aderiu a um Código de Éticas e Conduta Profissional que rejeita práticas como chantagem e falsas promessas. Não é fácil, mas há situações em que deve-se enfrentar o dedo em riste do chefe.

RUI PINTO (Consultor e Professor de Gestão de Projetos e Sócio da Trans Soluções): O amadorismo leva a sonhos impossíveis. Sonhar é ótimo, mas realizar os sonhos é melhor ainda. E você, que adora desafios, que precisa da adrenalina para atingir os objetivos, toparia a missão? Embora exista uma questão técnica, como bem diz a Rosalina, "os cálculos", a principal questão é comportamental.

Será que você tem coragem de ser "arredia", aos olhos do seu chefe, é claro, e reconhecer que negociar a diminuição do escopo e/ou o aumento de recursos é um caminho viável para cumprir os desejos daqueles que não se guiam pelos "cálculos"?

Capítulo 1. Situações Típicas em Gerenciamento de Projetos

TIRINHA 14: SIM OU NÃO?

ALONSO SOLER (Roteirista e Agente de Rosalina): Cuidado, Rosalina! É claro que você deve pautar o seu comportamento profissional na qualidade, prontidão e eficiência de suas entregas, mas isso não implica em aceitar tudo o que o cliente deseja e lhe pede. Esteja atenta para dizer não também! Saiba justificar as suas negativas com consistência e racionalidade. Só assim você conseguirá manter o respeito e a credibilidade conquistada ao longo de anos de trabalho.

EDMARSON B. MOTA (Coordenador e Professor MBA da FGV-IDE): Rosalina, ser assertivo é uma das grandes características de uma pessoa madura e consiste também em saber dizer NÃO quando pertinente. O SIM incondicional é uma bomba-relógio que detonará em algum momento no futuro. A ilusão da solução que o SIM pode proporcionar no momento inicial cobrará seu preço oportunamente. Lembre-se de que, muitas vezes, temos autonomia para fazer as escolhas e também dar respostas, mas isso não nos exime ou nos livra das consequências no futuro. Aprenda a usar tanto o SIM como o NÃO de forma assertiva, e seus relacionamentos e resultados tenderão a ser mais efetivos, assim como a consequência de seus atos. Boa sorte, pelo SIM ou pelo NÃO!

GUILHERME ARY PLONSKI (Professor da USP, ex-Presidente Fundador do PMI-SP): Rosalina, parafraseando um livro popular recente, há "cinquenta tons" de resposta às demandas do Dr. Nakamura. Entre o "sim" tímido decorrente do medo de perder o projeto, racionalizado pela frase de efeito "o cliente sempre tem razão", e o "não" categórico, que reflete rigidez e baixa propensão à inovação, há quase sempre posições intermediárias que são razoáveis. Uma delas é "sim, desde que (...)". Outra é "não, a menos que (...)". Outra ainda é "sim, mas (...)". Você naturalmente precisa completar as essas frases com argumentos objetivos. No último dos três exemplos, esses argumentos devem indicar ao Dr. Nakamura que o projeto conseguirá atender aos seus interesses essenciais, mas que algumas das expectativas que ele expôs terão que ser tratadas em outro momento.

Nem sempre temos esses elementos na ponta da língua, até porque alguns deles necessitam de informações e simulações que tomarão tempo para se coletar e se preparar. Assim, um dos tons de resposta que você pode usar nesse caso, cara Rosalina, é o seguinte: "obrigado pela consulta, Dr. Nakamura. Para eu lhe dar uma resposta segura, peço que me conceda.... dias (horas) para validar algumas informações e refletir sobre a melhor maneira de atendê-lo. Podemos combinar assim?".

JOHN DALE (Consultor e Professor de MBA em Gestão de Projetos): Saber dizer não é uma qualidade dos indivíduos de sucesso. Características importantes no perfil de um gerente de projetos são: a capacidade de tomar decisões e, uma vez decidido, a capacidade de fazer acontecer. Para tanto, é necessário dizer tanto "não" quanto "sim".

Há também os aspectos do escopo e das premissas e restrições do projeto. Muitas vezes somos pressionados a aceitar condições que são antagônicas às premissas, às restrições e ao escopo do projeto, e até mesmo ao plano do projeto. Gerenciar é ter a capacidade de perseguir nossos objetivos de maneira ordenada e estruturada, o que nem sempre é fácil de fazer, e muitas vezes não é aceito por todos os envolvidos (*stakeholders*). Cabe ao gerente de projetos delimitar e manter os limites do projeto, e isso inclui, frequentemente, ter que falar não.

Devemos ser firmes, mas precisamos ter a capacidade de saber o momento e a forma de praticar a negação, tanto para evitar atritos desnecessários como para evitar situações desagradáveis por parte de nossos interlocutores.

RAPHAEL ALBERGARIAS (Fundador e Presidente IPMA Brasil): Contrato psicológico é o fator comportamental fundamental para se trabalhar em organizações de origem latina, ainda mais no Brasil! Mas o que é isso e como observar isso no dia a dia, Rosalina?

Capítulo 1. Situações Típicas em Gerenciamento de Projetos

Para entender o desenvolvimento de uma estrutura voltada para a construção de competências em geração de performance, uma questão crucial a ser observada é como manter a equipe comprometida com os resultados da organização. É notoriamente observado no mercado de gestão de projetos a falta de comprometimento, onde a natureza temporária da atividade tende a gerar um alto *turnover*, que pode ser um fator que ameaça a geração de valor e a gestão do conhecimento.

Como atrair e reter pessoas comprometidas e que agreguem valor à organização é uma questão central para o entendimento do comportamento organizacional. Uma das abordagens para o entendimento dessa questão está relacionada com a criação de um contrato psicológico do profissional com a empresa. Assim, contratos psicológicos são as crenças dos indivíduos a respeito das obrigações recíprocas entre eles e suas organizações.

Com isso apresentado, Rosalina, pautar a relação em confiança, apresentando o que é, ou não, a sua responsabilidade mantém a relação saudável e com credibilidade, permitindo que você consiga gerir o seu projeto junto a sua equipe, consiga alinhamento com seus pares e consiga recursos com seu patrocinador!

TIRINHA 15: ÉTICA

ALONSO SOLER (Roteirista e Agente de Rosalina): Muito bem, Rosalina. Parabéns! Como gerente de projetos, no seu dia a dia você certamente se verá às voltas com a possibilidade de burlar o comportamento profissional ético desejado. Nessas horas, seja intransigente com a manutenção de seus valores e de sua reputação profissional. Você sabe bem o quanto vale uma noite de sono bem dormida, não sabe?

EDMARSON B. MOTA (Coordenador e Professor MBA da FGV-IDE): Rosalina, atitude muito correta! A ética deve pautar nossas relações, incluindo a atividade profissional. Ela não deve e não pode ser "elástica", ajustando-se às demandas. Muitas vezes erramos por ignorância, por subestimar uma situação ou por falta de preparo nosso e da equipe para lidar com todos os desafios envolvidos em um determinado projeto, pois o erro faz parte da vida; no entanto, errar deliberadamente, principalmente em questões éticas, deve ser eliminado do radar profissional. Errar é humano e aprender com o erro também!

GUILHERME ARY PLONSKI (Professor da USP, ex-Presidente Fundador do PMI-SP): Cuidado com esses Josués da vida, Rosalina. Levam jeito de amigos, mas não hesitam em convidar você para entrar numa fria. O que esse Josué lhe pede é nada mais nada menos do que trocar um cheque de valor definido (o pagamento pela sua assinatura no plano) por um cheque seu em branco, assinado e com firma reconhecida. Pois, além da corrosão profissional, a sua assinatura em um plano no qual não se envolveu intensamente pode lhe custar caro também em termos monetários, caso o projeto acabe em fiasco e o cliente entre na justiça.

Você pode, é claro, continuar amiga do Josué no campo do relacionamento pessoal. Mas fuja dele no ambiente profissional, pois esse Josué é, na verdade, um grande "amigo da onça"!

JOHN DALE (Consultor e Professor de MBA em Gestão de Projetos): Tudo muda, mas o certo é sempre certo! Nem sempre. Com o tempo, descobrimos que nem tudo é preto ou branco, existem outras cores e muitas tonalidades de cinza. Devemos examinar nossos valores e traçar uma linha clara e bem definida do que é certo ou errado. Mas cuidado: o que é certo em um determinado momento ou sob uma determinada circunstância pode não o ser em outro momento e em outra circunstância. Devemos ser extremamente criteriosos e cientes de nossas ações e decisões, pois elas poderão nos perseguir amanhã.

Considere o conhecimento popular: se uma mentira for repetida um grande número de vezes, ela se torna uma verdade. Não confie no que parece óbvio, preserve seus valores e analise criticamente tudo que o desafiar. Analise e critique constantemente, pois a moral está sempre sendo atacada. Se a maioria faz não quer dizer que seja certo. A moral acaba se transformando, e hoje muito mais.

Saiba que hoje existem empresas especializadas na manipulação da opinião pública, sem escrúpulos, e para interesses diversos, políticos e comerciais. A manipulação se faz com meias verdades, associando uma verdade a uma mentira, e a mentira se torna verdade.

A transformação dos valores sempre existiu, mas hoje é uma profissão que constantemente coloca em xeque os princípios mais básicos e essenciais de uma sociedade, o que dirá de situações que sempre foram dúbias, como as que frequentam a rotina de trabalho de um gerente de projetos.

RAPHAEL ALBERGARIAS (Fundador e Presidente IPMA Brasil): Rosalina, essa é uma questão delicada, já que está ligada à cultura e aos valores pessoais. Para lidar com essa situação é preciso ter habilidade de perceber as qualidades intrínsecas em outras pessoas e compreender os seus pontos de vista. Também abrange a habilidade de se comunicar com elas e de ser receptivo com relação às suas opiniões, avaliações de valores e padrões éticos. O gerente de projetos terá o seu conjunto intrínseco de valores e os expressará ao lidar com os membros da equipe do projeto e com as partes interessadas. Ele também será receptivo com relação aos valores dos outros e os estimulará a expressar esses valores ao lidar com ele.

A compreensão dos amplos valores pessoais, organizacionais e sociais é necessária para fazer com que um plano de projeto seja aceito. O gerente de projetos que entende diferentes valores, como também as diferenças nos valores entre as pessoas envolvidas no projeto, conseguirá organizar e executar um projeto muito mais eficientemente, portanto deve estar consciente em relação a poder conviver com essas diferenças ou se ele precisa resolvê-las.

A ética abrange a conduta ou o comportamento moralmente aceito de cada indivíduo. Permite que as pessoas conduzam o projeto e entreguem os resultados de maneira satisfatória. A ética representa tanto a liberdade pessoal e profissional como também os limites. A ética deveria ser respeitada a fim de permitir que as pessoas trabalhem sem conflitos morais no projeto e com relação às partes interessadas e à sociedade. Assim, Rosalina, a chave da ética é entender quais são os padrões que regem a cultura local, a cultura organizacional e o seu padrão de ética de forma a evitar conflito e manter o foco no resultado... através das pessoas!

Capítulo 2. Gerenciamento da Integração

TIRINHA 16: O PLANO DO PROJETO

ALONSO SOLER (Roteirista e Agente de Rosalina): Então, Rosalina, as pessoas custam a entender que um plano é uma construção feita sob os alicerces do nível da informação que temos hoje acerca do futuro. Quanto melhor o nível dessa informação, mais sólido esse alicerce. Como não dispomos de uma bola de cristal auferida pelo INMETRO, então qualquer plano, por melhor que tenha sido elaborado, é um exercício de futurologia – e, como tal, está sujeito às flexibilizações devido às incertezas que o futuro nos impõe.

ÂNGELO BRAGA (PMP, Sócio da ABC Consultoria em Gestão de Projetos e Serviços de TI, Professor da FGV): Quando elaboramos um plano de um projeto, temos uma única certeza: que alguma coisa nele pode falhar e dar errado. Para minimizar esses impactos usamos ferramentas e lições aprendidas para produzirmos um plano de projeto onde temos aumentada a probabilidade de sucesso. Mas nunca chegaremos a 100% de certeza, visto que todo projeto visa gerar algo novo, e o trabalho para gerar esse novo também deve ser novo, visto que estamos lidando sempre com situações que, na sua maioria, nunca vivenciamos anteriormente. Dessa forma, usamos as premissas para suportar o planejamento, que são suposições tomadas como verdadeiras e que automaticamente viram um risco do projeto, caso não venham a acontecer. Logo, se a premissa falhar teremos uma situação não prevista no nosso projeto.

Para entender melhor por que um projeto corre sempre o risco de dar errado, temos um fator que se chama "análise do ambiente e suas forças". Isso quer dizer que o tempo todo em um projeto temos forças conspirando contra e a favor do nosso projeto. Exemplos dessas forças podem ser: novas leis, mudanças de mercado, entrada de novos concorrentes, novas tecnologias, novos costumes, situação econômica, entrada e saída de pessoas dos projetos, fazendo com que o *skill* dos profissionais mude, novas tecnologias que nos beneficiam, etc.

Fazendo uma analogia com nossas vidas, também sentimos forças atuando favoravelmente e contrariamente o tempo todo. E a nossa vida é um programa, ou seja, um conjunto de projetos relacionados entre si.

Pelos motivos descritos, devemos considerar sempre que um plano de projeto não é algo infalível, mas que nos ajudará, certamente, a chegar mais perto do sucesso!

Capítulo 2. Gerenciamento da Integração

GUTENBERG SILVEIRA (Diretor de Consultoria na Deloitte): O plano de projeto é constituído por uma série de documentos e planos compilados, dispostos de forma lógica, reunidos pelo gerente de projetos e equipe para planejar, controlar, executar e encerrar um projeto com sucesso. O plano de projeto incorpora as melhores práticas de mercado adotadas pela organização quanto ao gerenciamento de projetos, segundo o PMI (*Project Management Institute*). O plano de projeto descreve como será conduzido o gerenciamento do projeto, incluindo o processo de comunicação entre as equipes envolvidas, suas funções e responsabilidades, e as ferramentas de controle utilizadas durante todo o ciclo de vida do projeto à luz do seu escopo. Em síntese, o plano é a ferramenta guia para execução mais planejada e controlada do projeto.

IVETE RODRIGUES (Professora e Coordenadora na FIA – Fundação Instituto de Administração, PhD): Um plano é fundamental para alinhar e coordenar as ações dos membros da equipe em torno dos objetivos do projeto e dos resultados a serem alcançados. Há um trecho emblemático no livro "Alice no País das Maravilhas", de Lewis Carroll, em que a protagonista trava diálogo com um gato:

Alice: "Para onde vai essa estrada?"

Gato: "Para onde você quer ir?"

Tirinha 17: O plano do projeto em uma única folha

ALONSO SOLER (Roteirista e Agente de Rosalina): O modelo tradicional de plano de projeto, mencionado pelo *PMBOK® Guide*, é composto por diversos elementos que se estendem desde a elaboração das linhas de base principais até o desenvolvimento dos planos auxiliares das dez áreas do conhecimento, dependendo da área de aplicação e da complexidade do projeto. Muitas vezes a abrangência dessa análise é vista de modo negativo pelos gerentes de projetos, que a consideram complexa, demorada, burocrática e pouco flexível. O PM Canvas surgiu como um alento em resposta a essa percepção. Afinal, é possível consolidar o plano do projeto numa única folha?

EDUARDO FREIRE (Sócio da FrameWork – Gestão e Projetos, Msc): Sim, Alonso, é perfeitamente possível consolidar o plano do projeto numa única folha. O Finocchio foi bem feliz (resultado de experiências e estudos) na estruturação, escolha e sequenciamento dos quadrantes do PM Canvas. Com isso ele conseguiu trabalhar nos modelos mentais daquele gerente de projetos que via "negativamente" o *PMBOK®Guide*, bem como aquelas

Capítulo 2. Gerenciamento da Integração

pessoas que NUNCA tinham visto o tema e conseguem de fato passar a raciocinar e estruturar seu pensamento "voltado à gestão de projetos". Isso é claramente percebido e relatado por pessoas que têm o primeiro contato (sem *PREconceitos*) com PM Canvas e naturalmente começam a "pensar em projetos".

E como no conceito visual de "canvas" (quadro) está tudo estruturado de forma acessível e "aos olhos de todos", as pessoas naturalmente passam a assumir suas responsabilidades no projeto.

JOSÉ FINOCCHIO JUNIOR (Diretor Executivo da PM2.0): Quando eu e meus colegas de trabalho tivemos acesso ao *PMBOK® Guide* no meio dos anos 90, tivemos percepções distintas. Uma delas era que para se planejar um projeto seria necessário que o gerente de projetos preenchesse uma série de documentos que, uma vez colecionados, constituiria o plano de projeto e que, uma vez completo, deveria ser apresentado para a equipe. Assim, o gerenciamento de projetos estaria intimamente ligado a uma documentação a ser produzida.

O estudo aprofundado e a experiência me mostraram que o trabalho poderia ser realizado de modo diferente. Enquanto o *PMBOK® Guide* enfatizava os PROCESSOS do gerenciamento, eu tentei mudar o foco e desenvolver uma ferramenta para executar os principais processos de planejamento em colaboração e cocriação com os principais *stakeholders*. Nascia assim o PM Canvas, que, em última análise, não substitui nenhuma documentação específica mencionada na literatura, mas permite a construção, na mente dos *stakeholders*, de uma visão compartilhada do futuro – um modelo mental sobre o projeto que revela seus principais conceitos e as relações entre esses conceitos. Tudo isso numa única folha. Sim, é possível!

Gerenciamento de Projetos em Tirinhas

Tirinha 18: o PM Canvas

ALONSO SOLER (Roteirista e Agente de Rosalina): O PM Canvas é uma maneira mais amigável de concepção de um plano de projeto, construído com base nos princípios da neurociência e que enfatiza apenas o essencial – uma agenda comum sobre a qual os *stakeholders* irão se debruçar para conceber a lógica do projeto. Afinal, como funciona o PM Canvas?

EDUARDO FREIRE (Sócio da FrameWork – Gestão e Projetos, Msc): O PM Canvas tem uma estrutura baseada numa sequência lógica do já conhecido e amplamente utilizado Plano de Ação 5W2H. Essa lógica decorre do preenchimento dos 13 blocos que evolui das "justificativas do projeto" (leia-se: das dores e necessidades do projeto) até o custo estimado inicial do projeto. E por mais que exista uma sequência recomendada, na medida em que o plano do projeto vai sendo construído e fica disponível de forma visual, é natural que o time retorne aos quadros anteriores e os reavalie de forma integrada a todo instante.

Mas entenda que o PM Canvas de forma alguma substituirá qualquer documentação e/ou artefato necessário para a gestão dos projetos. Independentemente da complexidade do projeto, o PM Canvas pode (ou deveria) ser utilizado, principalmente se for um projeto de inovação, onde, geralmente, o cliente/demandante sabe apenas contar uma história da sua demanda e o time de projetos tem que transformar os conceitos nebulosos em produtos e serviços! A minha melhor definição do que é um projeto é: transformar uma ideia em realidade.

Como diz a máxima, "uma imagem fala mais do que mil palavras". Assim, o PM Canvas, além de conceitos de neurociência, utiliza também conceitos de *Agile* e *Design Thinking*, quando foca no valor e nas pessoas, bem como no comprometimento do time. Considerando que a concepção do projeto saiu da mão do gerente de projetos, ele passa a ser um produto derivado da participação de todo o time, baseado no processo natural do "divergir para convergir" a cada momento da concepção.

JOSÉ FINOCCHIO JUNIOR (Diretor Executivo da PM2.0): O PM Canvas dispõe de uma sequência específica a ser realizada que se desloca dos temas mais importantes para os menos importantes. Uma sessão de PM Canvas é como uma "contação" da história do projeto. Em conjunto, o grupo vai elucidando e debatendo questões fundamentais para que, ao término, todos disponham de um acordo combinado sobre os conceitos do projeto de modo muito claro na cabeça.

Uma sessão de PM Canvas, tipicamente, responde perguntas fundamentais e que elucidam para todos o projeto. Por exemplo:

1. Qual o entendimento da geração de valor do projeto para a organização/sociedade?

2. Quais produtos/serviços/resultados afinal estão sendo entregues? Quais são as suas características diferenciadas?

3. Quem da equipe que trabalha nesse projeto assume qual papel e quais órgãos do mundo externo ao projeto terão que ser abordados?

4. Qual é o trabalho com foco em resultado que cada um terá que produzir? Em quais condições esse trabalho poderá e deverá ser feito?

5. Quais os prazos e custos que o projeto poderá comprometer considerando os principais riscos?

Todas essas perguntas são respondidas num único grande painel chamado CANVAS e que coloca todos esses conceitos no mesmo plano visual, acessível para toda a equipe, que pode rabiscar, modificar, remover e acrescentar.

Uma vez pronto o painel, a metodologia PM Canvas vai propor um protocolo de integração fazendo validações entre os diversos conceitos inter-relacionados, tornando o modelo consistente.

Uma vez finalizado, ele pode ou não ser usado para produzir outras documentações necessárias. Uma organização tradicional vai usar o PM Canvas produzido para posteriormente gerar outros artefatos necessários às suas políticas e aos seus procedimentos. Uma organização que adota uma abordagem mais ágil e adaptativa pode optar por seguir direto para execução após o PM Canvas.

Capítulo 2. Gerenciamento da Integração

TIRINHA 19: CONTATOS PESSOAIS DURANTE A EXECUÇÃO

ALONSO SOLER (Roteirista e Agente de Rosalina): Rosalina parece estar sempre "zanzando" por aí! Toma cafezinho com um, fala no corredor com outro, aproveita sempre os horários de almoço e os tempinhos que antecedem as reuniões para entender o que se passa com o projeto e com as pessoas que colaboram com ele. É isso aí, Rosalina! Gerente de projetos que fica em sala com porta fechada, ar-condicionado e um computador de mesa certamente perderá chances de fazer contatos pessoais com a sua equipe.

ÂNGELO BRAGA (PMP, Sócio da ABC Consultoria em Gestão de Projetos e Serviços de TI, Professor da FGV): Uma das áreas mais importantes que temos no gerenciamento de um projeto é a comunicação. Não se consegue gerenciar bem um projeto sem falar com a equipe, discutir as melhores alternativas de solução e também as melhores soluções de contorno (*work around*) quando estamos enfrentando um problema ou a ocorrência de um risco não previsto.

Portanto, além de enviarmos e-mails e relatórios que também fazem parte do processo formal de comunicação, devemos fazer reuniões com a equipe, promover conversas individuais com as pessoas que fazem parte da equipe do projeto e também com o cliente, para entender a sua percepção sobre o andamento dos trabalhos.

Assim, podemos concluir que gerente de projetos que fica somente enviando e-mails e fazendo comunicação por telefone não terá sucesso na condução do projeto. Falhas de comunicação estão diretamente associadas a erros causados pelo entendimento equivocado da equipe na realização das tarefas ou até mesmo pela não solicitação de ajuda por parte da equipe, uma vez que o gerente não se faz presente.

GUTENBERG SILVEIRA (Diretor de Consultoria na Deloitte): A área de comunicação em gerenciamento de projetos é uma das mais importantes. O gerente de projetos gasta em média 70% do seu tempo se comunicando, seja na forma escrita ou verbal, para dentro ou fora da organização. A pesquisa do estudo de *benchmarking* em gerenciamento de projetos no Brasil, realizada desde 2006, segundo os profissionais que militam na área de projetos, aponta que a comunicação está entre os quatro maiores problemas com os quais o gerente precisa lidar na entrega de sucesso.

No entanto, é importante destacar que, apesar de terem novas e melhores tecnologias disponíveis em suas mãos, os gerentes de projetos não se comunicam bem. Infelizmente, muitos entendem que o gerenciamento deve ser feito por e-mail, sem relacionamento e interações com as pessoas (partes interessadas). Ledo engano! O relacionamento pessoal do gerente permite identificar e entender as influências das partes interessadas em relação ao projeto. Já as interações com todas as partes interessadas permitem um melhor alinhamento à luz de necessidades, anseios, desejos e expectativas deles, a fim de buscar o equilíbrio do projeto.

Capítulo 2. Gerenciamento da Integração

IVETE RODRIGUES (Professora e Coordenadora na FIA – Fundação Instituto de Administração, PhD): Que bom, Rosalina, que você não perdeu o hábito de conversar com as pessoas de sua equipe. Hoje em dia, com novas tecnologias de informação surgindo a todo o momento, as pessoas têm diminuído as interações face a face. Não é incomum vermos pessoas que trabalham a poucos metros de distância se comunicando por correio eletrônico ou mensagens instantâneas, seja por comodismo ou por considerar que assim as informações ficam registradas. Mas o processo de comunicação exige *feedback*, ou seja, é importante verificar se o significado que o emissor da mensagem quis transmitir foi corretamente entendido pelo receptor. Isso porque entre a emissão e a recepção da mensagem há inúmeros ruídos. Na comunicação face a face, o *feedback* pode ser imediato, pois ela tem um caráter dialógico. Além disso, a interação pessoal é enriquecida pelos símbolos e sinais corporais. Como defendem Pierre Weill e Ronald Tompakow no clássico livro "O corpo fala", braço, nariz ou mão dizem palavras e até frases inteiras que, por percepção direta, levam a um entendimento total e instantâneo.

Gerenciamento de Projetos em Tirinhas

Tirinha 20: ENCERRAMENTO ADMINISTRATIVO DO PROJETO

ALONSO SOLER (Roteirista e Agente de Rosalina): Isso mesmo, Rosalina. Você pode ter recebido o aceite da entrega final, mas o gerenciamento do seu projeto continua com algumas atividades administrativas importantes. Abandonar o projeto sem encerrá-lo adequadamente é um erro crasso!

ÂNGELO BRAGA (PMP, Sócio da ABC Consultoria em Gestão de Projetos e Serviços de TI, Professor da FGV): Receber o aceite final do produto não significa que o projeto terminou. Ele terminou para o cliente, que já recebeu o seu produto, mas não terminou para o gerente de projetos. Um dos pontos importantíssimos, e que a maioria dos gerentes não considera adequadamente, é a elaboração das lições aprendidas. Elas nos possibilitarão fazer planejamentos diferentes no futuro, considerando os erros e acertos no passado. Isso fará com que tenhamos um projeto com menor probabilidade de falha.

Outro ponto é o encerramento da parte burocrática do projeto: desmobilizar a equipe, encerrar os contratos com terceiros e realizar todos os pagamentos que ainda estiverem pendentes. Se esses procedimentos não forem realizados, incorre-se no risco de ter que pagar um fornecedor que ainda tem contrato vigente e não receber a contrapartida do cliente, ou seja, neste caso, a produção de um desequilíbrio financeiro.

Portanto, para um gerente de projetos, o projeto só termina quando fazemos o encerramento administrativo e produzimos as lições aprendidas.

GUTENBERG SILVEIRA (Diretor de Consultoria na Deloitte): Encerrar uma fase ou projeto não é algo fácil. É sempre um grande desafio que o gerente de projetos e a equipe precisam ter em mente. Contudo, o encerramento em si não implica meramente em obter o aceite formal do cliente e cessar as responsabilidades gerenciais quanto ao projeto. Existem outras atividades que fazem parte da responsabilidade do gerente de projetos:

- Confirmar se todos os requisitos do projeto foram cumpridos.
- Verificar e documentar se o projeto, ou a fase do projeto, cumpre os critérios de conclusão ou saída definidos durante o grupo de processos de planejamento.
- Coletar as lições aprendidas.
- Atualizar os processos, os procedimentos e os modelos (*templates*) da empresa.
- Efetuar o registro e as sessões de lições aprendidas com todos os acertos e erros com a empresa, compartilhando informações valiosas, a fim de ajudar em novos projetos.
- Adicionar as novas habilidades adquiridas aos registros de recursos humanos dos membros da equipe.
- Realizar auditorias em aquisições.
- Concluir o encerramento de contratos com terceiros e o encerramento administrativo.
- Analisar e documentar o êxito e o nível de eficiência do projeto.
- Medir a satisfação e a fidelização do cliente.
- Transferir as entregas concluídas do projeto para operações e ativar contratos de manutenção/serviços.
- Liberar os recursos e, finalmente...
- Comemorar.

IVETE RODRIGUES (Professora e Coordenadora na FIA – Fundação Instituto de Administração, PhD): A equipe chega ao final do projeto exausta. Ninguém mais quer ouvir falar em planejamento, *status report*, preenchimento de formulários. Mas vale a pena reservar tempo para o encerramento adequado do projeto. A dedicação à fase de encerramento do projeto certamente poupará dores de cabeça futuras. É, certamente, um investimento com alto retorno. Além dos registros formais, é importante celebrar as conquistas e reconhecer os acertos e os erros. A organização das informações do projeto em repositórios adequados e acessíveis é a base da gestão do conhecimento. Registrar as boas práticas e as lições aprendidas permitirá que não se "reinvente a roda" a cada novo projeto. Aproximar as pessoas, compartilhar e colaborar são aspectos-chave para que a organização adquira maturidade em gerenciamento de projetos e possa inovar com resultados.

Capítulo 3. Lições Aprendidas

TIRINHA 21: ANTES DE PARTIR PARA O PRÓXIMO PROJETO

ALONSO SOLER (Roteirista e Agente de Rosalina): Parabéns pelo sucesso, Rosalina! Não se esqueça de compilar e armazenar os registros do projeto e extrair as lições aprendidas antes de partir para a nova empreitada. Certamente isso não será difícil, pois você já tem feito isso regularmente ao longo do andamento do projeto.

JOSÉ RENATO SANTIAGO (Consultor de Gestão de Projetos): Ao final de todo projeto é importante considerar ações que permitam potencializar o levantamento e/ou compartilhamento dos registros realizados ao longo de seu desenvolvimento, bem como aqueles que já se tornaram lições aprendidas no próprio projeto, uma vez que esta ação em si não acontece apenas quando o projeto termina. De qualquer forma, finalizar o projeto é algo de extrema relevância, mas, infelizmente, e de forma até mesmo irresponsável, o encerramento é deixado de lado em prol de uma máxima, muito equivocada, de que "projeto não se acaba, se abandona".

PAULO YAZIGI SABBAG (Dirigente da Sabbag Consultoria): Rosalina, em toda a minha carreira eu me frustrei com isso. Nem bem o projeto chega ao final e a equipe do projeto é esvaziada e deixa de preparar o relatório final do projeto e o relatório de lições aprendidas!

Eu aprendi com a norma ISO 10006, de 1995, que devemos definir e coletar a informação útil ao aprendizado desde o início do projeto. E antes dele chegar ao final, e enquanto a equipe principal do projeto está atuando, é o melhor momento para escrever esses documentos.

PRISCILA ZANUNCIO VENDRAMINI MEZZENA (PMP, Gerente do Escritório de Projetos e de Processos da Consciência S&T): Não se poderia esperar atitude diferente de uma gerente de projetos competente e disciplinada como a Rosalina. As lições aprendidas, sempre que possível, devem ser coletadas ao longo do projeto e não apenas em seu término. Existem algumas razões, dentre outras tantas, para a adoção dessa boa prática. Normalmente, no encerramento do projeto, discutir e registrar as lições aprendidas não é prioridade: há uma grande pressão para a desmobilização da equipe, para assumir atividades em novos projetos. Nesse ponto pode também haver um desgaste grande da equipe com relação ao projeto, não havendo mais motivação para discutir suas lições. Além disso, há risco de perda de memória relevante caso a lição aprendida não seja "apreendida" imediatamente após o seu fato gerador. É importante salientar que nem toda empresa dispõe de uma Rosalina, portanto deve-se buscar a institucionalização das lições aprendidas no ambiente organizacional, ou seja, os processos de gerenciamento de projetos da empresa devem prever os rituais necessários para que esse conhecimento seja devidamente compartilhado e armazenado.

Capítulo 3. Lições Aprendidas

TIRINHA 22: REGISTRO DA MEMÓRIA DOS PROJETOS

ALONSO SOLER (Roteirista e Agente de Rosalina): O registro da memória dos projetos e suas lições aprendidas alavancam novos projetos que possam ser assemelhados. Resguardar os documentos dos projetos é investir no aumento do capital intelectual da empresa.

JOSÉ RENATO SANTIAGO (Consultor de Gestão de Projetos): O registro dos projetos pode ser um importante passo para a captação das lições aprendidas, uma vez que potencializa a consulta e, posteriormente, o compartilhamento de fatos, decisões e atividades desenvolvidos ao longo do projeto. É importante que o registro não fique concentrado em um profissional apenas, o que poderá dificultar a procura e/ou consulta dos documentos. De qualquer forma, cabe considerar também as iniciativas voltadas para as lições aprendidas sem que haja a necessária associação ao simples registro de documentos – algo importante, sem dúvida, mas que não é garantidora do aprendizado.

PAULO YAZIGI SABBAG (Dirigente da Sabbag Consultoria): Rosalina, qualquer novidade em processos de gestão precisa ser registrada e avaliada para juntar-se aos procedimentos existentes. É dessa maneira que a expertise do Alfredão se tornaria um conhecimento assimilado pela organização, sendo assim de uso universal. Você já viu tudo: se a organização não se preocupa com a gestão do conhecimento, todo conhecimento em uso vai embora com seu possuidor.

Sei que é mais difícil registrar os comportamentos do Alfredão porque eles derivam dos **conhecimentos tácitos** que esse profissional acumulou em sua carreira. Mas uma rotina de processo é conhecimento "explicitável", por isso é muito mais fácil de reter na organização. E o seu conhecimento "explicitável", Rosalina, está sendo registrado?

PRISCILA ZANUNCIO VENDRAMINI MEZZENA (PMP, Gerente do Escritório de Projetos e de Processos da Consciência S&T): Depender essencialmente de pessoas (por vezes, apenas de suas memórias) para a busca do conhecimento infelizmente é uma realidade na maioria dos ambientes de projetos. Quantos "Alfredões" são desligados de empresas todos os dias carregando conhecimentos valiosos dos projetos nos quais atuaram? Muitas são as consequências nefastas da ausência de práticas adequadas de documentação em projetos: repetição de erros, trabalho redundante, ignorância sobre riscos relevantes – em suma, efeitos colaterais que geram custos desnecessários e aumentam as chances de insucesso dessas iniciativas. Uma vez reconhecidas tais consequências, garantir que o conhecimento gerado nos projetos seja devidamente documentado, de forma a ser facilmente resgatado, deve ser prioridade nas organizações. Nesse contexto, o suporte da alta gerência é fundamental (leia com atenção, Dr. Agenor!), inclusive para que nos projetos sejam previstas atividades direcionadas à gestão do conhecimento e, portanto, orçamento adequado para tal. Adicionalmente, há que se pensar, por exemplo, em métodos adequados de documentação, na taxonomia do conhecimento e na adoção de tecnologias de informação e comunicação como suporte à gestão do conhecimento.

Capítulo 3. Lições Aprendidas

Tirinha 23: Lições Aprendidas, Boas Práticas e Inovações

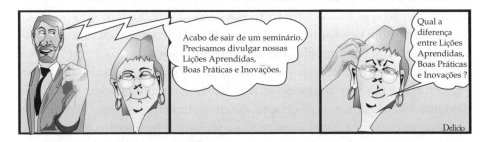

ALONSO SOLER (Roteirista e Agente de Rosalina): Ops! Lições aprendidas, boas práticas e inovações? Tudo isso compõe o capital intelectual da nossa empresa e decorre de nossa vivência nos projetos. Haveria definições e limites para cada um deles?

JOSÉ RENATO SANTIAGO (Consultor de Gestão de Projetos): Pouco mais que apenas uma questão de semântica, cabe considerar as sutis diferenças entre os três termos. Boas e más práticas, uma vez desenvolvidas em um projeto, poderão ser registradas e, posteriormente, caso haja aprendizagem, se tornar lições aprendidas. Uma vez transformadas em "lições", elas passarão a fazer parte das práticas (e/ou procedimentos) a serem contempladas nos próximos projetos. A grande expertise em certa prática poderá potencializar a adoção de novas iniciativas em prol da melhoria de qualidade, custo e/ou prazo, por exemplo. Essas novas dinâmicas e/ou ações chamamos de inovações.

PAULO YAZIGI SABBAG (Dirigente da Sabbag Consultoria): Rosalina, eu prefiro coletar as lições aprendidas, que incluem as coisas que não deram certo, os erros e as contingências, do que coletar as boas práticas, que implicam em um juízo de valor sobre o que funcionou bem. Afinal, aprendemos mais com os erros do que com os acertos. Por razões de cultura organizacional, há organizações que relutam em documentar erros e fracassos.

Já a inovação eu considero muito importante. Inovar significa experimentar algo diferente. Nem todas as organizações dispõem dessa capacidade de experimentação. Enquanto mais um processo de gestão do conhecimento, a inovação requer mentes preparadas e processos sistemáticos; de outro modo seria apenas descoberta, e isso é raro de ocorrer. Não aprendemos só pela experiência de execução dos projetos; é preciso criar, experimentar, testar, avaliar para aprender.

PRISCILA ZANUNCIO VENDRAMINI MEZZENA (PMP, Gerente do Escritório de Projetos e de Processos da Consciência S&T): Acredito haver na prática uma ligação muito forte entre esses assuntos. Uma inovação pode ser o resultado de um determinado projeto e estar relacionada a um produto, serviço ou processo. Por exemplo, dias atrás vi uma reportagem sobre um serviço de prestação de condolências por *drive-thru*. Por mais esdrúxulo que possa parecer, esse é um serviço inovador. Já as lições aprendidas podem ser refletidas tanto à luz do processo de criação, desenvolvimento e entrega do resultado final do projeto (por exemplo, um produto inovador) quanto dos processos de gerenciamento de tal projeto (por exemplo, planejamento). As boas práticas constituem diretrizes sobre a melhor forma de executar determinada atividade e podem ter como fonte de revisão as lições aprendidas de projetos. Pensando nos três assuntos conjuntamente, as boas práticas devem ser consultadas desde os momentos iniciais de um projeto, mesmo que de inovação, e no decorrer dessa iniciativa as lições aprendidas devem ser discutidas e documentadas, para ao seu término serem consolidadas – e para, enfim, eventualmente servirem de entrada para a revisão das boas práticas.

Capítulo 3. Lições Aprendidas

TIRINHA 24: APRENDIZADOS EXTRAÍDOS DE PROJETOS

ALONSO SOLER (Roteirista e Agente de Rosalina): Não há projeto do qual não se possa tirar alguma lição. Por sua natureza, todo projeto representa uma nova aventura profissional que cruza o mundo das incertezas. Passar por essa experiência sem amealhar algum aprendizado que possa ser agregado à base de conhecimento, individual ou sistêmica da empresa é perder a chance de se desenvolver.

JOSÉ RENATO SANTIAGO (Consultor de Gestão de Projetos): Uma experiência que não tenha sido positiva deve ser considerada uma grande oportunidade de aprendizado e, a partir daí, uma lição a ser evitada em futuros projetos. Além disso, projetos que não tenham atendido às suas metas também podem contribuir com boas práticas e experiências, mesmo porque é quase impossível que um projeto tenha sido realizado apenas com atividades inadequadas. Acreditar nisso seria o mesmo que afirmar a total incompetência de toda uma equipe que, certamente, fez por merecer para gerir aquele projeto. Boas e/ou más lições não possuem relação direta com os resultados alcançados, o que seria sugerir que só aprendemos quando erramos e que, ao acertarmos, nada deve ser feito para melhorar.

PAULO YAZIGI SABBAG (Dirigente da Sabbag Consultoria): Rosalina, eu também acredito que os erros ensinam muito mais do que os acertos. Registrar o fracasso é uma excelente oportunidade para evitar que ele se repita. Eu sugiro que você identifique os riscos e as contingências que ocorreram. É a única maneira de compreender as razões do fracasso. Por isso é tão importante ter um bom planejamento, que se torna referência para o controle (*baseline*). Note que sem planejamento qualquer ocorrência fica sem explicação.

PRISCILA ZANUNCIO VENDRAMINI MEZZENA (PMP, Gerente do Escritório de Projetos e de Processos da Consciência S&T): O Alonso está corretíssimo em sua afirmação. Projetos são ambientes dos mais férteis para o aprendizado, especialmente por terem como finalidade a geração de um resultado, produto ou serviço único, conforme nos ensina a literatura. Independentemente se o projeto for um sucesso ou não, sempre há espaço para que lições aprendidas sejam extraídas. Entretanto, para que as falhas sejam reconhecidas e os problemas sejam discutidos aberta e francamente, é fundamental que a cultura organizacional esteja voltada ao aprendizado e que as experiências negativas sejam avaliadas sem a busca por culpados. Na prática, o reconhecimento de falhas nem sempre é um processo fácil ou espontâneo; portanto, as organizações devem fomentar trocas de conhecimento – por exemplo, por meio de sistemas de incentivo e atividades de integração e construção de confiança dentro das equipes.

Capítulo 4. Gerenciamento do Escopo

TIRINHA 25: *GOLD PLATING*

ALONSO SOLER (Roteirista e Agente de Rosalina): Ei, Rosalina, cuidado com o *gold plating*. Atender às inclusões de escopo do cliente pode deixá-lo satisfeito momentaneamente. Mas fique atenta, pois toda alteração deve ser tratada no contexto da mudança integrada – analise os impactos que a mudança trará nos prazos, nos custos e nos riscos planejados. Leve para o cliente aprovar e só depois dele tomar ciência desses impactos você atualiza os seus planos e começa a executar o novo escopo.

ALCIDES SANTOPIETRO (Diretor, Sistemas de Gestão e de Controle de Projetos, PMP): É, Rosalina, o Dr. Nakamura parece ter razão. Mesmo que possamos assumir que o cliente não se incomodará com um aumento no prazo de entrega ou no custo do projeto como consequência de uma solicitação de aumento de escopo, é sempre importante confirmar com ele essas hipóteses.

Atenção especial deve ser dada em determinados contextos de projetos mais complexos ou realizados em países com culturas diferentes da nossa, pois muitas vezes enfrentamos situações onde mudanças no escopo tendem a não ser formalizadas e, portanto, fica mais difícil conseguir a aprovação do cliente para uma extensão no prazo de entrega como consequência do aumento de escopo solicitado.

Mas veja pelo lado bom: o Dr. Nakamura parece ser uma pessoa de bom senso. Ele diz que se soubesse que o aumento de escopo iria levar a um aumento no prazo de entrega, ele não o teria solicitado. É muito comum vermos por aí clientes que exigem o aumento de escopo e não aceitam de forma nenhuma que os outros aspectos do projeto (prazo, custo, risco, qualidade) sejam afetados.

CARLOS MAGNO DA SILVA XAVIER (Sócio do Grupo Beware, D. Sc., PMP): Como se diz na expressão popular, Rosalina, "você comeu mosca" ao não apresentar formalmente para o cliente os impactos resultantes dessas mudanças, antes da sua realização. O *gold plating* é utilizado na literatura para qualificar um escopo não solicitado (adicional) que a equipe do projeto fornece ao cliente. Isso não significa que se está oferecendo um produto melhor, mas sim fora (ou além) das especificações do cliente, sob riscos de aumento de custos, prazos etc. O gerente de projetos deve estar atento para não permitir o trabalho da equipe em escopo não planejado. Tal visão é muito coerente, pois, como sabemos, poucos projetos são entregues dentro do prazo e do custo planejados. Sendo assim, não haveria justificativa para entregar mais do que foi combinado.

Rosalina, sempre que o cliente vier com um pedido de mudança que não quer formalizar, oriente a equipe do projeto a invocar o grande guru "NOÉ", respondendo: "isso NOÉ comigo, temos de seguir o previsto no escopo aprovado do projeto".

JOÃO CARLOS BOYADJIAN (Diretor Executivo da CPLAN CONSULTORIA): Todo pedido de mudança deve ser tratado entre as partes envolvidas, e seus impactos analisados, para que não haja surpresas e os resultados e objetivos sejam alcançados. A gestão de mudanças (*change management*) é uma das habilidades mais importantes do gerente de projetos. Cabe a ele zelar pelo escopo do produto e do projeto e fazer com que os registros de mudança sejam todos negociados. No final caberá ao gerente do projeto justificar as razões das mudanças e seus impactos para que este e a equipe não sejam penalizados. Atenção, Rosalina: cuide dos registros de mudança como você fazia quando criança, anotando no seu querido diário as ocorrências do seu dia a dia.

Tirinha 26: Escopo incompleto

ALONSO SOLER (Roteirista e Agente de Rosalina): Agora há que se ter calma, Rosalina. Erros no planejamento do projeto acontecem nas "melhores famílias". Você terá que analisar os impactos desse esquecimento e avaliar as consequências para o projeto. Seja pragmática e direta. Não gaste muito tempo procurando os culpados, e sim tentando encontrar alternativas para resguardar o seu projeto.

ALCIDES SANTOPIETRO (Diretor, Sistemas de Gestão e de Controle de Projetos, PMP): É hora de ver o que temos de reserva no projeto, em termos de dinheiro e tempo, para poder cobrir o item esquecido. Reservas também servem para isso e devem ser usadas de maneira inteligente e legítima para que o sucesso do projeto seja atingido. Provavelmente este projeto partirá com menos reserva do que Rosalina gostaria, terá menos margem de manobra para cobrir eventuais erros durante a sua execução, mas será o preço a pagar pelo esquecimento do pacote de trabalho na EAP.

Eventualmente, caso a reserva existente não seja suficiente para compensar o item esquecido, será preciso tomar decisões em outras áreas do projeto. Por exemplo, em vez de adotar uma solução que seria ideal para um determinado aspecto do projeto, a equipe de planejamento pode pensar em adotar uma solução alternativa para poder acomodar a inclusão do pacote esquecido.

Outra estratégia possível será a de aplicar o *fast tracking* no projeto: realizar atividades em paralelo para poder entregar tudo no prazo. Vale a pena avaliar os riscos e custos para isso.

Em resumo, diversas são as soluções para o problema encontrado. O importante é usar a criatividade, ajustar o plano e seguir em frente!

CARLOS MAGNO DA SILVA XAVIER (Sócio do Grupo Beware, D. Sc., PMP): Rosalina, tem um ditado iídiche que diz: "o homem planeja e Deus ri". Por isso é que ocorrem riscos no projeto que fazem com que tenhamos incertezas em relação ao planejado. Um dos riscos é não prever no escopo do projeto todas as entregas de um contrato. Esse risco tem de ser tratado – e, por isso, lembre-se de, no próximo projeto, checar se na Estrutura Analítica do Projeto (EAP) estão todas as entregas previstas no contrato. Segundo Peter Drucker, considerado o pai da administração moderna: "a melhor maneira de prever o futuro é criá-lo". Daí a importância do planejamento correto e do gerenciamento de riscos.

JOÃO CARLOS BOYADJIAN (Diretor Executivo da CPLAN CONSULTORIA): Este é outro velho problema quando a equipe e o cliente não trabalham bem. O escopo é incompleto quando a equipe não faz um bom levantamento dos requisitos, ou seja, não entrevista o cliente, não visita o site, não aplica questionários, não avalia a complexidade e a construtibilidade adequada, ou não trabalha com uma equipe coesa para discutir claramente as etapas e as entregas a serem feitas em cada uma delas. A visão clara do ciclo de vida entre os envolvidos técnicos e administrativos do projeto é fundamental para que o projeto tenha uma EAP correta, ou seja, um escopo próximo da realidade.

Capítulo 4. Gerenciamento do Escopo

Tirinha 27: CONTROLE INTEGRADO DE MUDANÇAS

ALONSO SOLER (Roteirista e Agente de Rosalina): Como está estruturado o controle integrado de mudanças de seu projeto? Um dos pontos primordiais para o sucesso de um projeto é o acompanhamento adequado das solicitações de mudanças oriundas do cliente. A documentação dessas solicitações e a avaliação dos impactos que podem provocar devem fazer parte da gestão voltada ao sucesso. Por isso, Rosalina, não deixe de estar bem "backupeada" com toda a documentação comprobatória das necessidades e solicitações de mudanças.

ALCIDES SANTOPIETRO (Diretor, Sistemas de Gestão e de Controle de Projetos, PMP): Rosalina está tocando em um ponto fundamental para o bom controle de mudanças: ela quer que os registros de mudanças do projeto existam e tenham qualidade. Normalmente definido na fase de planejamento dos projetos, o processo de gestão de mudanças deve contemplar como o registro de mudanças será estabelecido.

Em algumas áreas, como TI, por exemplo, é comum vermos muitas solicitações de pequenas mudanças serem feitas e se acumularem ao longo da vida do projeto. Algumas serão aceitas pela empresa fornecedora, outras serão discutidas e acabarão sendo deixadas de lado. O erro a ser evitado nesses casos é considerar as solicitações de mudança tão pequenas que não valem a pena ser documentadas. Se isso acontecer, rapidamente a equipe de projeto perderá o controle sobre o que foi aprovado, o que foi rejeitado e as consequências das mudanças no prazo e no custo do projeto, entre outros.

CARLOS MAGNO DA SILVA XAVIER (Sócio do Grupo Beware, D. Sc., PMP): É, Rosalina, o escopo congelado em um projeto e o abominável homem das neves têm algo em comum: ambos são mitos e desaparecem quando calor suficiente é aplicado. Todo projeto é passível de mudanças. Um fator crítico de sucesso para o gerenciamento do escopo é a condução estruturada do processo de solicitação de mudanças, com a utilização de um procedimento formal, previamente definido e documentado.

Não comece um projeto sem estar estabelecida uma sistemática de controle de mudanças: quem pode pedir mudanças e qual o formulário para tal? Que impactos serão avaliados e por quem? Quem aprova ou não as mudanças? Um exemplo de sistemática pode ser visto no capítulo "O Processo de Controlar o Escopo", do meu livro "Gerenciamento de Projetos – Como Definir e Controlar o Escopo do Projeto".

JOÃO CARLOS BOYADJIAN (Diretor Executivo da CPLAN CONSULTORIA): Pois é, Rosalina, é muito importante que no plano de comunicação fique bem claro quem deve emitir o pedido de mudança e quem deve receber, bem como qual mídia utilizar. É certo que um pedido de mudança pode vir de qualquer lado, ou seja, do cliente, da equipe ou do próprio gestor, mas ele deve ser documentado para que, no final de uma etapa ou do projeto, possamos comparar o previsto com o realizado e avaliarmos os impactos das mudanças no projeto. Os documentos de mudança reprovados devem ser também armazenados para que possam servir de recomendações para eventuais mudanças futuras.

Capítulo 4. Gerenciamento do Escopo

TIRINHA 28: IMPACTOS DAS MUDANÇAS

ALONSO SOLER (Roteirista e Agente de Rosalina): Mudanças de escopo de projetos que advêm do próprio cliente nem sempre são bem aceitas, principalmente quando elas chegam acompanhadas de uma análise de impacto. É melhor alertar o cliente antes de começar a executar o novo escopo proposto. A propósito, esse caso ilustrado por Rosalina, apesar de cômico, é verídico, passado com um amigo gerente de projetos e seu cliente.

ALCIDES SANTOPIETRO (Diretor, Sistemas de Gestão e de Controle de Projetos, PMP): Rosalina, parece que você está tendo um problema de comunicação com o Dr. Nakamura. Não se entrega um documento de alteração de contrato dessa forma, que chega como uma surpresa nas mãos do cliente. Ele deve ser advertido no momento em que solicita a mudança de escopo que eventuais mudanças no contrato podem ser necessárias para que o novo escopo seja adotado para o projeto.

Além disso, o Dr. Nakamura pensa que a alteração contratual não é legítima, pois tudo deveria já ter sido considerado na proposta inicial de Rosalina. Bom, vemos aqui um outro problema frequente: o que Rosalina considera uma alteração de escopo não é visto como tal pelo seu cliente. Uma boa definição inicial do escopo, alinhada com um bom processo de gestão de mudanças no projeto, certamente resolveria este problema.

CARLOS MAGNO DA SILVA XAVIER (Sócio do Grupo Beware, D. Sc., PMP): Rosalina, não podemos congelar o escopo de um projeto porque não conseguimos congelar as expectativas do cliente. Sempre que um cliente quer burlar o controle do escopo, o "JAQUES" é invocado. Um típico pedido é: "JÁ QUE você está mexendo nesse módulo do sistema, será que não poderia fazer um "programinha" para acrescentar uma nova opção no menu?". É claro que o cliente quer que seja feita a alteração sem aumento de custo ou prazo.

Uma alteração de escopo no projeto pode ser uma evolução (também chamada, tradicionalmente, de mudança de escopo) ou uma correção. Consideramos evolução de escopo quando a mudança é solicitada pelo cliente. Nesse caso, é alterada a base de referência do projeto (formada pelo escopo, prazo e custo) e, portanto, alterado o contrato. Caso seja uma correção (aí incluída uma alteração de estratégia para atender ao mesmo escopo do cliente), fazemos uma reprogramação, sem alterar a base de referência do projeto e o contrato.

JOÃO CARLOS BOYADJIAN (Diretor Executivo da CPLAN CONSULTORIA): Rosalina, aprenda que projetos são únicos e desenvolvidos por ondas sucessivas e nem sempre todas as definições de requisitos e escopo são claras e documentadas. Assim, o detalhamento é desenvolvido aos poucos. Quando uma mudança de escopo surge, cabe ao gerente do projeto, em primeira instância, analisar e verificar se é pertinente ou não a solicitação. Na sequência, verificar os impactos e convocar o comitê de mudanças. Caso a solicitação não seja pertinente convoca-se o cliente, negocia-se e tomam-se decisões. Se necessário, revisam-se o prazo e o orçamento e analisam-se os impactos nos riscos e outras consequências contratuais.

Capítulo 5. Gerenciamento dos Requisitos

TIRINHA 29: OS REQUISITOS DO PROJETO

ALONSO SOLER (Roteirista e Agente de Rosalina): Como o gerente de projetos levanta os requisitos do projeto? Quem (e quando) define e reporta os requisitos de um projeto para o gerente de projetos? O cliente que compra o projeto ou os seus usuários? Esse é um conflito típico dos inícios de projetos. Vamos lá, Rosalina, use as suas competências e a sua perspicácia para sair dessa "sinuca de bico".

MARISA VILLAS BÔAS DIAS (Consultora e Professora de Gestão de Projetos): Requisitos retratam expectativas, desejos ou necessidades e seu levantamento é crucial para o sucesso do projeto. Rosalina tem razão ao ficar aflita por iniciar o projeto apenas com uma visão parcial dos requisitos, passada pelo "chefe" ou cliente que demandou o projeto. É fundamental levantar os requisitos com os *stakeholders* "de negócio", usuários (não com todos, mas com pessoas-chave que os representem) e, muitas vezes, contando com a ajuda de fornecedores e técnicos que entendam mais sobre a solução. Nessa hora, Rosalina, use seu "jogo de cintura", valorize as informações passadas até o momento como fundamentais para o direcionamento do negócio e a visão executiva e estratégica do projeto, mas mencione que existem ainda algumas questões operacionais a serem detalhadas que poderiam ser tratadas com outras pessoas "para não ocupar o tempo" de um executivo tão importante!!!

PAULO AFFONSO FERREIRA (Consultor de Projetos, PMP, PRINCE2): É, Rosalina... muitos clientes querem sair fazendo e se dão mal! Nós temos que evitar o "just do it". O sucesso do projeto é diretamente influenciado pelo envolvimento ativo das partes interessadas. Como benefício, a equipe do projeto obterá uma base para definição e gerenciamento do escopo do projeto e do escopo do produto.

Utilize técnicas como entrevistas, grupos de discussão, *workshops* ou *brainstorming* para coletar os requisitos dos diversos envolvidos no projeto.

PAULO KEGLEVICH (Sócio da KSC Projetos, MSc, PMP, MSP, PRINCE2 Practitioner): Realmente, uma das habilidades importantes para o gerente de projetos é saber lidar com 'egos' mais sensíveis que usualmente geram um ambiente de melindre, muito comum em contextos políticos, e que é altamente nocivo às comunicações dos projetos. Com habilidade e tato o gerente de projetos deve demonstrar aos seus interlocutores mais 'sensíveis' que todos, inclusive estes mais políticos, saem lucrando com a participação de um maior número de partes interessadas na definição dos requisitos. Isso é uma das principais chaves do sucesso do projeto, pois facilita bastante o engajamento e o comprometimento dos *stakeholders* com os objetivos do projeto. E, afinal, não é ganhar mais benefícios que os políticos adoram e para o qual desenvolvem suas habilidades políticas?

Tirinha 30: OS REQUISITOS E O PLANEJAMENTO

ALONSO SOLER (Roteirista e Agente de Rosalina): Fechar os requisitos do projeto é condição essencial para prosseguir no planejamento. O que fazer quando o cliente e seus usuários não conseguem chegar a um consenso?

MARISA VILLAS BÔAS DIAS (Consultora e Professora de Gestão de Projetos): Situação nada fácil, mas muitas vezes comum em projetos. Se mesmo depois de esgotar as técnicas para levantamento dos requisitos você não conseguir fechá-los, ou pelo menos ter um conjunto de informações consistentes que, aliado a algumas premissas, dê a base para a continuidade do projeto, talvez seja o momento de repensar a estratégia de condução do projeto. Ou seja, sair de um modelo tradicional e partir para um modelo ágil de gestão de projetos, em que os requisitos são levantados e os produtos entregues em ciclos pequenos (iterações), permitindo uma visualização mais rápida de resultados, tomada de decisões quanto ao direcionamento futuro e construção do projeto de forma incremental.

PAULO AFFONSO FERREIRA (Consultor de Projetos, PMP, PRINCE2): Rosalina, o levantamento de requisitos é uma fase importante no planejamento do projeto e o sucesso do projeto é diretamente influenciado pelo envolvimento ativo dos *stakeholders*. Utilize técnicas de levantamento de requisitos em grupo ou individualmente, como entrevistas, oficinas ou *brainstorming*. Lembre-se de que as expectativas estão indiretamente traduzidas nos requisitos e influenciam o planejamento do escopo do produto e do projeto.

PAULO KEGLEVICH (Sócio da KSC Projetos, MSc, PMP, MSP, PRINCE2 Practitioner): Não é à toa que o guia do PMI (*Business Analysis for Practitioners: A Practice Guide*) recomenda como boa prática do trabalho do analista de negócios, no capítulo 3, elaborar um plano do trabalho de análise de negócios, que, da mesma forma que o plano de gerenciamento do projeto, também deve ser aprovado por um executivo (ou mais de um executivo). Antes de qualquer investimento de tempo e recurso na análise de requisitos é fundamental que haja um consenso mínimo sobre o que seria uma análise de negócio apta a obter uma aprovação para estabelecer os objetivos de um projeto. Se para ter esse consenso é preciso que haja um plano, que assim seja. O objetivo primordial é garantir que haja um consenso sobre o que seja dispor de uma análise de requisitos pronta! É claro que o gerente de projetos precisa estar presente e atuante neste trabalho, de cuja qualidade depende depois o grau de risco e dificuldade a ser enfrentado durante o projeto. Isso sem mencionar o fato de que é relativamente comum precisar retomar o levantamento de requisitos durante o projeto em função de mudanças no contexto organizacional e até externo à organização.

Capítulo 5. Gerenciamento dos Requisitos

Tirinha 31: AJUSTE DO ESCOPO AO LONGO DA EXECUÇÃO DO PROJETO

ALONSO SOLER (Roteirista e Agente de Rosalina): Opa! Realmente, Rosalina. Iniciar um projeto sem fechar os requisitos principais é um risco muito alto, capaz de provocar o insucesso do projeto. A fala de seu chefe traduz uma oportunidade para quem vende o serviço: aumentar o escopo do projeto na medida em que os requisitos vão sendo esclarecidos. E aí, Rosalina, o que fazer nesse caso? Chorar não adianta!

MARISA VILLAS BÔAS DIAS (Consultora e Professora de Gestão de Projetos): Rosalina, realmente iniciar um projeto sem os requisitos principais implica em assumir um risco altíssimo para o projeto. O ideal seria conseguir um melhor detalhamento que permitisse iniciar o projeto, mas, caso não seja possível, você terá que ser muito hábil na adoção de um processo formal de gestão de alterações do projeto, para que as mudanças de escopo, que certamente aparecerão no decorrer do projeto, não impactem de forma negativa os objetivos do projeto. Há empresas e profissionais que o fazem muito bem e aumentam os resultados de seus projetos exatamente por meio desse recurso. Mas, para tanto, os requisitos iniciais têm de estar muito bem documentados, as eventuais lacunas, cercadas por premissas, e os contratos firmados têm de contemplar a possibilidade de ajustes em função de alterações do escopo ou outras variáveis do projeto.

PAULO AFFONSO FERREIRA (Consultor de Projetos, PMP, PRINCE2): Rosalina, fique de olho para evitar o *scope creep* (crescimento descontrolado do escopo ou dos requisitos). Determine junto com a organização o término do levantamento inicial do projeto, pois a coleta de informações não pode continuar indefinidamente.

Para manter o controle adequado dos requisitos do projeto e obter o resultado desejado, a equipe do projeto pode replanejar em várias fases, em ondas sucessivas. Não se esqueça de realizar o controle de mudanças ao longo do projeto para ajuste do escopo.

PAULO KEGLEVICH (Sócio da KSC Projetos, MSc, PMP, MSP, PRINCE2 Practitioner): Um gerente de projetos experiente consegue mapear rapidamente quais são os requisitos fundamentais a serem elicitados e esclarecidos, mas isso não impede que se inicie o projeto sem que todos os requisitos estejam devidamente elicitados e pacificados entre todas as partes interessadas. Neste caso o gerente de projetos deve garantir que todos os envolvidos, e principalmente o patrocinador, estejam a par dos riscos envolvidos no início de um projeto com requisitos incompletos ou mesmo instáveis. Além disso, ele precisa traçar uma estratégia de gerenciamento de projeto mais adaptativa, escolhendo uma abordagem ágil, mais adequada ao escopo do projeto, onde seja prático e bem visível às partes interessadas o grau de tolerância com os principais objetivos do projeto. Nessa estratégia, o gerente de projetos irá definir um ciclo de vida de seu projeto de modo a mesclar a abordagem preditiva (planejamento) com a adaptativa conforme os riscos e a complexidade do projeto, de forma a garantir o engajamento das principais partes interessadas em todo o ciclo de vida do projeto.

Capítulo 6. Métodos Ágeis para o Gerenciamento de Projetos

TIRINHA 32: AS METODOLOGIAS ÁGEIS

ALONSO SOLER (Roteirista e Agente de Rosalina): Esse é um erro crasso de quem ouve falar da aplicação dos métodos ágeis no gerenciamento de projetos. Agilidade, nesse sentido, não diz respeito à velocidade das entregas e à falta de assertividade no cumprimento dos prazos (geralmente as empresas estão sempre preocupadas com os atrasos de seus projetos), e sim a um modo flexível e adaptável de conduzir as complexidades do trabalho nos projetos.

JANICE FIRMO (Consultora da SW Quality, PMP, CSM): Rosalina, agilidade não significa que você vai deixar de atrasar o projeto. As metodologias ágeis ajudam a implementá-lo de forma mais rápida e incremental, pois foca no desenvolvimento do produto desde o início da iteração. O ágil pode ajudar você a identificar, em um período curto de tempo, mais conhecido como *sprint*, se existem atrasos ou erros nas estimativas, contribuindo assim para a rápida ação e os ajustes necessários do projeto.

JOÃO GAMA NETO (Pioneiro Agile no Brasil e ex-Presidente do PMI São Paulo): Isso é verdade, Alonso. Uma boa pergunta então seria: "de onde vem a agilidade"? Ela vem de três elementos: priorização, iteração e colaboração. Ganhamos agilidade quando priorizamos, pois antecipamos a geração de valor para o negócio. Ganhamos agilidade se dividimos um projeto em pequenos ciclos chamados de iterações (de 15 dias, por exemplo) que geram ritmo, *feedback* contínuo e adaptação. E, por fim, a agilidade vem do uso de técnicas e práticas que promovem colaboração entre as partes interessadas internas e externas no projeto.

NIKOLAI ALBUQUERQUE (Agilista): Se, por exemplo, a organização inicia sua jornada ágil com a adoção do *Scrum* (o *framework* ágil mais famoso no Brasil) pela equipe técnica sem a preparação organizacional, isso já demonstra a falta de conhecimento da filosofia ágil. Devemos iniciar a jornada com a ruptura do modelo de gestão junto aos líderes. São eles que deverão sustentar a filosofia da adaptação em todo o contexto organizacional. Isso quer dizer atenção e prioridade à qualidade técnica e de negócio, ao ambiente colaborativo junto ao cliente, ao desenvolvimento iterativo e incremental com base em MVP (*Minimum Viable Product*), ao extermínio das folgas na programação (gordura no cronograma), à redução do WIP (*Work in Progress*), à ilegalidade da lei de Parkinson, à síndrome do estudante, ao incentivo à inovação e à melhoria dos processos continuamente (adaptação) e à tolerância às falhas.

Infelizmente, muitos iniciantes em agilidade acreditam que adquirir um software de gerenciamento XYZ e obter certificação de gerenciamento ágil YBS irá facilitar e/ou resolver os desafios da adoção da filosofia ágil. Isso é uma enorme falha! Para um agilista, a entrega continuada de algo funcional é uma oportunidade para validar conceitos e desenvolver experiência técnica e de negócio, além de gerar retorno ao cliente. A redução de tempo é uma consequência natural do processo de maturidade do projeto.

Capítulo 6. Métodos Ágeis para o Gerenciamento de Projetos

Tirinha 33: Projetos com escopo flexível

ALONSO SOLER (Roteirista e Agente de Rosalina): Alguns tipos de projetos simplesmente não permitem fechar o seu escopo com 100% de definição antes ou durante o seu planejamento. E isso subverte, realmente, o modo tradicional de se planejar um projeto, baseado numa EAP que consolida o total entendimento do que deve ser entregue através dos pacotes de trabalho. Como trabalhar com projetos cujo escopo é flexível sem penalizar o cliente?

JANICE FIRMO (Consultora da SW Quality, PMP, CSM): Rosalina, os métodos ágeis realmente se adaptam a esses tipos de projetos, mas é sempre bom tomar cuidado com o "escopo aberto" no que diz respeito aos seus custos. Algumas empresas e clientes decidem fazer uma estimativa, em nível macro, e em cima dela ir adaptando o custo de acordo com a evolução dos requisitos. Uma boa forma de realizar esse trabalho através das metodologias ágeis é criar histórias "épicas", negociar um valor inicial para elas e quando a história for sendo quebrada e ficando mais clara os custos vão sendo negociados, e assim os valores vão sendo ajustados. Criar critérios para os valores das histórias (requisitos) facilita o entendimento do cliente e da equipe e é mais fácil para renegociar os custos.

JOÃO GAMA NETO (Pioneiro Agile no Brasil e ex-Presidente do PMI São Paulo): A maior penalização para o cliente, neste caso, é justamente o que chamamos de paralisia da análise, ou seja, ao tentar definir um escopo em todo o seu detalhe, o planejamento nunca termina e o produto não é construído. Por isso, a abordagem ágil é ideal em projetos com pouca clareza de escopo. Planejamos em alto nível o projeto e em nível detalhado apenas a próxima iteração. Por causa dessa divisão do projeto em ciclos curtos, geralmente semanais ou quinzenais, o cliente ganha muito poder em tomar decisões sobre o projeto e o produto antecipadamente.

NIKOLAI ALBUQUERQUE (Agilista): Se os profissionais utilizarem o conceito do MVP (*Minimum Viable Product*) vamos eliminar esse problema e poderemos utilizar o modelo tradicional ou ágil. Caso não seja possível desenvolver o MVP, então o caminho é a alocação de equipe com escopo aberto. Para contratação/formação de uma equipe com escopo aberto, sugiro trabalhar com metas reduzidas no início, como diárias e semanais. Para trabalhar com MVP ou com escopo aberto é importante aprender a negociar e gerenciar expectativas com o cliente, tornando o escopo o grande amigo do projeto.

Muitas organizações não conseguem desenvolver o MVP por falta de domínio – neste caso é melhor contratar um especialista no domínio do problema e/ou terceirizar o projeto. Se a contratação é uma barreira à organização, então recomendo não gastar energia com esse "projeto" e voltar a atenção para projetos que estão em andamento e que estão na fila do planejamento.

Tirinha 34: ENTREGAS EM VEZ DE DOCUMENTAÇÃO ABRANGENTE

> Klauss, esta funcionalidade já está pronta há semanas. Por que ainda não foi liberada ao cliente para os testes?

> A documentação da funcionalidade está atrasada, Rosalina. Não podemos liberá-la desse modo.

> É claro que podemos! Acho que devo te dar mais uma explicação sobre a metodologia ágil.

ALONSO SOLER (Roteirista e Agente de Rosalina): Um dos princípios básicos do Manifesto Ágil, Klauss, é priorizar as entregas ao cliente em vez de documentação abrangente. Esse expediente faz com que o cliente possa ir experimentando o produto e propondo ajustes antes que ele seja finalizado e entregue definitivamente.

JANICE FIRMO (Consultora da SW Quality, PMP, CSM): Klauss, quando falamos de ágil pensamos em entregas frequentes. Se a documentação está atrasada, não faz sentido esperar até que ela seja concluída para fazer a entrega e não permitir que o cliente experimente o que já está pronto. Além do mais, se a documentação está atrasada, não é mais interessante naquele momento esperar, pois a funcionalidade já foi implementada sem a documentação. Lembre-se: nas metodologias ágeis o que vale são as entregas de valores.

JOÃO GAMA NETO (Pioneiro Agile no Brasil e ex-Presidente do PMI São Paulo): Sem dúvida, temos aí uma excelente aplicação do conceito de lições aprendidas, tanto para o projeto quanto para o desenvolvimento do produto, já que o projeto é dividido em ciclos curtos, semanais, quinzenais ou mesmo mensais. É possível verificar o desempenho da equipe, o que deu certo e o que deu errado, onde é possível melhorar, se o produto precisa de mudanças e se há oportunidades de antecipar o retorno do investimento e efetuar correções na rota.

NIKOLAI ALBUQUERQUE (Agilista): Esse princípio é sustentado pelo fato de que muitos projetos, pelo longo tempo destinado ao planejamento e/ou pela falta de domínio do problema, ao serem entregues parcial ou na totalidade ao cliente, acabam por retornar à equipe com um elevado número de falhas conceituais e/ou técnicas, transformando a relação dos *stakeholders* numa verdadeira batalha na busca pelo culpado.

Com domínio total ou parcial do problema a ser desenvolvido, a equipe deve conduzir o cliente ao MVP para que seja possível realizar ciclos curtos de entrega. Ao realizarmos ciclos curtos, o cliente é obrigado a ter uma participação elevada no projeto, desde a definição do escopo até sua validação parcial e final. O processo de transferência de conhecimento do produto/serviço é iterativo e incremental, tornando-se algo muito positivo para as organizações demandantes. Com esse processo estabelecido de colaboração do cliente no desenvolvimento do projeto, é natural que a qualidade do produto/serviço e de sua respectiva documentação seja elevada. Afinal, equipe técnica, equipe de negócios e o cliente estarão aprendendo a cada ciclo com seus erros e acertos, desenvolvendo assim a maturidade no projeto em questão.

Capítulo 6. Métodos Ágeis para o Gerenciamento de Projetos

TIRINHA 35: TRABALHO COLABORATIVO

ALONSO SOLER (Roteirista e Agente de Rosalina): A colaboração entre as equipes de desenvolvimento do projeto e o cliente é um dos pilares da condução de um projeto pelos métodos ágeis. E não deveria ser diferente, pois ambos os lados estão preocupados em produzir entregas que sejam realmente úteis, apesar da complexidade envolvida. Mas eu concordo que é difícil aplicar esse princípio em ambientes cuja cultura está impregnada de padrões "nós x eles". Cabe ao gerente de projetos orientar e liderar essa mudança cultural.

JANICE FIRMO (Consultora da SW Quality, PMP, CSM): Querida Rosalina, quando decidimos utilizar os métodos ágeis, devemos discutir antecipadamente, com todos os membros da equipe (incluindo aqueles que representam o cliente), a forma de trabalho que será utilizada. O gerente do projeto deve estar preparado para buscar o melhor entendimento entre os dois lados. Só assim as reuniões de entrega serão tranquilas e colaborativas. Nas metodologias ágeis é fundamental que todos estejam comprometidos para que não aconteça a distinção de crachás. Se todas as partes interessadas concordam e se comprometem, as reuniões de validações não serão um problema.

JOÃO GAMA NETO (Pioneiro Agile no Brasil e ex-Presidente do PMI São Paulo): Exatamente, Alonso. O ambiente onde o projeto está inserido deve sempre ser avaliado com muita cautela na hora de escolher o que utilizar. Em certos casos, em vez de aplicar completamente uma metodologia ágil, o gerente do projeto deve verificar quais práticas ágeis podem auxiliar na criação de um ambiente mais colaborativo e na geração de resultados positivos ao projeto.

NIKOLAI ALBUQUERQUE (Agilista): Quando um cliente escuta o termo "gerenciamento ágil de projetos", ele automaticamente supõe que irá receber o projeto no menor tempo. É importante que o responsável pela venda do projeto e/ou o gerente de projetos realizem uma preparação do cliente. Muitos projetos ditos ágeis estão falhando neste momento por terem uma equipe utilizando técnicas ágeis e a sua liderança e o cliente continuarem com uma expectativa de "o problema é da equipe", e/ou, ainda, com uma visão cascata de gestão e desenvolvimento.

É importante que uma equipe que esteja iniciando a adoção da filosofia ágil trabalhe com ciclos curtos para demonstrar e desenvolver junto ao cliente o espírito de colaboração. Falhas serão detectadas e isso é normal em qualquer projeto – a diferença é que serão em menor número e impacto, proporcionando um melhor clima para lidar com tais imprevistos. Os ciclos curtos com entregas de valor ao cliente é o principal caminho para o desenvolvimento da colaboração. Mas não adianta ter ciclos curtos de entrega de valor se a equipe do projeto não produzir qualidade!

Capítulo 6. Métodos Ágeis para o Gerenciamento de Projetos

TIRINHA 36: FOCO NOS INDIVÍDUOS E NAS SUAS INTERAÇÕES

ALONSO SOLER (Roteirista e Agente de Rosalina): "Deixa comigo que eu mesmo faço" é um mote entre os adeptos das metodologias ágeis? Ou os agilistas privilegiam a divisão do trabalho em equipe, priorizando os indivíduos e as suas interações em vez da individualidade e dos processos e ferramentas formais? Trata-se de um processo anárquico de gestão?

JANICE FIRMO (Consultora da SW Quality, PMP, CSM): Não se trata de um processo anárquico de gestão. Esse é um entendimento errôneo sobre como as metodologias ágeis são aplicadas. De acordo com tais metodologias, existem papéis predefinidos que devem ser observados. A partir do momento em que um coordenador entra em cena, não é aconselhável ele assumir as atividades de um membro da equipe de desenvolvimento. O conflito de interesses, nesses casos, pode criar problemas no projeto. A equipe de desenvolvimento, sim, tem que ser multifuncional: um coordenador tem que cuidar da gestão para não deixar o negócio desandar. Se começarem a misturar as funções, pode-se perder o controle.

JOÃO GAMA NETO (Pioneiro Agile no Brasil e ex-Presidente do PMI São Paulo): "Deixa comigo que eu mesmo faço" não é um mote agilista, muito pelo contrário! O que os adeptos acreditam é que o produto deve ser desenvolvido em conjunto pela equipe e os *stakeholders* externos de forma colaborativa e não individual ou segregada. O entendimento é de que todo projeto é constituído por pessoas interagindo de forma sistêmica para produzir um produto, serviço ou resultado onde as regras devem ser simples e os relacionamentos, ricos. Por causa desse enfoque, quem está acostumado com metodologias pesadas e muita papelada tem a impressão de anarquia. Mas, aproximando-se mais, o que encontramos é um sistema simples de entender, que funciona e gera resultado.

NIKOLAI ALBUQUERQUE (Agilista): Esse processo só pode ser anárquico quando não existem profissionais treinados e um processo de desenvolvimento de competências institucionalizado nas práticas do gerenciamento dos projetos. Cabe ao líder técnico a responsabilidade de desenvolver e manter as competências da equipe. Isso quer dizer que o líder técnico será um coringa no cronograma do projeto. Sim, estou afirmando que o melhor profissional está subordinado ao desenvolvimento das competências dos demais integrantes da equipe e não ao cronograma, como muitos fazem nos seus projetos. A reflexão é simples: como vou sustentar o meu cronograma se o melhor profissional ficar doente ou pedir demissão?

Nos primeiros ciclos do projeto com certeza o desempenho será menor, pois o melhor profissional estará atuando de forma pareada com outros profissionais. Ele com certeza não possui um lugar fixo no ambiente do projeto. Sua cadeira é itinerante de acordo com o desempenho de cada integrante do projeto e das tarefas em desenvolvimento. É natural que esses profissionais aumentem sua capacidade produtiva, e esse aumento deverá refletir na atualização do cronograma a cada início de ciclo e na redução da alocação do líder técnico, permitindo naturalmente sua disponibilidade ao cronograma do projeto. Esse é um excelente caminho para aplicar o conceito de qualidade na prática nos seus projetos!

Capítulo 7. Gerenciamento de Recursos e de Durações

Tirinha 37: a mobilização de recursos

ALONSO SOLER (Roteirista e Agente de Rosalina): Nem sempre podemos ter os recursos necessários que foram planejados para conduzir as atividades do projeto. Muitas vezes temos que realizar o trabalho com os recursos disponíveis. Que tal considerar esse fato no monitoramento contínuo dos riscos do projeto?

JOSÉ CARLOS FIRMINO DE CAMPOS (Consultor em Gestão de Projetos): Rosalina, esta é uma das famosas restrições do projeto: a mobilização de recursos. Um dos problemas mais comuns nos projetos é não dispor dos recursos necessários. Isso deve estar contemplado no cronograma e no orçamento. No monitoramento dos riscos, devemos aferir se as entregas sofrerão atrasos, aumentos de custos, retrabalhos, etc., em virtude de problemas com os recursos. Cada recurso com seu problema: recursos financeiros com falta de verbas, recursos humanos com produtividade, recursos materiais com disponibilidade no mercado e assim por diante.

PETER MELLO (The Spider Team): Puxa, Rosalina, isso pode mesmo ser um grande problema! Eu sempre gosto de investir um tempo para avaliar os recursos em um cronograma baseado por restrições, pois tenho condições de verificar não só o impacto da ausência de um certo recurso, mas também encontrar alternativas de substituição – é sabido que o desenvolvimento de cronogramas baseado em restrições de recursos pode oferecer estratégias alternativas no sequenciamento das atividades e auxiliar o gerente do projeto na avaliação do impacto e de probabilidades em seu plano de riscos, para lidar com a ausência dos recursos necessários que foram considerados.

Capítulo 7. Gerenciamento de Recursos e de Durações

Tirinha 38: RELAÇÃO ENTRE RECURSOS E DURAÇÃO

ALONSO SOLER (Roteirista e Agente de Rosalina): Se fosse seria fácil, certo? Infelizmente, Rosalina está correta. Nem sempre quatro profissionais fazem um trabalho na metade do tempo de dois profissionais. Por isso o planejamento adequado é importante.

JOSÉ CARLOS FIRMINO DE CAMPOS (Consultor em Gestão de Projetos): Rosalina, podemos adotar uma proporcionalidade para máquinas, mas nunca para recursos humanos. A produtividade entre pessoas, por exemplo, dificilmente será a mesma para uma tarefa. Imagine uma corrida de atletismo: se todos tivessem a mesma produtividade (ritmo de corrida), a prova terminaria empatada.

PETER MELLO (The Spider Team): A ordem entre atividades também pode influenciar a liberação de frentes de serviço e auxiliar o melhor aproveitamento das horas de cada recurso e sua especialidade. *Crashing* e *fast tracking* (compressão e paralelismo) são técnicas que podem auxiliar a redução de prazos em momentos específicos, mas sempre representam custos extras ou maiores riscos. Por isso, antes de deixar o projeto chegar neste ponto, busque a recuperação de atrasos desde o início do projeto. Lembre-se, Rosalina: um projeto com um ano de atraso atrasou um dia de cada vez!

Tirinha 39: *CRASHING*

ALONSO SOLER (Roteirista e Agente de Rosalina): O duro é convencer o chefe e o cliente de que não basta alocar mais recursos para encurtar os prazos. *Crashing* é um bom argumento para comprimir as durações do cronograma, mas não é sempre um argumento apropriado.

JOSÉ CARLOS FIRMINO DE CAMPOS (Consultor em Gestão de Projetos): Rosalina, quando optamos pela redução de prazo, a técnica do *crashing* é uma das opções. Ela deve ser calculada a partir do caminho crítico, isto é: alocar mais recursos às atividades do caminho crítico. Como não existe *free lunch*, isso gera aumento de custo no ciclo de vida do projeto. Eu sempre avalio com o cliente se esse aumento de custo, associado a uma redução de prazos, não pode ser vantajoso no ciclo de vida do produto (*time to market*).

PETER MELLO (The Spider Team): Quando o *crashing* for a última alternativa, vale explorar os modernos conceitos do *critical path drag*. É a técnica capaz de colocar em números qual é o limite de compactação que cada atividade tem em função do restante do caminho crítico do projeto. Assim, Rosalina, você terá argumentos matemáticos para demonstrar os limites da técnica de *crashing* nos esforços para atender às emergências do seu cliente.

Capítulo 7. Gerenciamento de Recursos e de Durações

A aplicação prática do *critical path drag* (DRAG) é ainda bem nova no mercado – o estado da arte. Em resumo, trata-se de um mecanismo de cálculo "ao revés" do quanto dá para realizar no *crashing*, e útil tanto para o uso com CPM (*Critical Path Method*) ou com CCPM (*Critical Chain Project Management*) sem nivelamento por recursos.

Rosalina, veja referências em:

https://www.youtube.com/watch?v=-6oBdEPdt1g

http://www.amazon.com/Stephen-A.-Devaux/e/B001KDU8FS

TIRINHA 40: OPINIÃO DE ESPECIALISTA

ALONSO SOLER (Roteirista e Agente de Rosalina): O especialista que estima tempos ou custos geralmente o faz baseado também em suas experiências prévias, e isso contempla a ponderação das suas piores experiências prévias. Desse modo, as estimativas propostas por um especialista podem ser consideradas mais conservadoras. Será, Rosalina?

FÁBIO VAMPEL (sócio da FV Gestão, PMP): Um bom especialista é aquele que não só entende tecnicamente o projeto no qual está envolvido, mas que traz consigo uma respeitável bagagem de experiência adquirida na prática. Isso faz a diferença, Rosalina, uma vez que, infelizmente, ainda é muito comum depararmos com empresas que não possuem registros históricos que suportem o levantamento de estimativas, sejam elas de prazo ou de custos. E mesmo quando a empresa possui tais registros históricos de seus projetos, muitas vezes o acesso é maçante, demorado, fornece informações incompletas ou que não têm lógica com a realidade etc.

Por isso, Rosalina, a experiência prática, as percepções e os *feelings* de um profissional/especialista que passou por diversos lugares, empresas e projetos fazem a diferença, tornando-se a cereja do bolo, em termos de confiabilidade, para o levantamento de estimativas de um projeto.

JOSÉ CARLOS FIRMINO DE CAMPOS (Consultor em Gestão de Projetos): Rosalina, na minha opinião, quem sabe estimar tempos e custos de uma determinada tarefa é o especialista naquele assunto. O que devemos perguntar como planejadores do projeto reside nas três estimativas que espelham possibilidades sobre as durações: a mais provável, a otimista e a pessimista. Não podemos esquecer quais são as premissas adotadas para cada cenário que fundamentou essas estimativas, bem como a complexidade do projeto. Dessa maneira, acredito que teremos uma estimativa com boa base de confiabilidade.

LUIZ AUGUSTO PINHEIRO DA SILVA – LAPIS (Criador da Lista E-Plan): Não, Rosalina! Aí não é "especialista", é "consultor"!!! Mas, falando sério agora, Rosalina, a pergunta a fazer para a sua especialista é: "por quê?". Todo profissional quando perguntado sobre prazos faz instintivamente cálculos e ponderações que nós conhecemos dos softwares, com menor ou maior precisão. Saber "como" o especialista chegou a esse valor pode ajudar a refinar a estimativa. E se o especialista será o futuro responsável pela tarefa, corre o risco dele colocar aí uma "gordurinha".

Tirinha 41: Estimativas baseadas em premissas

ALONSO SOLER (Roteirista e Agente de Rosalina): Isso é assim mesmo, Rosalina. Estimativas dependem de premissas e estas dependem do nível de informação disponível. Na medida em que o tempo passa e que o projeto se desenvolve, as estimativas vão sendo apuradas e se tornando mais confiáveis. Você terá que trabalhar com um certo nível de incerteza no seu cronograma.

FÁBIO VAMPEL (sócio da FV Gestão, PMP): As estimativas também dependem da qualidade das informações que são levantadas. Por exemplo, hoje em dia, Rosalina, em um mercado que é cada vez mais competitivo, os fornecedores se sentem mais pressionados para fechar novos contratos e gerar lucro no menor tempo possível. Com isso, acabam fazendo um levantamento de informações superficial, deixando de considerar importantes fatores internos e externos que acabam afetando as estimativas de prazos e custos dos seus projetos.

Infelizmente, Rosalina, muitos fornecedores preferem ter o contrato formalizado rapidamente com o contratante, já sabendo que este, em vista de suas necessidades, vai acabar cedendo às renegociações contratuais, ou aditivos, ao longo do projeto.

Capítulo 7. Gerenciamento de Recursos e de Durações

JOSÉ CARLOS FIRMINO DE CAMPOS (Consultor em Gestão de Projetos): Rosalina, sempre digo que as premissas adotadas no início do projeto devem ser checadas para verificar se ainda são válidas durante todo o projeto. Uma tarefa imprescindível é criar uma lista de premissas adotadas no planejamento e verificada periodicamente. Devemos ter em mente que uma premissa é uma verdade adotada previamente – em outras palavras, uma incerteza a ser comprovada.

VITOR VARGAS (CEO da V. V. Holding & Consulting): Rosalina, experimente quebrar atividades longas em pedaços menores. Vinte dias para uma atividade tende a ser uma duração muito longa. Cuidado ao trabalhar assim: sempre que possível faça a opção por quebrar atividades, pois a tendência é que o responsável avalie melhor a estimativa quando as atividades estão em pedaços e são mais facilmente gerenciáveis. Estimar atividades muito longas pode fazer o responsável pela estimativa colocar uma segurança além do normal, provocando assim a síndrome do estudante, pois ele ficará sempre confortável por ter aquela segurança local. Também procure, no momento da estimativa, conseguir modelos formais para que os responsáveis se comprometam com essas estimativas.

TIRINHA 42: A ESTIMATIVA DE TEMPO E CUSTOS

ALONSO SOLER (Roteirista e Agente de Rosalina): Otimismo demais, ou de menos, não condiz com o papel de gerente de projetos. Este deveria estimar prazos e custos de seus projetos de forma racional, baseados em dados históricos e na opinião de especialistas, levando ainda em consideração o contingenciamento dos riscos. A estimativa de tempos e custos não é mera questão de otimismo ou pessimismo.

FÁBIO VAMPEL (sócio da FV Gestão, PMP): Até mesmo o otimismo e o pessimismo, que são considerados numa análise PERT, devem ser baseados na racionalidade e na experiência de quem entende do assunto. Por exemplo, em projetos que envolvem montagem eletromecânica, especialistas nas áreas de mecânica, elétrica e instrumentação são escalados para propor e debater estimativas para as atividades do cronograma do projeto, considerando os cenários de qual seria a pior, a melhor e a mais provável duração para cada atividade. Tais estimativas têm sustentação nas experiências vivenciadas pelos especialistas e/ou em informações de projetos similares. Porém, Rosalina, elas nunca devem ser definidas aleatoriamente ou com base no "chute".

JOSÉ CARLOS FIRMINO DE CAMPOS (Consultor em Gestão de Projetos): Rosalina, realmente é difícil acertar os tempos e prazos de um projeto. Surgem os imprevistos, existem incertezas, etc. Quando temos históricos de projetos similares podemos adotar uma única duração ou custo por tarefa. Caso tenhamos muitas incertezas, podemos utilizar a técnica dos três pontos (uma estimativa pessimista, uma mais provável e uma otimista) e dar um tratamento estatístico a essas estimativas. Se o projeto for complexo, sem dúvida alguma precisaremos de cálculos mais sofisticados, como a simulação de

Monte Carlo, utilizando softwares específicos. Só dessa maneira poderemos calcular as contingências de maneira mais assertiva.

LUIZ AUGUSTO PINHEIRO DA SILVA – LAPIS (Criador da Lista E-Plan): Rosalina, você precisa conversar com sua equipe! "Terminar no prazo, apesar da falta de recursos e dos riscos extremos" indica *wishful thinking* ou péssimo planejamento, mesmo porque planejamento sem dados de embasamento não é "planejamento", é "boa intenção"!

Fichas de composição de custos, índices de produtividade, dados históricos, opinião do especialista e, sobretudo, o compromisso dos executores: todos são fontes de informação para o embasamento de uma estimativa de tempo e de custo. E não basta apenas saber o escopo da atividade, é necessário também saber as condições em que a atividade terá de ser executada. A alvenaria de um muro demorará mais se for executada sob calor extremo ou debaixo de chuva? Otimismo e pessimismo devem ser primeiro balizados pelos números e pela análise das condições.

Tirinha 43: PLANEJAMENTO DE QUANTIDADES E PRODUTIVIDADES DOS RECURSOS

ALONSO SOLER (Roteirista e Agente de Rosalina): Nem sempre os recursos necessários estarão disponíveis para o projeto. O gerente de projetos terá que tratar da condução do trabalho com os recursos disponíveis. Mas, mas, mas... as estimativas dos tempos e dos custos não foi feita levando em consideração o planejamento de quantidade e de índices de produtividades dos recursos disponíveis? Dá-lhe Rosalina!

LUIZ AUGUSTO PINHEIRO DA SILVA – LAPIS (Criador da Lista E-Plan): É, Rosalina, ainda bem que você condicionou o seu término no prazo à disponibilidade dos especialistas e, assim, impediu que uma expectativa errônea se propagasse. Ah! E lembre ao Dr. Agenor que são especialistas "seniores", senão ele corta os custos e o "sênior" vira "júnior"!

Quando estimamos uma duração, necessariamente condicionamos essa estimativa não somente a uma quantidade de recursos, mas também aos fatores intangíveis, tais como condições de trabalho (ambiente perigoso, acesso difícil ou local confinado), condições climáticas, disponibilidade (integral ou parcial, como combinado) num "pacote" – que costumamos chamar de produtividade. Alterando a produtividade, altera-se a produção, altera-se a duração ou o produto.

PETER MELLO (The Spider Team): Rosalina, nós realizamos projetos pelo risco de darem certo. Se não acreditássemos nisso, não iríamos sequer pensar neles. Se os recursos necessários não estão disponíveis, estabeleça a parceria com os envolvidos quanto ao risco extra que todos estarão assumindo. Se não há parceria ou cumplicidade, um gestor também deve saber a hora de dizer não!

Capítulo 7. Gerenciamento de Recursos e de Durações

VALDIR BARRETO ANDRADE FILHO (Sócio da Ágon Consultoria, MSc, PMP): O plano de gerenciamento do projeto é um acordo. O gerente de projetos e sua equipe se comprometem a entregar o escopo no prazo, custo e qualidade acertados. E a organização, representada pelo patrocinador, se compromete a ceder os recursos definidos no plano. Se a organização não cumprir com sua parte, torna-se difícil o projeto cumprir a sua.

Neste caso, a Rosalina poderá lançar mão de artifícios como horas extras de profissionais que ela dispõe para cobrir aqueles que ela solicitou e não conseguiu. Mas certamente o custo sofrerá incremento.

TIRINHA 44: A ALOCAÇÃO DE RECURSOS

ALONSO SOLER (Roteirista e Agente de Rosalina): Alocação de recursos não é uma ciência exata no contexto do gerenciamento de projetos. Quantidades de recursos, produtividades e nível de experiência são variáveis que devem ser planejadas adequadamente. Um profissional sênior não equivale, necessariamente, a três profissionais júnior.

LUIZ AUGUSTO PINHEIRO DA SILVA – LAPIS (Criador da Lista E-Plan): Não falei, Rosalina, que o "sênior" ia virar "júnior"? É comum quando se procura a redução dos custos do projeto alterar os recursos em quantidade ou qualidade (atrelada àquele "pacote" que chamamos de produtividade) sem recalcular os possíveis impactos nos prazos das atividades.

Mesmo aumentando a quantidade de recursos, neste caso não é apenas uma questão de experiência ou produtividade, mas de conhecimento! O impacto acontece até nos "recursos para os recursos": um aumento de dois para cinco computadores, mesas, espaço, etc.

Guarde aí para você, Rosalina: "se dez operários concretam uma laje em dez horas, então cem operários na mesma laje em uma hora produzirão um acidente de trabalho".

PETER MELLO (The Spider Team): Considere no desenvolvimento de qualquer cronograma as curvas de aprendizado. Um profissional júnior pode – além de levar mais tempo para desenvolver o seu próprio trabalho – exigir a atenção de profissionais seniores para completar o seu trabalho. Representar essas dificuldades em um cronograma pode auxiliar o gerente do projeto em sua argumentação para receber um patrocínio adequado ao projeto. Leve boas informações e use seu charme para buscar os recursos de que precisa!

VALDIR BARRETO ANDRADE FILHO (Sócio da Ágon Consultoria, MSc, PMP): Projetos não são como malas a se carregar – quanto mais gente para ajudar, mais rapidamente conseguiremos transportá-las.

Projetos são como esculturas: não adianta você trazer pessoas para ajudar a esculpir se elas não têm habilidades para tal. Além de atrapalhar, elas poderão causar danos naquilo que está sendo realizado.

TIRINHA 45: PRAZOS INEXEQUÍVEIS

ALONSO SOLER (Roteirista e Agente de Rosalina): Ai, ai, ai, Rosalina! O combinado com o cliente deveria ser sempre observado. Se você tem dúvidas, não entre "numa fria" aceitando prazos inexequíveis. Fundamente os seus argumentos e defina alternativas de recursos capazes de fazer os marcos do projeto acontecerem nas datas pactuadas.

PETER MELLO (The Spider Team): Puxa, Rosalina??!! Às vezes é muito complicado dizer "não" ao cliente ou à equipe, mas se você não está segura da condição de realização do projeto, o melhor é mobilizar todos em função de compromissos mútuos no momento em que ainda temos margem para manobra.

VALDIR BARRETO ANDRADE FILHO (Sócio da Ágon Consultoria, MSc, PMP): Um grande "guru" do gerenciamento de projetos, Harold Kerzner, em uma palestra no Brasil, disse a seguinte frase: "não existe fórmula mágica (*silver bullet*) para se fazer um projeto ter sucesso. Mas existe um meio infalível de fazê-lo fracassar: dar a ele objetivos impossíveis". Não há como sair graciosamente de uma situação como a apresentada na tirinha. Se a Rosalina aceita, como o fez, ela sabe que não irá cumprir; se ela desmente seu chefe em frente ao cliente, o negócio provavelmente não é concluído e ela terá seu emprego ameaçado.

Capítulo 7. Gerenciamento de Recursos e de Durações

Rosalina e seu chefe deveriam ter discutido antes como realizar aquele escopo no prazo solicitado e os riscos de tal decisão – riscos estes que devem ser assumidos pela organização como um todo e não apenas pelo gerente do projeto.

Afinal, o projeto é da organização e não da equipe de Rosalina. Se ele der certo, será bom para a organização. Se der errado, será ruim para a organização.

VITOR VARGAS (CEO da V. V. Holding & Consulting): O que é isso, Rosalina? Você me surpreende com essa capacidade enorme de inventar coisas... de onde você tirou isso? Já imaginou se todo mundo tivesse a mesma postura que você?

Minha amiga, se você se comprometeu com o prazo, você deve cumpri-lo. Se não tem segurança, você deve avaliar. E se avaliou e percebeu que não é possível atender, você não deve aceitá-lo de forma alguma!

Você é uma profissional e, como tal, deve exercer seu profissionalismo e honrar os seus compromissos.

TIRINHA 46: PROGRAMAÇÃO DAS ATIVIDADES COM RESTRIÇÃO DE RECURSOS

ALONSO SOLER (Roteirista e Agente de Rosalina): Às vezes a programação das atividades do projeto também tem que ser revista mediante a restrição situacional de recursos e a impossibilidade de mobilização na forma como foi originalmente planejado. Caberá ao gerente do projeto orientar para que os especialistas definam o teor dessas mudanças e o considere durante a elaboração das programações.

FÁBIO VAMPEL (sócio da FV Gestão, PMP): Surpresas inimagináveis ocorrem em quase todos os projetos. Por exemplo, durante a fase de construção/montagem de projetos complexos, como a construção de uma nova planta siderúrgica ou um polo petroquímico, desvios inesperados ocorrem frequentemente, tais como interrupções de determinados trabalhos por falta de licenças locais/governamentais, chuva em excesso fora do previsto causando alagamentos em diversas áreas, entregas suspensas dos grandes equipamentos devido à falta de um plano de transporte rodoviário, greve de subcontratados,

Capítulo 7. Gerenciamento de Recursos e de Durações

desconhecimento técnico de determinados pacotes do projeto, entre outras surpresas. Para contornar isso e buscar a melhor solução disponível, o gerente de projetos precisa contar com o apoio de diversos profissionais, cada um com domínio de conhecimento da sua respectiva área, para que sua decisão final (*go/no go*) seja tomada com base em critérios técnicos específicos. Um bom gerente de projetos precisa conhecer de tudo um pouco, mas deve saber escolher muito bem os membros que farão parte da sua equipe, pois esta também tem papel fundamental para o sucesso, ou para o insucesso, do seu trabalho.

No entanto, Rosalina, em algumas situações de impasses e/ou de pressão por cumprimento de prazo, é muito comum o gerente de projetos tomar suas próprias decisões e soluções, pois nem sempre ele possui tempo hábil para maiores discussões e esclarecimentos com os demais envolvidos.

VALDIR BARRETO ANDRADE FILHO (Sócio da Ágon Consultoria, MSc, PMP): Obviamente, a melhor situação seria aquela que identificasse, durante o planejamento do projeto, que a necessidade de um guindaste de dez toneladas não seria satisfeita pela indisponibilidade do recurso e que se avaliasse uma alternativa com o uso de um guindaste de cinco toneladas.

A descoberta da restrição no momento da execução (o que é muito comum, pois as coisas mudam...) cria uma série de problemas a serem resolvidos e que demandam a convocação de especialistas para analisá-lo (muitas vezes uma situação como essa é reconhecida como *issue management*) na busca da melhor solução de contorno. Eventualmente o planejamento deverá ser modificado para se adequar à nova situação.

VITOR VARGAS (CEO da V. V. Holding & Consulting): Minha cara Rosalina, cuidado com as decisões tomadas em cima da hora, pois por um momento você até pode parecer que é "o cara" (ou, no seu caso, "a cara"), e até mesmo pensar que seus colaboradores a consideram muito perspicaz, mas, à luz da realidade, essa ilusão dura muito pouco. Logo em seguida seus colegas não mais levarão fé em seus planos e na gestão do seu projeto, principalmente quando se torna algo corriqueiro. Uma boa análise de riscos durante a fase de planejamento teria alertado sobre essa situação e, portanto, caso tivesse sido identificado o risco do guindaste de dez toneladas não estar disponível e na análise de risco a mitigação para a consequência fosse partir a peça ao meio, seus colaboradores estariam familiarizados com a mitigação e não achariam "complicado" executar a atividade. Vale lembrar ainda que uma decisão tomada no calor da situação não avaliará todas as consequências, tais como: quais os riscos operacionais que estou correndo? Poderei perder a garantia do equipamento? Conseguirei realmente dividir exatamente as duas cargas? Terei outros recursos para realizar a montagem das peças que agora estão separadas? Idem para separá-las? Entre outras...

Nesse momento, dê um passo para trás para dar dois para frente, ou seja, não procure tomar uma decisão no calor do problema. Procure saber se já houve uma medida de mitigação e, se não, avalie com a sua equipe o impacto da mudança.

TIRINHA 47: O CRONOGRAMA PLANEJADO E A PROGRAMAÇÃO

ALONSO SOLER (Roteirista e Agente de Rosalina): Na prática o plano é outro! O cronograma físico deve ser encarado como um direcionador, um norte a ser perseguido, e não como um tratado imutável das condições de execução. Ao ser posto em execução, um cronograma enfrenta a dura e fria realidade da presença das premissas que suportaram a sua elaboração. Aí entra a figura da programação semanal/quinzenal, através da qual o gerente de projetos proporá fazer aquilo que ele conseguir fazer com os recursos de que dispõe.

FÁBIO VAMPEL (sócio da FV Gestão, PMP): Rosalina, uma coisa é você olhar para um cronograma no qual estão indicadas todas as principais entregas, atividades ou fases que estão envolvidas em determinado projeto. Ele deve fazer parte do plano do projeto. Às vezes ele é resumido para caber numa apresentação de PowerPoint devido a uma reunião de diretoria e, normalmente, é chamado de cronograma gerencial. Apesar de não ser imutável, pois quase todos os projetos estão sujeitos a surpresas inesperadas, as durações e as datas planejadas das atividades do cronograma devem ser encaradas e buscadas como se fossem imutáveis, com alterações apenas em último caso, ou apenas depois de explorar/discutir diversas alternativas possíveis com membros da diretoria do projeto.

Outra coisa, Rosalina: por exemplo, no dia a dia da execução do projeto essas atividades/entregas do cronograma gerencial deverão ser mais bem detalhadas para permitir a distribuição do trabalho que as equipes envolvidas executarão. É nesse nível de detalhe do cronograma que entram as manobras que o gerente de projetos precisa fazer para contornar a falta de recursos, a chuva que impede determinados serviços, o atraso na entrega de materiais, a paralisação de subcontratados etc.

VALDIR BARRETO ANDRADE FILHO (Sócio da Ágon Consultoria, MSc, PMP): Um dos erros mais comuns (principalmente para quem não está acostumado a planejar) é considerar o plano de gerenciamento do projeto algo imutável. Imutáveis são os objetivos de escopo, tempo, custo e qualidade que só podem ser alterados via mudanças autorizadas. O plano pode – e deve – ser alterado quando as circunstâncias assim o exigirem, para que os objetivos sejam mantidos.

VITOR VARGAS (CEO da V. V. Holding & Consulting): Rosalina, Rosalina... não é à toa que o planejamento é uma das fases mais longas do projeto. Você teima em realizar mudanças à revelia. Bem, vou supor que você esteja certa e que no mundo perfeito você tenha avaliado todos os riscos associados às mudanças, e que tais mudanças, ou melhor, oportunidades, já estavam mapeadas e você apenas fez uso delas no momento certo, ok? Tudo bem, vou considerar esse cenário.

Bem, nesse caso você precisa mostrar ao seu superior que atrasando atividades você pode entregar antes do prazo – claro, tanto eu quanto você sabemos que isso é possível, por mais que soe muito estranho. Mostre para ele que proteger um recurso do caminho crítico e concluí-lo sem a interferência de outras atividades vai fazer você evitar a multitarefa nociva e a lei de Parkinson. Isso vai ajudar você a fazer seu superior entender o que se passa.

TIRINHA 48: CAMINHO CRÍTICO

ALONSO SOLER (Roteirista e Agente de Rosalina): Rosalina, identificar o caminho crítico implica em dar mais atenção gerencial às suas atividades. Não se trata, necessariamente, das atividades mais importantes, nem as mais caras, nem as mais complexas, mas aquelas que, se atrasarem, podem provocar o atraso do encerramento do projeto.

FÁBIO VAMPEL (sócio da FV Gestão, PMP): A teoria no mundo ideal do gerenciamento de projetos ensina que, conforme o tempo passa, a quantidade de atividades críticas do cronograma do projeto vai diminuindo, uma vez que essas atividades vão sendo concluídas e, consequentemente, vão deixando de ser críticas. Infelizmente, Rosalina, na realidade... ou no mundo real das grandes construções como hidrelétricas, túneis rodoviários submarinos, novas linhas de metrô, etc., conforme o tempo passa, a quantidade de atividades do caminho crítico aumenta. E por que isso acontece? Por causa de atividades que atrasaram a ponto de consumirem todas as suas folgas e se tornaram críticas também!

Esses atrasos geralmente ocorrem devido à complexidade técnica do projeto, conflitos com comunidades, greves de subcontratados, planejamento mal elaborado etc., o que acaba gerando impacto direto em atividades do cronograma independentemente se estas são, ou não, do caminho crítico.

É claro que devemos prestar mais atenção nas atividades do caminho crítico, mas não significa esquecer-se das demais. Afinal de contas, Rosalina, uma atividade esquecida, não entendida tecnicamente ou subjugada pode se tornar crítica e acabar dando muita dor de cabeça para o gerente de projetos cumprir o prazo combinado.

VALDIR BARRETO ANDRADE FILHO (Sócio da Ágon Consultoria, MSc, PMP): O gerente de projetos não somente deve dar mais atenção às atividades críticas como também alertar a sua equipe para o seu significado e tê-la como aliada no comprometimento com a sua execução no prazo combinado. Ao mesmo tempo em que não se deve esquecer que o caminho crítico é um conceito que, na prática, é dinâmico, ou seja, ele pode ser alterado no decorrer do projeto por conta de atrasos em atividades não críticas – ops! Estas também merecem atenção! Em suma, é como se diz no ditado popular: "um olho no padre e outro na missa".

VITOR VARGAS (CEO da V. V. Holding & Consulting): Rosalina, cuidado com certas posturas. Dar uma de durona em determinados momento pode e trará consequências negativas durante toda a vida do seu projeto junto aos seus colaboradores. Então, em situações como essa, procure mostrar ao colaborador o quanto a atividade dele é importante – obviamente não no momento da execução, mas antes mesmo, durante a aprovação da fase de planejamento, ou procure tranquilizar o colaborador quando ele se tornar parte do caminho crítico. Ah! E por falar nisso, você sabe muito bem que o caminho crítico pode mudar a qualquer momento, basta que as oportunidades, que foram mapeadas durante a fase de planejamento, sejam concretizadas. Se mais e mais oportunidades forem aproveitadas, logo, um novo caminho crítico poderá surgir e novas oportunidades poderão fazer sentido. Nesses casos, você então deverá explorá-las, assim como uma nova proteção ao novo caminho crítico.

Iiiihhh! Essa ruga na sua testa mostra que você não entendeu o que é proteção, né... Rosalina, esse também é um ponto muito importante. Sim, você está certa em focar no caminho crítico, mas o caminho crítico não vive sozinho, vários outros caminhos interagem com o caminho crítico. Pense na interação entre um rio e seus afluentes – imagine que se os afluentes secarem, logo o rio também secará. Se ligou? Então preste atenção nos caminhos próximos ao caminho crítico para que esse também não se torne um novo caminho crítico. Proteja o caminho crítico.

Capítulo 8. Método da Corrente Crítica

Tirinha 49: lei de Parkinson

ALONSO SOLER (Roteirista e Agente de Rosalina): A lei de Parkinson estabelece que o trabalho se expande de modo a ocupar todo o tempo disponível para executá-lo. A variável principal neste caso é a produtividade real aplicada ao trabalho, ou, visto sob outra perspectiva, o nível de pressão empenhada ao trabalho da atividade.

HUMBERTO BAPTISTA (Cientista, Consultor e Empresário Não Linear): Discutir a duração de atividades como possibilidade técnica e depois transformar isso em datas de término não é uma boa ideia.

Se conseguimos reduzir significativamente a multitarefa nociva, a síndrome de estudante e a lei de Parkinson em um ambiente de projeto, ainda assim precisamos manter a gestão imbuída de um senso de urgência saudável. Esse senso de urgência é necessário para combater desvios e acontecimentos inesperados e permite acelerar ou reorganizar atividades que ajudam a absorver os desvios. Não é razoável esperar que as pessoas trabalhem bem sob pressão em todas as atividades todo o tempo, mas pode-se tentar trabalhar assim apenas naquelas atividades consideradas críticas.

Em todo trabalho do Dr. Eli Goldratt, um tema é tido como ponto comum: o foco da gestão nos elementos críticos e o modo como os demais elementos são organizados para sustentar essa priorização. No caso dos projetos, existe uma pequena parcela de atividades (caminho crítico ou, mais corretamente, a corrente crítica) que determina a duração total do projeto. As demais atividades dispõem de alguma margem de atraso (folgas) disponível. O mecanismo de foco consiste em zelar para que as atividades na corrente crítica sejam executadas da maneira mais efetiva possível (portanto, nessas atividades, pressão e atenção integral são absolutamente aceitas como adequadas) e, nas demais atividades, deve-se manter o monitoramento normal e praticar a intervenção somente se houver algum indício de que algo possa afetar o ritmo de execução das atividades da corrente crítica (portanto, existem momentos de muita pressão e atenção e outros momentos mais tranquilos).

JOSÉ FINOCCHIO JUNIOR (Diretor Executivo da PM2.0): Na minha perspectiva, em vez da polêmica de cortar durações das atividades, a proposta maior de E. Goldratt foi tornar o prazo total do projeto disponível, aceitável e oriundo de uma negociação, seja ele longo ou curto, e dividi-lo em duas partes, uma planejada para acomodar a produção das entregas (*deliverables*) num prazo enxuto e outra destinada a um pulmão de tempo visando a acomodação das variações. A mágica positiva da gestão se daria pela comparação do avanço da primeira parte em comparação com o consumo da segunda parte. Dessa análise resultariam estratégias de recuperação intensas ou brandas.

JÚLIO MANHÃES (Autor do Livro: Estruturação da Mudança pela Teoria das Restrições): Rosalina, o impulso central para adotar mudanças comportamentais em projetos – tais como terminar e entregar tarefas antes do prazo – reside na quebra do paradigma de que o problema não é a ociosidade, e sim não alcançar a meta. A ilustração apresenta um conflito que comumente ocorre no gerenciamento de projetos tradicional, ou seja, o estabelecimento e a pressão para cumprir prazos predeterminados, quando sabemos que um dos pressupostos que garante o atraso é o de que "os tempos das tarefas dos projetos podem ser precisamente previstos".

É importante que o leitor entenda que na mudança cultural proposta por E. Goldratt (conforme citado por José Finocchio) é imperativo que todos os envolvidos saibam e ajam de acordo com o conceito de estimativas de duração e não do cumprimento de datas previamente definidas para as tarefas. Dessa forma, os recursos não devem ser julgados (e cobrados) por atingir as datas. Durante a execução de um projeto baseado na teoria das restrições, a atitude dos executantes e gestores deve ser tal qual a de atletas numa corrida de bastão. Essa mudança de atitude é que faz o projeto capaz de terminar adiantado.

Tirinha 50: a lei de Parkinson e o término antecipado

ALONSO SOLER (Roteirista e Agente de Rosalina): Ainda sobre a lei de Parkinson, Rosalina, parece que a cultura vigente tende a se adaptar para cumprir metas e prazos – afinal, o que se ganha ao terminar uma tarefa antes do prazo? Geralmente mais trabalho, certo? Este é um dos fundamentos do método da corrente crítica (E. Goldratt). Assim, vou repetir e enfatizar a sua pergunta, Rosalina: por que não terminar antes do prazo se há tempo disponível?

HUMBERTO BAPTISTA (Cientista, Consultor e Empresário Não Linear): A lei de Parkinson, ao contrário do que muitos pensam, é o resultado do senso de responsabilidade dos recursos que estão executando a atividade e não de uma procrastinação intencional. Quando a programação do projeto enfatiza datas de término para as atividades, os recursos se protegem inserindo alguma segurança razoável ao prazo de realização de cada uma delas.

Uma vez aceitos os prazos na programação, acrescidos das seguranças, é comum ouvir dos recursos alocados às atividades: "se eu terminar antes, isso pode sinalizar que o prazo foi mal estimado" ou "da próxima vez que eu for fazer essa atividade, serei cobrado por um prazo menor e não conseguirei entregá-la a tempo!". Desse modo, é natural e esperado que sejam raras as entregas antecipadas de tarefas, mesmo quando exista uma chance significativa de que elas possam ser terminadas antes.

Capítulo 8. Método da Corrente Crítica

No método da corrente crítica abandona-se a ideia de datas de término, que é substituída pelo conceito original de duração estimada das atividades. Desse modo, consegue-se colocar ênfase de monitoramento e controle naquelas atividades verdadeiramente importantes para que o projeto como um todo seja entregue no prazo. Ou seja, tira-se o foco da entrega das atividades no prazo e privilegia-se a entrega do projeto no prazo.

JOSÉ FINOCCHIO JUNIOR (Diretor Executivo da PM2.0): Parkinson, um historiador e estudioso da burocracia inglesa, notou que na maioria das vezes as pessoas tratam de descobrir quanto tempo dispõem para, depois, conceber como irão realizar o trabalho. No modelo mental das pessoas, se foi concedido bastante tempo para uma atividade é porque espera-se um trabalho minucioso e completo, e esse pensamento acaba por acrescentar características e funcionalidades ao produto ou serviços intermediários que agregam pouco valor ao resultado final, representando, no fundo, desperdício de tempo e de recursos.

A lei de Parkinson foi descrita por Cyril Northcote Parkinson pela primeira vez num artigo publicado pela revista *The Economist* em 1955, sendo depois reimpresso junto com outros artigos no livro "Parkinson's Law: The Pursuit of Progress" (Londres: John Murray, 1958). Em seu enunciado original, a lei de Parkinson diz: "o trabalho se expande de modo a preencher o tempo disponível para a sua realização".

JÚLIO MANHÃES (Autor do Livro: Estruturação da Mudança pela Teoria das Restrições): Rosalina, a sua postura me faz lembrar aquela máxima: "os mais atarefados é que têm tempo disponível", ou seja, o esforço total, que para uma pessoa atarefada ocuparia minutos, pode deixar outra pessoa prostrada após um dia de dúvidas, ansiedade e fadiga...! Estou certo?

Deixe-me entender então aonde você quer chegar, Rosalina: após "identificarmos" esse comportamento humano na equipe, nós podemos "explorá-lo" para "aumentar" a eficiência de entrega dos projetos? Trata-se então de uma mudança cultural, pois a maior parte das atividades de um projeto realmente envolve a natureza humana e é interdependente. Isso faz muito sentido e é realmente importante!

TIRINHA 51: PROGRAMAÇÃO ALAP

ALONSO SOLER (Roteirista e Agente de Rosalina): Manter as folgas da programação ou excluí-las? Esse é um conflito conceitual interessante que coloca em cantos opostos a visão tradicional do gerenciamento de projetos e a visão do método da corrente crítica (E. Goldratt). Já experimentou executar um projeto integralmente com folga zero? O fato de ter um planejamento onde todas as atividades fazem parte do caminho crítico é bom ou ruim? Aumenta ou diminui os riscos de atraso? Melhora ou piora o WIP (*Work In Process*)? Quero ver você se sair bem nessa, Rosalina!!!

HUMBERTO BAPTISTA (Cientista, Consultor e Empresário Não Linear): Este é um ponto de confusão comum que diz respeito ao método da corrente crítica: de fato, o método propõe evitar começar todas as atividades o mais cedo possível (ASAP). A justificativa conceitual se fundamenta na possibilidade de redução dos riscos de atrasos em ramos (pernas) da corrente crítica (sequência de tarefas mais longa levando em conta dependências lógicas e de recursos).

A primeira coisa a ser avaliada é se vale a pena, ou não, começar todas as tarefas o mais cedo possível (ASAP). Se começarmos todas as tarefas ASAP, o fluxo de caixa piora (gastamos mais no começo), a chance de retrabalho aumenta (ao fazer algo muito cedo, corre-se o risco da mudança nas circunstâncias, ou o produto pode ser danificado, etc.) e, mais importante ainda, promove-se a multitarefa nociva por todas as equipes envolvidas.

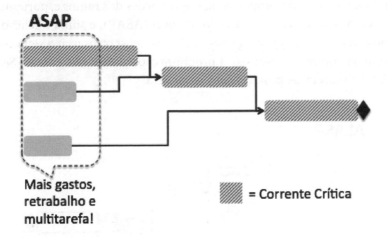

Por outro lado, a programação ALAP tem como consequência o fato de que um atraso em qualquer ramo do projeto resulta em um impacto direto na sua data de entrega. E isso também não é aceitável.

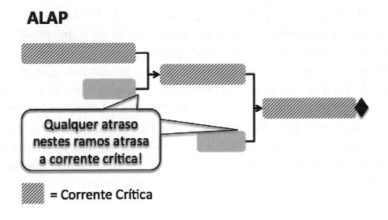

A solução criada por Dr. Eli Goldratt através do método da corrente crítica se diferencia por evitar concentrar as proteções nas durações individuais das atividades, e sim colocá-las nos pontos onde melhor possam proteger o projeto. Seguindo essa lógica, o gerente do projeto poderá melhorar o fluxo de caixa e reduzir retrabalhos e multitarefas enquanto protege a corrente crítica de atrasos nos ramos convergentes (pernas) do projeto. Isso é feito pela inclusão de tempos de segurança (pulmões) nas convergências entre um ramo e a corrente crítica. Esses tempos são proporcionais às durações dos ramos e, portanto, não levam os ramos a iniciar o mais cedo possível (ASAP), e sim a iniciar o mais tarde possível, e com a segurança necessária. Se quisermos usar a sigla correta, o método da corrente crítica usa a programação ALASP (*As Late As Securely Possible*) – o mais tarde possível com segurança.

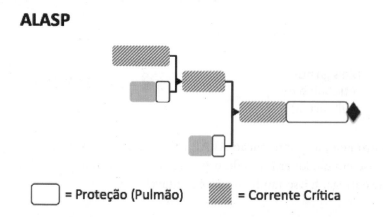

JOSÉ FINOCCHIO JUNIOR (Diretor Executivo da PM2.0): Se pensarmos que em todo empreendimento o gestor deseja postergar o desembolso de recursos, empurrando-o para o mais tarde possível, e receber o benefício o mais cedo possível, o método da corrente crítica, pelo menos financeiramente, faz sentido. O fato de postergarmos o início das atividades diminui a quantidade de entregas em processo (WIP), o que pela "lei de Little" diminui o prazo dos projetos (*lead time*). Para mensurarmos o quanto é esse "mais tarde possível", deve-se considerar o risco na cadeia de atividades, ou seja, as atividades são postergadas até o limite de risco permitido, dado pelo dimensionamento adequado de um pulmão de tempo no término de cada cadeia.

Capítulo 8. Método da Corrente Crítica

JÚLIO MANHÃES (Autor do Livro: Estruturação da Mudança pela Teoria das Restrições): Diferentemente da visão tradicional, a gestão de projetos por corrente crítica busca controlar a quantidade de WIP (*Work In Process*) no sistema, da mesma forma que um ambiente de operação trabalha com o conceito de produção *Just-In-Time* para maximizar o ganho. Esse conceito começa na abordagem dos "Passos de Focalização" da TOC, criados por E. Goldratt, ou seja: após identificar a restrição (a corrente crítica) e explorá-la (criar os pulmões de segurança), ajusta-se o restante do sistema a um cenário que irá possibilitar que a restrição trabalhe em sua máxima eficiência. Conforme bem ilustrado pelo Humberto, isso é feito protegendo todas as cadeias que se conectam à corrente crítica para evitar que elas lhe transmitam atrasos.

Durante a sua vida profissional, E. Goldratt destacou que, por mais complexas e caóticas que sejam as situações, elas podem ser lidadas com uma simples abordagem dos "Passos de Focalização" da TOC (no caso em questão, no processo de programação e condução do projeto). Assim, respondendo ao questionamento da Rosalina, sim, o paradoxo entre complexidade do sistema e a simplicidade da solução tem a ver com o método da corrente crítica (CCPM) e o seu embasamento é a filosofia da teoria das restrições (TOC).

Tirinha 52: Programação ALAP versus ASAP

ALONSO SOLER (Roteirista e Agente de Rosalina): Programação ALAP (*as late as possible*) versus ASAP (*as soon as possible*). Tradicionalmente, aprendemos que a programação das atividades de modo ASAP mantém os riscos de atrasos sob controle, visto que as folgas são mantidas intactas. Pela visão do método da corrente crítica (E. Goldratt), a programação ALAP é mais recomendada de modo a minimizar o efeito da lei de Parkinson. O quê? Tirar as folgas diminui riscos?

HUMBERTO BAPTISTA (Cientista, Consultor e Empresário Não Linear): As folgas presentes na programação do projeto podem se constituir em fatores que motivam bons comportamentos ou que promovem comportamentos inadequados. A lei de Parkinson, a síndrome do estudante (deixar para começar as tarefas próximo da data de entrega) e a multitarefa nociva são três comportamentos que proporcionam a potencialização de impactos negativos crescentes na presença de folgas exageradas na programação.

Se o montante de folgas da programação for grande, mais tarefas serão iniciadas ao mesmo tempo (multitarefa nociva), mais sensação de segurança haverá, promovendo a procrastinação do início do trabalho (síndrome do estudante), e o trabalho preencherá mais facilmente o tempo previsto até a data programada das atividades (lei de Parkinson).

Capítulo 8. Método da Corrente Crítica

JOSÉ FINOCCHIO JUNIOR (Diretor Executivo da PM2.0): Sim, a programação ALAP elimina as folgas que, naturalmente, acabam sendo assumidas como seguranças adicionais embutidas nas durações das atividades. Ou seja, sem as folgas, a gestão do projeto passa a dar mais prioridade e foco à execução das atividades no tempo em que foram programadas, e isso reduz o risco de atrasos. Essa lógica é bastante diferente da lógica conceitual tradicional.

Entretanto, mais importante que isso, a programação ALAP implica na redução do WIP (*Work In Process*) – a quantidade de trabalho simultâneo em aberto de atividades que estão esperando para serem completadas. Grandes volumes de WIP implicam no aumento da complexidade da execução do projeto e, consequentemente, no aumento dos custos e dos riscos de atrasos.

JÚLIO MANHÃES (Autor do Livro: Estruturação da Mudança pela Teoria das Restrições): Rosalina, como foi muito bem justificado por Finocchio e Humberto, definitivamente a CCPM não usa a programação ASAP. E como pode ser observado na ilustração, isso gera uma reação instintiva à incerteza no ambiente de projetos. Entretanto, quando dizemos que as atividades estão planejadas ALAP, o leitor pode, implicitamente, entender que estamos dizendo que todos os ramos ou caminhos do projeto são igualmente críticos, pois teríamos eliminado todas as suas folgas.

Verbalizando melhor, a CCPM faz uso de pulmões para gerenciar a incerteza da duração das tarefas e tem na programação ALAP uma referência para fazer o escalonamento de projetos. Esse escalonamento é realizado por um mecanismo intitulado por Goldratt de "tambor virtual", que regula o fluxo de trabalho na área de integração das várias pernas dos projetos – área esta onde as variabilidades atingem mais fortemente um projeto.

O foco de E. Goldratt está em melhorar o fluxo de projetos usando uma lógica similar àquela de manufatura enxuta (*Lean*) e a aplicação da TOC baseada em operações, intitulada tambor-pulmão-corda, que é a solução da teoria das restrições para operar um local de produção.

E por isso essa piscada de olho, não é Rosalina?!! Essa é a ideia, não é?!!

Tirinha 53: FOLGAS NA PROGRAMAÇÃO

ALONSO SOLER (Roteirista e Agente de Rosalina): Pela visão tradicional do gerenciamento de projetos, as folgas na programação são tratadas como elementos facilitadores do trabalho e contribuem para a redução de riscos de atrasos. Pela visão do método da corrente crítica (E. Goldratt), as folgas são consideradas elementos danosos para o alcance do término do projeto no prazo. Eita, Rosalina! Por que isso?

HUMBERTO BAPTISTA (Cientista, Consultor e Empresário Não Linear): Além dos problemas de lei de Parkinson e síndrome de estudante, o maior dano causado por folgas grandes demais é a promoção da multitarefa nociva. Se interrompemos o que estamos fazendo para atender a uma emergência, terminamos de atendê-la e aí voltamos para o que estávamos fazendo, isso é considerado uma multitarefa boa. Mas se, de outro modo, seguimos alternando o trabalho entre duas ou mais atividades, muitas vezes sem entregar nada, estamos num caso de multitarefa nociva.

Imediatamente pode-se perceber que, mesmo em tese, a multitarefa nociva não ajuda a entregar no prazo (prolonga significativamente o tempo de entrega das tarefas):

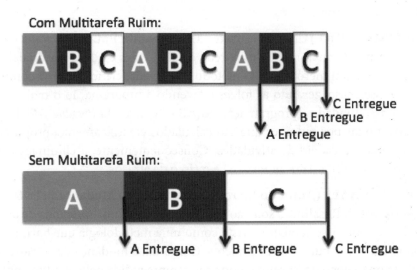

Na prática o efeito é ainda pior, isso porque o salto de uma atividade para outra consome certo tempo de preparação/repreparação – além do mais, demoramos um tempo para voltar a trabalhar na velocidade em que estávamos trabalhando antes. Portanto, passamos mais tempo trabalhando e entregamos menos atividades:

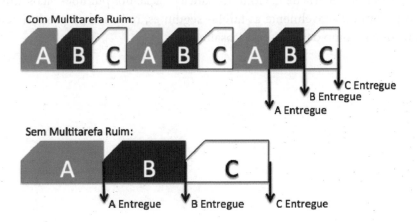

Ou seja, a multitarefa nociva atrapalha não só o tempo de entrega das atividades, como aumenta o esforço (tempo líquido) de trabalho, diminui a qualidade, aumenta o retrabalho, reduz a capacidade de entrega e piora a sincronização entre atividades. Infelizmente, vários desses efeitos abrem portas para mais multitarefas nocivas...

JOSÉ FINOCCHIO JUNIOR (Diretor Executivo da PM2.0): A folga é um mero acidente da anatomia de uma rede de atividades e a localização delas e seu tamanho é um mero acaso. O método da corrente crítica elimina completamente esse acaso, zerando as folgas e fazendo a programação o mais tarde possível das atividades (programação ALAP – *As Late As Possible*). As folgas são substituídas por pulmões que são calculados cientificamente, proporcionais ao risco na cadeia de atividades. Consequentemente, a eliminação das folgas reduz o WIP (*Work In Process*) e o risco de atrasos.

JÚLIO MANHÃES (Autor do Livro: Estruturação da Mudança pela Teoria das Restrições): Rosalina, a solução CCPM traz em si uma mudança de atitude cultural, e por isso também é vista como uma metodologia que harmoniza o comportamento humano em projetos. Como tal, a mudança de paradigma, implícita no diálogo da Rosalina, pode ser compreendida pelo conflito conhecido: "remover a segurança x ter segurança".

Como a natureza de um projeto é fundamentada por incertezas, precisamos da segurança para lidar com elas. Entretanto, a maior parte da segurança embutida não ajuda em nada, porque os adiantamentos (além de serem pouco prováveis) geralmente são desperdiçados e dificilmente ajudarão o projeto como um todo. Daí surge a teoria de E. Goldratt para a criação dos pulmões. Já os atrasos se propagam inevitavelmente às tarefas seguintes, reduzindo a produtividade dos recursos, como descrito pela Rosalina.

TIRINHA 54: CONGELAMENTO DE PROJETOS DO PORTFÓLIO

ALONSO SOLER (Roteirista e Agente de Rosalina): Congelar projetos abertos para adequar a capacidade à disponibilidade de recursos é uma tarefa muito complicada. Primeiro porque isso pode parecer, erradamente, uma declaração de ineficiência. Depois porque, mesmo entendendo as razões que levam a essa ação, é difícil para os executivos escolherem quais projetos deverão ser congelados. Alguma sugestão?

HUMBERTO BAPTISTA (Cientista, Consultor e Empresário Não Linear): O fluxo de entrega de projetos deve ser mantido como a consideração estratégica número 1 da gestão do portfólio. Infelizmente, outros argumentos (políticos, comerciais, etc.) atrapalham e fazem com que a quantidade de projetos abertos promova a multitarefa nociva – recursos que se alternam entre atividades sem terminar nenhuma delas por um bom tempo. Alternar o foco do trabalho entre atividades obviamente retarda a entrega das primeiras a serem trabalhadas, mas o que não se percebe é que se atrasa também a entrega das últimas!

Esse fato tende a piorar na medida em que o portfólio de projetos da empresa contemple muitos projetos abertos ao mesmo tempo, prejudicando o fluxo normal e a realização e o término deles.

A lógica exposta na figura a seguir aponta para o seguinte comportamento: se o portfólio apresenta poucos projetos abertos, o nível de entrega é pequeno. À medida que o número de projetos em aberto cresce, também cresce a taxa de entrega, mas esta vai desacelerando devido ao efeito da multitarefa nociva. A partir de um ponto crítico, novos projetos abertos diminuem a taxa de entrega até um limite bem menor do que a capacidade dos recursos disponíveis.

A ação de congelar uma quantidade razoável da carga (digamos, 25%) pode melhorar muito a taxa de entrega sem correr o risco de deixar muitos recursos ociosos a maior parte do tempo.

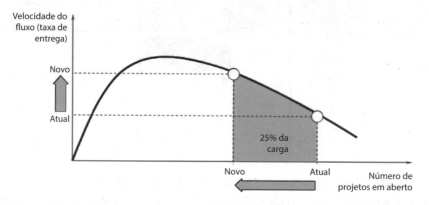

Para melhorar a velocidade de entrega não basta evitar a abertura de novos projetos, isto é um processo muito demorado. Para resultados concretos e decisivos é necessário congelar uma quantidade de projetos que corresponda a uma boa parcela da carga de trabalho existente.

JOSÉ FINOCCHIO JUNIOR (Diretor Executivo da PM2.0): Congelar projetos significa remover os recursos que estão alocados neles e que já produziram alguma entrega (*deliverable*). Isso de fato é um remédio pouco eficiente, pois aumentaria o volume de trabalho realizado e não terminado – WIP (*Work In Process*). O trabalho do gestor deveria ser regular o fluxo, e não interromper o fluxo. A maneira mais eficiente de atingir esse resultado seria criar uma política limitadora no número de projetos ativos por recursos críticos, e, paulatinamente, a organização iria ficando no estado que deseja de trabalhos em andamento. Em vez de congelar projetos, poderia não iniciar novos projetos até atingir um estado regulado ou, na pior das hipóteses, nos casos em que o fluxo está totalmente interrompido pelo "entupimento" de trabalho, congelar projetos menos prioritários. Aí entra a questão mencionada da escolha de critérios para a seleção desses projetos. O que é um projeto menos prioritário? Sob que ótica?

TIRINHA 55: CRITÉRIOS PARA O CONGELAMENTO DE PROJETOS

ALONSO SOLER (Roteirista e Agente de Rosalina): Quais critérios devem ser usados para escolher os projetos que devem ser congelados? Pergunta difícil! Se você abrir essa questão entre seus pares gerentes de projetos e/ou os executivos das organizações, você terá dificuldades de encontrar um consenso. Cada um tentará defender os critérios que servem melhor para os projetos sob sua responsabilidade. Enfim, existem critérios melhores e/ou piores a serem usados? Como ajudar o Dr. Nakamura nessa enrascada?

HUMBERTO BAPTISTA (Cientista, Consultor e Empresário Não Linear): Dois critérios norteiam uma decisão bem-sucedida de congelamento de projetos abertos:

1º: não importa em que ordem decidimos congelar, os últimos projetos abertos (pela ordem) serão entregues mais rápido devido à redução da multitarefa nociva.

2º: os gerentes de projeto não deveriam discutir a priorização de projetos (e, consequentemente, quais deles serão congelados e quais não serão). Isso porque eles são selecionados e treinados para lutar por seus projetos. Sua natureza fará com que defendam e promovam os seus projetos, mesmo entendendo que os últimos projetos na lista de prioridades serão entregues antes do prazo. Portanto, a forma mais harmoniosa e eficaz de decidir a prioridade e quais projetos serão congelados é reunir o escalão acima dos gerentes de projeto ou, melhor ainda, os clientes, e, entre eles, decidir a lista de prioridades global.

Neste fórum é que deveriam ser definidos os projetos de menor prioridade que seriam congelados num primeiro momento e somente descongelados à medida que os demais projetos forem sendo encerrados e entregues.

JOSÉ FINOCCHIO JUNIOR (Diretor Executivo da PM2.0): Pode até haver uma lógica de negócios defensável, explícita e aceita por todos, por trás da escolha dos critérios que levarão à seleção de projetos que devem ser cortados. O importante é enfatizar que, seja essa lógica qual for, que ela permita que o gestor se dedique a fazer com que o fluxo de trabalho seja regulado.

Capítulo 9. Gerenciamento dos Custos

TIRINHA 56: O DILEMA DA PRECISÃO DAS ESTIMATIVAS

ALONSO SOLER (Roteirista e Agente de Rosalina): Rosalina, atente para a questão da precisão das estimativas de custos, principalmente durante a fase de proposta de serviços. O dilema aqui é: investir em recursos e tempo para estimar com precisão as bases da proposta, mesmo diante da incerteza da aceitação pelo cliente, ou estimar "por alto" e esperar para refinar as estimativas depois de aceita a proposta?

ALDO MATTOS (Consultor e Professor): O dilema de Rosalina precisa ser analisado no caso concreto. Se há uma premência de tempo para apresentação do custo do projeto e o escopo ainda está sendo amadurecido, não restará a ela outra saída senão estimar "por alto" e esperar o detalhamento paulatino do escopo para refinar a estimativa (sim, orçamentos não são "gravados na pedra", eles têm que ser periodicamente refeitos!). Se Rosalina ainda dispuser de algum tempo que lhe permita fazer um orçamento melhor do que uma simples estimativa, sua segurança na informação será obviamente maior. Um alerta para Rosalina: evitar embutir "gordura" a título de segurança em cada item orçado, pois isso gerará um orçamento irrealisticamente alto. O correto é orçar o custo provável e somente ao final adicionar reservas.

ALEX URBANO (PMP, Presidente do PMI São Paulo e Sócio Consultor da NetCorp): Rosalina, você acabou de receber uma informação baseada na famosa metodologia do Cálculo Hipotético Universal Técnico Estimativo, mais conhecido pelo acrônimo C.H.U.T.E. Precisamos de mais precisão, não é verdade? Então "bora lá" buscar estimativas melhores baseadas nas melhores práticas. Mas antes de investirmos horas ou dias na assertividade da estimativa, precisamos nos perguntar se este é um custo significativo no projeto – muitas vezes determinados custos são insignificantes e o risco é tão baixo que não vale a pena, pois o "molho sai mais caro que a sardinha", então se o risco é baixo podemos conviver com um bom chute calibrado. Entretanto, se o risco não é aceitável, então temos que melhorar a estimativa através das boas práticas de estimativas *top-down* e *bottom-up*, reduzindo a incerteza e garantindo o resultado final.

TIRINHA 57: O PERT CUSTO

ALONSO SOLER (Roteirista e Agente de Rosalina): O PERT de custos é uma técnica adequada para lidar com as incertezas relacionadas à orçamentação de custos de recursos de projetos. Nem sempre as estimativas probabilísticas são bem aceitas, pois, geralmente, os executivos desejam posições mais precisas desses números. Puro desconhecimento, pois lidar com as incertezas é a melhor maneira de aumentar a assertividade das estimativas.

ALDO MATTOS (Consultor e Professor): O PERT custo é uma das técnicas que auxilia a equipe do projeto a ver a dimensão **tempo** associada à dimensão **custo**, algo que muitas vezes falta aos projetos. Ao casar o custo do projeto com o cronograma de execução, o gerente pode ter uma noção do custo a cada semana ou mês. Essa prática traz inúmeras vantagens: permite aferir a demanda de dinheiro a cada período, permite o aprovisionamento de recursos pelo patrocinador (*sponsor*) do projeto e serve de balizador para eventual planejamento. A filosofia por trás do PERT custo é atribuir a cada pacote de trabalho não um custo determinado, mas uma faixa de valor determinada por três estimativas: uma pessimista (quanto este trabalho custaria em condições desfavoráveis?), uma otimista (quanto este trabalho custaria em condições ideais?) e uma mais provável (se nós realizássemos este trabalho mil vezes, que custo seria o mais frequente?). Ao trabalhar com esse conceito probabilístico, o gerente pode ter uma noção melhor da variabilidade do custo previsto. Parece um conceito complicado, mas Rosalina consegue aprender isso rapidinho.

ALEX URBANO (PMP, Presidente do PMI São Paulo e Sócio Consultor da NetCorp): Chegou a hora de aprofundar a análise desse custo, Rosalina. Isso é fundamental para termos uma estimativa mais assertiva quando precisamos dar mais segurança aos patrocinadores do projeto e à gerência sênior. Além das técnicas de estimativa PERT e das metodologias *top-down*, onde são utilizadas ordens de grandeza, estimativas paramétricas e análogas, podemos nos beneficiar de estimativas tipo *bottom-up*, que podem lhe dar maior assertividade nos custos dos projetos com o seu andamento. É por isso que o projeto é uma entidade viva e de elaboração contínua. Assim sendo, cotações de mercado com dois ou mais fornecedores podem ajudar nessa assertividade, além de uma boa gestão de reservas de contingência associadas a uma boa análise de riscos. É sempre indicada a análise de especialistas para refinar a estimativa e chegar a níveis de assertividade do tipo -5% +10%, garantindo a saúde financeira do projeto. Nunca devemos nos esquecer dos fatores macroeconômicos e dos movimentos de mercado, tais como flutuações cambiais, escassez de recursos e movimentos de fusões e aquisições que podem determinar variações importantes nos preços de recursos e insumos.

Tirinha 58: NIVELAMENTO DOS RECURSOS

ALONSO SOLER (Roteirista e Agente de Rosalina): O nivelamento dos recursos é o cerne da questão envolvendo a comparação entre o CPM e o método da corrente crítica. Mesmo que duas atividades não tenham ligações de interdependência lógica, podem comprometer a duração do projeto se apresentarem dependência dos mesmos recursos, caso estejam programadas para acontecer no mesmo período (sobreposição de datas). As alternativas ortodoxas de trocar o recurso numa das atividades ou deslocar uma atividade no tempo para fugir da sobreposição devem ser, portanto, cogitadas.

ALEX URBANO (PMP, Presidente do PMI São Paulo e Sócio Consultor da NetCorp): É, Rosalina, situação complicada essa! E agora? "Se ficar o bicho pega e se correr o bicho come"! Mas vamos lá, este é um típico problema de falha de planejamento com os recursos do projeto, mas nem tudo está perdido. Agora vamos ter que estudar qual alternativa irá gerar menor impacto no projeto, e o dilema é: o que vamos priorizar, custo ou prazo? Não sei, talvez consigamos salvar os dois buscando folgas nas atividades futuras, melhor produtividade, melhor paralelização das atividades futuras com um nivelamento dos recursos mais adequado. Muitas vezes acabamos por identificar um caminho crítico diferente que não compromete custo nem prazo. Nesse caso, um planejamento com bolsões de folga, utilizando o método da corrente crítica, pode fazer com que seu projeto termine até antes do prazo com a utilização de uma gestão mais eficiente e eficaz das atividades.

FARHAD ABDOLLAHYAN (Consultor da UNOPS, Pesquisador e Professor): O nivelamento de recursos somente faz sentido se: (a) as atividades não estiverem no caminho crítico; (b) não haja a possibilidade de adicionar recursos (nesse caso, guindaste) pela indisponibilidade; ou ainda (c) que o custo adicional não traga benefício igual ou maior – por exemplo, evitar danos à reputação, multas contratuais pelo atraso, reduzir *time-to-market* acelerando retorno sobre investimentos, etc.

Capítulo 9. Gerenciamento dos Custos

TIRINHA 59: A PRECISÃO DAS ESTIMATIVAS DE CUSTOS

ALONSO SOLER (Roteirista e Agente de Rosalina): "Busque o resultado" é uma forma típica de dizer "se vira nos 30"! O que os executivos precisam saber é que a precisão das estimativas de custos passa por um processo de amadurecimento concomitante ao ciclo de vida dos projetos e à obtenção de informações mais detalhadas. Seria uma aberração tentar produzir uma estimativa de custos "hiperprecisa" durante, por exemplo, a fase de viabilidade de um projeto. O custo da produção dessa estimativa não é compatível com a incerteza da autorização do projeto.

ALDO MATTOS (Consultor e Professor): Uma estimativa de custos é uma previsão que depende de uma série de fatores: conhecimento do projeto, experiência passada, nível de detalhamento do escopo, capacitação da equipe, local de execução, etc. Nos estágios iniciais de um projeto é costume que se faça uma estimativa menos precisa; afinal, ainda não se trata de um orçamento detalhado, mas da definição de uma ordem de grandeza. Ao apresentar um número nessa fase inicial do projeto, o gerente precisa fazer a alta diretoria ver que há uma margem de erro implícita nesse cálculo (que às vezes é bem simples, do tipo R$/m² para uma construção ou R$/pessoa para um espetáculo) e que a imprecisão diminuirá à medida que o escopo de projeto for tendo seus contornos bem definidos. Rosalina certamente verá que a intransigência do chefe levará inevitavelmente a uma redução de escopo, corte de funcionalidades e opção por soluções mais baratas, o que pode distorcer a configuração do produto ou resultado final almejado.

FARHAD ABDOLLAHYAN (Consultor da UNOPS, Pesquisador e Professor): Segundo a AACE[1], a estimativa em "ordem de grandeza" é classificada como classe 5 (0% a 2% de maturidade de escopo) e pode variar de -50% a mais de 100% do custo total do projeto. Embora tais estimativas sejam preparadas apenas baseadas na experiência e com pouquíssima precisão, uma vez oficializadas e divulgadas publicamente, vão criar embaraços ao executivo se não forem respeitadas. O melhor dos mundos seria preparar uma estimativa detalhada baseada na EAP e no cronograma carregado de recursos, considerando os riscos quantitativamente avaliados (ex.: análise PERT ou Monte Carlo). Entretanto, sabemos que nem sempre isso é possível nas fases iniciais do projeto. Então, se precisamos dar um número para o executivo divulgar externamente, devemos pelo menos dobrar o valor – e mesmo assim não evitamos o problema gerado, apenas mitigamos os efeitos.

---

[1] AACE (2009). Cost Estimate Classification System – As Applied in Engineering, Procurement, and Construction for the Process Industries TCM Framework: 7.3 – Cost Estimating and Budgeting.

TIRINHA 60: UM LIMITE SUPERIOR PARA OS SOBRECUSTOS

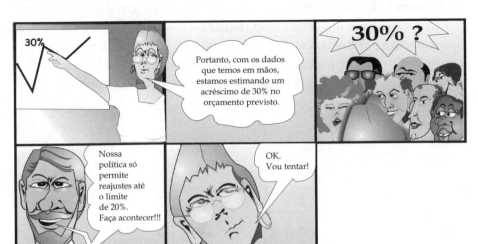

ALONSO SOLER (Roteirista e Agente de Rosalina): Geralmente as políticas internas das empresas e/ou a legislação pertinente (por exemplo, a Lei das Licitações Públicas nº 8.666) estabelecem um teto para os sobrecustos dos projetos. Sendo assim, os aumentos maiores do que os permitidos têm que ser absorvidos pelo corte de escopo, de nível de qualidade, pela extensão de prazos, etc. Ou seja, não há milagres na execução de um projeto que o faça cumprir uma linha de base mal estimada.

ALDO MATTOS (Consultor e Professor): Em projetos, estouro de custos não é tão raro assim. As razões são muitas: inaptidão de quem orçou as diversas etapas, erros de conta, omissão de alguns itens, flutuação de preço dos insumos, flutuação de produtividade da equipe executora, variação cambial (se houver partes do projeto feitas no exterior ou importação de material), mudanças de escopo, alteração na legislação, etc. Diante de tantas fontes de erro, acertar na mosca num orçamento feito muitos meses (ou até anos) antes é pouco provável. Quando surgem desvios de custo para mais, o gerente precisa avaliar as opções que estão ao seu alcance: reduzir escopo, mobilizar mais recursos para reduzir os custos fixos do projeto, pagar multa, etc. No caso de Rosalina, o mais recomendável é reunir a equipe para identificar os aspectos do projeto que podem ser barateados por redução de qualidade (sem redução de funcionalidade) ou por redução de escopo. Não é tarefa fácil, mas Rosalina haverá de conduzir bem. A única proibição é esconder da alta direção a projeção de perdas. Deixar para avisar no último minuto é um pecado mortal.

FARHAD ABDOLLAHYAN (Consultor da UNOPS, Pesquisador e Professor): Segundo Ricardo Vargas, as restrições, tais como teto para sobrecustos, são frequentemente impostas como resposta a um risco, no caso do estouro de orçamento por mudanças de escopo, que na maioria dos casos é causado por requisitos mal definidos ou riscos não, ou mal, identificados e avaliados. Mesmo assim, as estatísticas dos projetos mostram que tais tetos são frequentemente superados.

Capítulo 9. Gerenciamento dos Custos

Tirinha 61: O ATRASO ECONÔMICO E A ÉTICA DO PRAGMATISMO

ALONSO SOLER (Roteirista e Agente de Rosalina): Sim, Dr. Agenor, às vezes pagar as multas pactuadas em contrato onera menos o projeto do que cumprir o prazo combinado. Esse é um exercício que o gerente do projeto e seus executivos poderão fazer antes de tomar uma decisão complexa. Entretanto, deve-se levar em consideração a questão ética envolvida no impacto que esse "atraso econômico" causará ao cliente. Cuidado com o pragmatismo, Rosalina!

ALDO MATTOS (Consultor e Professor): A recuperação de atrasos é uma necessidade relativamente frequente em projetos, sobretudo naqueles que têm previsão contratual de penalidade por atraso. O gerente precisa estar capacitado a analisar opções e tomar decisões. Uma análise a ser feita é comparar o custo da mitigação do atraso com o valor da penalidade. Se, por exemplo, a multa for de mil reais, mas o custo de recuperar o prazo seja de dois mil reais, é melhor, do ponto de vista financeiro, arcar com o ônus da penalidade. Entretanto, o que Rosalina precisa ter em mente é que nessas circunstâncias entra em jogo também algo intangível: a questão da imagem da equipe executora do projeto perante seu cliente. A esse tipo de análise em que se troca uma coisa por outra dá-se o nome de *trade-off*. No caso, Rosalina avaliou o *trade-off* custo-prazo.

FARHAD ABDOLLAHYAN (Consultor da UNOPS, Pesquisador e Professor): Uma das possibilidades de não respeitar prazos contratuais é quando o próprio acordo tolera atrasos mediante pagamento de multas, porém, mesmo quando a razão benefício/custo demonstra que será mais em conta, deve-se ater ao risco dos prejuízos à reputação da organização executora e não apenas ao aspecto financeiro. Podemos ganhar nesse contrato, mas perder em todos os projetos futuros.

Capítulo 9. Gerenciamento dos Custos

TIRINHA 62: EQUILÍBRIO ECONÔMICO E FINANCEIRO DO PROJETO

ALONSO SOLER (Roteirista e Agente de Rosalina): Então, Rosalina, esse é um risco do gerente responsável pelos resultados financeiros do projeto expressos através de um fluxo de caixa. Diferentemente das boas práticas mencionadas pelo PMBOK® *Guide*, que enfatizam apenas a gestão dos custos dos projetos, a administração de alguns projetos se estende ao equilíbrio econômico e financeiro das entradas e saídas do projeto. Nesse caso, qualquer desconto dado ao cliente implica em algum impacto nas margens do projeto.

ALEX URBANO (PMP, Presidente do PMI São Paulo e Sócio Consultor da NetCorp): É isso mesmo, Rosalina! Quando avaliamos a viabilidade de um projeto temos que levar em consideração os riscos externos ao projeto relacionados ao ambiente macroeconômico. Uma boa gestão de riscos é essencial para manter o projeto e o negócio saudável, lembrando que esse projeto não pode existir sem o cliente, que no fundo é o principal *stakeholder*. Não tem jeito, agora tem que arregaçar as mangas e mergulhar na estrutura de custos do projeto, enxugando os custos e preservando a sua viabilidade econômica. Vamos lá, mãos à obra!

FARHAD ABDOLLAHYAN (Consultor da UNOPS, Pesquisador e Professor): O preço de um projeto, ao contrário de custo, que é diretamente relacionado com o uso de recursos aplicados ao projeto, é uma decisão de negócios. Normalmente não é da alçada do gerente do projeto determinar, ou negociar, o preço contratual e seus adendos ao longo do ciclo de vida do projeto. Mas ele responde pelo desempenho financeiro do projeto e pode ter sua remuneração variável atrelada à margem realizada do projeto. É um paradoxo impor ao gerente do projeto o resultado medido por um indicador de desempenho do qual ele tem controle apenas parcial das variáveis, mas... *c'est la vie*!

Capítulo 10. Gerenciamento da Qualidade

TIRINHA 63: PLANEJAMENTO DA QUALIDADE

ALONSO SOLER (Roteirista e Agente de Rosalina): Dr. Agenor está sofrendo do mal do foco nebuloso – "foco nos resultados financeiros imediatos", ele diz. Mas se esquece de que se as entregas de seus projetos não forem aceitas pelo cliente por deficiência de qualidade, isso poderá implicar em prejuízos maiores – não só nos resultados do projeto em questão, mas na reputação e na credibilidade da empresa. Fique atento, Dr. Agenor, Rosalina está trilhando o caminho certo!

JOÃO BATISTA TURRIONI (Professor da UNIFEI – Universidade Federal de Itajubá): O plano da qualidade é uma ferramenta preventiva fundamental no controle da qualidade do projeto. A definição de pontos de controle onde serão realizadas as verificações das especificações do projeto não só impede a ocorrência de não conformidades na entrega do projeto, como também funciona como uma ferramenta fundamental para evitar o retrabalho, que tem implicações no custo final do projeto e também na eliminação dos riscos de atrasos na finalização e na entrega ao cliente.

KLEBER NOBREGA (Autor do livro: "Falando de Serviços" e do Blog Kleber Nobrega): Rosalina, converse com o Dr. Agenor e indague a ele, sinceramente, se ele prefere que você, ao não aumentar os custos, permita aumentar falhas e erros no projeto. Certamente ele pensará com cuidado a respeito. Ademais, mostre a ele que uma falha detectada durante o desenvolvimento de um projeto evitará prejuízos maiores ao final do projeto, ou mesmo na fase de implementação. Com isso, ele poderá perceber que um eventual custo adicional hoje – curto prazo – trará um ganho adicional amanhã – longo prazo.

PEDRO LUIZ DE OLIVEIRA COSTA NETO (Professor Titular do Programa de Pós-Graduação em Engenharia de Produção da Universidade Paulista): Rosalina compreende, mas o Dr. Agenor parece que não, que implementar um adequado plano de qualidade é investimento, e não custo. Se esse investimento não foi previsto no orçamento, alguém falhou ao dimensioná-lo. Mas Rosalina é esperta e certamente encontrará uma maneira de convencer o Dr. Agenor de que o investimento em qualidade, se adequadamente feito, embora no início possa encontrar resistências e onerar um pouco as despesas da empresa, no médio e longo prazos lhe trará, certamente, vantagem econômica, mormente pela eliminação de falhas em projetos descobertas após a sua entrega ao cliente, que podem acarretar retrabalhos, multas, processos judiciais e, pior que tudo isso, perda de prestígio e competitividade da empresa.

Capítulo 10. Gerenciamento da Qualidade

TIRINHA 64: CERTIFICAÇÃO DO SISTEMA DE QUALIDADE

ALONSO SOLER (Roteirista e Agente de Rosalina): A certificação do sistema de qualidade de um grande projeto (por exemplo, os empreendimentos de construção) ou de uma unidade de fabricação, de serviço, ou até mesmo de uma empresa, é um modo de dispor, ajustar e padronizar os processos internos de acordo com diretrizes consideradas adequadas e aceitas pelo mercado e, com isso, potencializar a produção de resultados positivos. Parabéns, Rosalina! Mais um gol de placa seu com a proposição da certificação do sistema de gestão de seu projeto. Caberá a você agora convencer seus superiores das vantagens dessa decisão.

JOÃO BATISTA TURRIONI (Professor da UNIFEI – Universidade Federal de Itajubá): A certificação de um sistema de gestão da qualidade é o resultado do esforço da organização na implantação de um sistema de gestão da qualidade normalizado. A grande vantagem da utilização do sistema de gestão, segundo a série de normas ISO 9000, é ser uma norma utilizada globalmente, ou seja, todas as organizações que adotam esse modelo possuem o sistema de gestão com os mesmos requisitos, facilitando as relações contratuais entre as organizações que adotaram essa decisão. O principal argumento para convencer os superiores a adotar essa decisão é o fato de que esse sistema amplia as possibilidades para relações comerciais no mundo todo e aumenta a eficácia na utilização de recursos da organização.

KLEBER NOBREGA (Autor do livro: "Falando de Serviços" e do Blog Kleber Nobrega): Rosalina, se encontrar resistências à adoção de um sistema de qualidade, pergunte ao "resistente" se não acha mais cômodo, confortável, ou mesmo tranquilo, cada um trabalhar a seu modo. Sempre será mais cômodo trabalhar cada um a seu modo, mas isso poderá não ser o melhor para o resultado almejado pela organização. Por esse motivo, sistemas de qualidade baseados em boas práticas de boas empresas que alcançam bons resultados, como a ISO 9000, têm sido adotados amplamente. Além de proverem confiança de que os processos ocorrerão de maneira planejada e organizada, também terão regularidade em sua execução. Isso não elimina totalmente a ocorrência de eventuais falhas, mas reduz significativamente.

PEDRO LUIZ DE OLIVEIRA COSTA NETO (Professor Titular do Programa de Pós-Graduação em Engenharia de Produção da Universidade Paulista): Pela cara do Dr. Agenor, parece que ele vai encaminhar a proposta ao Conselho Diretor sem muita convicção de que ela seja meritória, ou mesmo aprovada. Não será, aparentemente, ele quem vai lutar por sua aprovação, e Rosalina deve ficar muito atenta a esse respeito. Além disso, não será de muita valia à empresa se o Conselho Diretor concordar com a certificação ISO 9000 da empresa sem que haja o seu comprometimento com a efetiva implementação da norma. O presidente da empresa, principal executor das decisões do Conselho, deve estar imbuído desse comprometimento e designar um representante da administração que seja de confiança, capaz de conduzir eficazmente o processo de implementação da norma para posterior certificação, mediante o convencimento de todos os colaboradores da empresa sobre a sua importância e suas vantagens. Esse lutador pela causa, provavelmente designado gerente da qualidade ou algo equivalente, deve ser treinado no espírito da norma e na realização de auditorias externas e internas, para ser efetivamente capaz de levar a cabo sua missão.

Tirinha 65: CONTROLE E GARANTIA DA QUALIDADE

ALONSO SOLER (Roteirista e Agente de Rosalina): Controlar a qualidade das entregas do projeto é um processo fundamental. De nada adianta entregar rápido e barato sem qualidade. A qualquer hora, o cliente solicitará retrabalho e isso postergará o prazo, os custos e causará insatisfação. Certamente não se pode garantir que TUDO saia dentro dos conformes com zero defeito, mas os processos de controle e garantia da qualidade devem minimizar essas possibilidades de falhas.

JOÃO BATISTA TURRIONI (Professor da UNIFEI – Universidade Federal de Itajubá): Para que a atividade de controle da qualidade seja eficaz é essencial que o cliente participe ativamente da atividade de definição de especificações. De nada adianta a realização de uma série de testes ao longo do projeto se estes não forem relacionados às especificações do cliente. Sem a participação do cliente o processo de controle da qualidade se torna ineficaz e oneroso, resultando na insatisfação do cliente.

KLEBER NOBREGA (Autor do livro: "Falando de Serviços" e do Blog Kleber Nobrega): Rosalina, às vezes pequenos detalhes não são percebidos apenas por serem detalhes, pequenos detalhes. Certa vez ouvi que detalhes são coisas muito grandes para esquecer. Por isso, cada pequeno detalhe deve receber a devida atenção. Um bom *checklist* deve conter aspectos críticos, ou grosseiros, como você menciona, mas também aspectos simples, que poderão acarretar problemas graves. Pense bem: o plano de qualidade do projeto que norteou o presente trabalho teve algum detalhe novo incorporado, em relação a planos anteriores? Se não teve, pode ter sido um pequeno detalhe novo que poderia ter sido adicionado.

PEDRO LUIZ DE OLIVEIRA COSTA NETO (Professor Titular do Programa de Pós-Graduação em Engenharia de Produção da Universidade Paulista): Rosalina, minha cara, até você está embarcando no clássico erro de querer garantir a qualidade do produto, no caso um projeto, apenas com base nas inspeções finais? Há já cerca de noventa anos o glorioso Walter Shewhart alertava, embora quase não fosse ouvido, para o fato de que a qualidade se consegue no processo de obtenção do produto – no caso, no processo de desenvolvimento do projeto, e não mediante inspeções finais. Estas também devem ser realizadas no caso dos projetos, mas é muito mais eficaz evitar a ocorrência de erros no seu nascedouro. Parece que alguma coisa não está bem no plano de qualidade de vocês; se ele levasse em conta a orientação de Shewhart, com quase toda certeza a falha grosseira nem teria tido a oportunidade de ocorrer e vocês não estariam agora lamentando essa grande mancada.

Capítulo 10. Gerenciamento da Qualidade

TIRINHA 66: GARANTIA DA QUALIDADE – AUDITORIAS

ALONSO SOLER (Roteirista e Agente de Rosalina): Ai, ai, ai, Dr. Agenor! Você ainda não entendeu bem a razão da existência das auditorias internas da qualidade. A finalidade delas não é promover uma caça às bruxas ou o apontamento de culpados, e sim a elucidação dos problemas e a proposição de pontos de melhoria. Reconhecer a existência de não conformidades e agir no sentido de eliminá-las pode implicar no aprimoramento do sistema de gestão e, indiretamente, no aprimoramento dos resultados do projeto.

JOÃO BATISTA TURRIONI (Professor da UNIFEI – Universidade Federal de Itajubá): Caro Dr. Agenor, todo sistema de padronização precisa ser controlado. As auditorias funcionam como um instrumento para coleta de dados para o aperfeiçoamento dos padrões em funcionamento e proposição de novos padrões para a melhoria do sistema. O Sr. pode também utilizar os resultados da auditoria para realizar a análise crítica do sistema de padronização e com isso aumentar a eficácia da organização como um todo. por isso é essencial que apoie e acompanhe a realização das auditorias e a análise dos resultados.

KLEBER NOBREGA (Autor do livro: "Falando de Serviços" e do Blog Kleber Nobrega): Dr. Agenor, "ninguém é culpado – somos todos responsáveis". Em um sistema da qualidade a responsabilidade é compartilhada, e se procuramos fazer as coisas de maneira correta, é natural que não fiquemos de braços cruzados, achando que tudo vai dar certo. As auditorias internas têm como objetivo avaliar se estamos fazendo o que dissemos que iríamos fazer. Assim, encontrar não conformidades faz parte de um bom sistema da qualidade. Se, nas auditorias internas, não forem encontradas não conformidades, desconfie da qualidade dessas auditorias.

PEDRO LUIZ DE OLIVEIRA COSTA NETO (Professor Titular do Programa de Pós-Graduação em Engenharia de Produção da Universidade Paulista): O Dr. Agenor parece ser realmente um problema para a empresa. Age como um típico representante da gerência, onde se concentram, em especial em cargos médios, as principais reações à implementação de qualquer novo desenvolvimento. Eles temem a perda de poder e reagem dessa forma. Rosalina vai ter trabalho para vencer a barreira que o Dr. Agenor representa e explicar a importância das auditorias internas, nas quais, mais do que nas externas, promovidas pelo organismo de certificação, as não conformidades são detectadas. Sua detecção é importante para a devida correção e prevenção, melhorando os procedimentos internos da empresa conforme as exigências da ISO 9000, minimizando a ocorrência de falhas e colocando a empresa em condições de ser auditada pelo organismo de certificação, conseguindo ou mantendo o seu certificado.

Capítulo 11. Gerenciamento dos Recursos Humanos

TIRINHA 67: DESENVOLVIMENTO DE COMPETÊNCIAS

ALONSO SOLER (Roteirista e Agente de Rosalina): Será que nosso pessoal dispõe das competências necessárias para conduzir o projeto? Como prover o projeto com profissionais que as tenham? Podemos contratar pessoas formadas e experientes ou tentar desenvolver tais competências (principalmente as competências técnicas) nos nossos recursos. Hummmm! Vamos falar sobre "mais valia", Rosalina?

JULIANA PRADO (Diretora de Gestão do DER-ES, PMP): É, Rosalina, decisão séria essa, hein? Para a organização, integralizar conhecimento e desenvolver a equipe nos possibilita gerar valor interno, formar pessoas e amadurecer. Acontece que nos projetos, além de necessitar do perfil pessoal, também precisamos do perfil técnico e às vezes de experiências específicas. Podemos dispor em nossa equipe do perfil pessoal ideal, porém nem sempre temos tempo para desenvolver o perfil técnico ou submeter um determinado profissional às experiências que permitam que ele ascenda para o nível adequado que um determinado projeto necessita. Então, amiga Rosalina, ter uma política forte de desenvolvimento de talentos é importante demais! E ter consciência das limitações de nossas equipes também – afinal, o projeto precisa ter sucesso!

JULIANO REIS (Professor, Consultor, *Coach* e Evangelizador em GP): A empresa deve observar alguns pontos-chave antes de efetuar o investimento ou definir a estratégia. O conhecimento é crítico para a empresa? Aquele conhecimento será utilizado outras vezes? Qual o risco de fazer internamente? Respondendo essas perguntas, a empresa poderá ter uma visão mais clara do valor do investimento. Se for uma tecnologia que será utilizada centenas de vezes internamente ou um produto que fará parte do coração das ofertas da corporação, talvez o investimento em treinamento seja interessante. Porém, qual o tempo que a empresa tem para colocar o produto no mercado? Ou quanto tempo pode esperar até o Zezé das Couves ter as habilidades e os conhecimentos necessários para entregar com qualidade? Muitas vezes esse tempo de aprendizado é muito longo e a empresa não pode esperar, sob risco de perder mercado. Perder negócios. Perder posição perante seus competidores. Aí o valor que era alto fica ainda maior quando comparado ao valor do investimento para ganhar mercado ou manter sua posição competitiva.

LÉLIO VARELLA (PMP, Sócio da P&M ProActive Ltda): Xiii... parece que nem a Rosalina nem o Dr. Agenor Rubens se preocuparam com essas sábias perguntas antes. Será que terão que enfrentar esse dilema a cada competência específica e profissional necessária? Projeto a projeto? Humm! Isso pode ter graves consequências para os projetos e, consequentemente, para os negócios da empresa. Situações como essa podem e devem ser evitadas; ou pelo menos minimizadas.

Os projetos devem contribuir diretamente para os negócios da empresa, ou então para o desenvolvimento e a melhoria da capacidade de fazer negócios da empresa. Ao planejar suas operações de negócio a empresa precisa pensar e planejar além dos recursos financeiros, infraestrutura, equipamentos, etc.

É preciso pensar antes de tudo nos "recursos humanos" – melhor dizendo, nos "seres humanos". São eles que tomam decisões, realizam o trabalho e, portanto, utilizam os demais recursos, transformando-os em resultados... de projetos e de negócios. E esses resultados são diretamente proporcionais às competências dos gerentes e membros das equipes de projetos.

Capítulo 11. Gerenciamento dos Recursos Humanos

As competências-chave requeridas para realizar com sucesso os projetos da empresa precisam ser objeto de um programa planejado, direcionado e contínuo de capacitação desses "seres humanos" – os gerentes e membros das equipes de projeto. Assim, pode ser que uma vez ou outra tenhamos que contratar um "repimpocador de parafusetas sextavadas" láaaa... na Elbônia. Mas, mesmo em situações de exceção como essas, poderemos tomar melhores decisões e, para a grande maioria dos projetos, estaremos contando com profissionais com as competências necessárias.

Gerenciamento de Projetos em Tirinhas

TIRINHA 68: COMO FAZER AS COISAS ACONTECEREM?

ALONSO SOLER (Roteirista e Agente de Rosalina): É, Rosalina! Numa organização matricial, contar com o apoio de colegas de outras áreas funcionais para colaborar com o seu projeto é um trabalho complexo. Afinal, como gerente do projeto, você não tem autoridade formal delegada para dar aumento de salário ou promoção. Como fazer então para motivá-los?

JULIANA PRADO (Diretora de Gestão do DER-ES, PMP): Uma das principais características da turma dos projetos é a vontade de ver as coisas acontecerem para melhorar o ambiente e os resultados, ou seja, os profissionais em gerenciamento de projetos adoram sair da zona de conforto, não é mesmo, Rosalina? Seria muito bom se todos nas empresas fossem automotivados e trabalhassem com o propósito exclusivo de aprender e de gerar melhorias, inclusive para si próprios. Minha dica é entusiasmar a equipe e mostrar claramente os benefícios que o projeto irá gerar. Rosalina, com sua capacidade de mobilização, além de conscientizar a todos sobre a importância do projeto, com certeza conseguirá criar formas de reconhecimento que sejam interessantes para os colegas enxergarem benefícios pessoais também. O pulo do gato é conseguir o apoio das chefias. Se todos entenderem o projeto e a sua importância para a organização e para seus próprios setores, serão parceiros, ajudarão na conscientização e disporão dos melhores profissionais para ajudá-la.

JULIANO REIS (Professor, Consultor, *Coach* e Evangelizador em GP): A motivação não é algo que se injeta nas pessoas. Não se cria motivação nos

Capítulo 11. Gerenciamento dos Recursos Humanos

outros. O grande desafio do gerente de projetos, muitas vezes sem o apoio formal da organização, é criar um ambiente onde as pessoas tenham vontade de trabalhar, se sintam parte daquilo, desejem vencer e conquistar seus objetivos. Criar esse ambiente não é uma tarefa fácil para o gerente de projeto, mas existem algumas estratégias que podem ser consideradas, tais como estabelecer pequenos prêmios ou realizar uma diferenciação. Outro aspecto crítico para o projeto são as conversas de um para um, onde cria-se a oportunidade do gerente de projetos conhecer mais de perto o profissional, entender seus medos e começar um trabalho mais direcionado de apoio e direcionamento.

LÉLIO VARELLA (PMP, Sócio da P&M ProActive Ltda): É, gente, isso é uma das coisas mais complicadas mesmo. Um gerente de projetos, no fundo, precisa realizar as coisas por meio do trabalho dos outros. E para isso é essencial conquistar a motivação e o engajamento da equipe. Mas conseguir isso dando aumento e promoção para a galera é que não há de ser, pois muitas vezes isso não está em cogitação.

Ainda bem que a motivação e a dedicação verdadeira, assim como o amor, não se compram. E a natureza humana é sutil e vive nos surpreendendo. É o que nos mostra um estudo feito por Glenn Tobe e Associates sobre fatores de motivação e performance.

Uma mesma lista de dez fatores de motivação foi dada tanto a gerentes de projetos quanto a membros de equipes, e a todos foi solicitado que indicassem quais os fatores mais importantes. Os resultados revelaram que: 1) os fatores considerados mais importantes pelos gerentes (1º Salário, 2º Segurança e 3º Promoção) apareceram respectivamente em 4º, 5º e 7º lugares na lista dos liderados. 2) Os fatores mais importantes para os liderados (1º Apreciação, 2º Sentir-se parte do que está acontecendo e 3º Ser compreendido) foram os três últimos colocados na lista dos gerentes, respectivamente em 8º, 10º e 9º lugares!

As pessoas se sentem motivadas por líderes que inspiram, oferecem apoio, reconhecimento, criam oportunidades para que seus liderados criem, contribuam, sintam-se importantes e realizados por meio da sua contribuição para o projeto. Líderes que estimulam, desenvolvem e reconhecem pessoas e equipes. Essas são competências essenciais para um gerente de projetos competente e bem-sucedido.

Vamos lá, pessoal! Isso está ao nosso alcance e não depende do orçamento do projeto.

TIRINHA 69: SABER LIDAR COM OS CONFLITOS DA EQUIPE

ALONSO SOLER (Roteirista e Agente de Rosalina): É isso aí, Rosalina! O ambiente desafiador de um projeto pode levar os integrantes de sua equipe a se desentenderem. Considerando que você precisa deles para levar o projeto adiante, saber lidar com os conflitos de sua equipe é uma das competências fundamentais de seu trabalho. Portanto, mãos à obra, menina, use seus conhecimentos e sua inteligência emocional para lidar com os conflitos...

JULIANA PRADO (Diretora de Gestão do DER-ES, PMP): Com certeza, lidar com conflitos é uma arte possível de aprender, desde que nos dediquemos a isso! Eu gosto muito de uma história que meu pai me contava sobre dois mineiros que se encontram em uma encruzilhada. De forma resumida, se cada um tem um pão na mão, juntos, são dois pães; se cada um dispõe de uma ideia na cabeça, juntos terão no mínimo três: a ideia de um, a do outro e a complementação com as duas juntas. O conflito de ideias é de grande crescimento para ambos e deve ser extremamente estimulado pelas organizações. Mas, veja bem Rosalina, eu disse conflito de ideias. As pessoas precisam ser preservadas, pois um ambiente de trabalho harmônico e feliz é o berço de boas ideias. Treinar a equipe em gestão de conflitos internos é muito importante, principalmente para que todos saibam como colocar o que pensam de forma propositiva e suave, valorizando a bagagem que os demais colegas trazem e somando sempre em busca de uma solução viável. Quer uma dica, Rosalina? Peça a toda a equipe para abolir a palavra "discordo" do vocabulário e, ao iniciar uma argumentação, antes de tudo, apresentar um dado que seja conhecido e que sustente a opinião. Esse pedacinho de técnica vai ajudar você a pacificar toda a organização.

JULIANO REIS (Professor, Consultor, *Coach* e Evangelizador em GP): Eu sempre digo que conflitos e mudanças são as únicas duas certezas do projeto. Aprender a lidar com conflitos é mandatório para o gerente de projeto. No entanto, como estamos tratando com pessoas, as mais diversas situações podem ocorrer e, infelizmente, não há um manual de "se ocorrer isso, faça aquilo". Pessoas são dinâmicas e por isso o nosso jogo de cintura para entender e administrar conflitos diariamente deve ser também. Você é o gerente de projeto, e não o pai ou a mãe de ninguém, logo, você deverá ouvir ambos e pensar como agir naquela situação. Lembre-se de tudo o que aprendeu ou já viveu. Muitas vezes sua experiência passada ajuda com o presente.

LÉLIO VARELLA (PMP, Sócio da P&M ProActive Ltda): Bem, Rosalina, eu aprendi várias abordagens para lidar com conflitos, as vantagens e desvantagens de cada uma delas. Como gerente de projetos, preciso conhecê-las e saber como e quando aplicá-las: 1) **barganhar** – fazer concessões; 2) **abafar** – atenuar; 3) **coagir**; 4) **evitar**; ou 5) **confrontar**. Todas são muito úteis quando "estoura" um conflito entre participantes do projeto. Mas aí é que está um ponto em comum entre todas e a sua limitação – todas enfocam a "resolução" de um conflito; de um conflito que já se instalou, já virou um problema, já causou "perdas e danos".

Para atuar no sentido mais amplo e proativo da "gestão" de conflitos precisamos gerenciar a possível ocorrência de um conflito como um risco do relacionamento entre as partes interessadas: identificar, monitorar os sintomas e utilizar estratégias adequadas. Essa é uma abordagem interessante, que apresentei no novo livro que escrevi em conjunto com a Graciele Moura ("Aprimorando Competências de gerente de projetos – Volume 2", também publicado pela Brasport) chamada "Confrontar sem Conflitar".

O conflito não é inevitável e nem necessariamente positivo. O **confronto**, sim, pode ser e pode evitar o conflito. A eventualidade de um conflito pode e deve ser percebida pelo gerente do projeto a partir de incompatibilidades de interesses, dificuldades de relacionamento e outras circunstâncias no ambiente do projeto.

O conflito, quando "estoura", traz quebra da harmonia, atrito, desgaste entre as pessoas e desperdício de energia necessária ao bom andamento do projeto. O gerente competente é sensível e atento aos sinais de alerta. Antes que isto aconteça, promove o confronto ordenado de ideias, interesses, necessidades e expectativas tomando a iniciativa no tratamento das questões de interesse comum ao projeto.

TIRINHA 70: SINERGIA DA EQUIPE

ALONSO SOLER (Roteirista e Agente de Rosalina): Boa pergunta, Dr. Agenor Rubens! Há quem prefira trabalhar com uma equipe de estrelas. Isso exigirá competências adicionais do gerente de projetos para lidar com os conflitos que o excesso de "luminosidade" provoca! Por outro lado, há quem prefira trabalhar com uma equipe menos ilustre, mas que consegue ser mais sinérgica. E você, Rosalina, o que acha?

JULIANA PRADO (Diretora de Gestão do DER-ES, PMP): São muitos casos na história de equipes de estrelas que não conseguem êxito – alguns no futebol, não é mesmo? Como somos nós, geralmente, os técnicos das equipes, sabemos que precisamos estar atentos à nossa equipe e ao nosso objetivo nos projetos. Pois bem, um bom técnico precisa saber administrar as estrelas e desenvolver os profissionais medianos para, quem sabe, se tornarem estrelas. Nós temos a responsabilidade de escalar o time mais adequado para cada projeto, e muitas vezes essa situação que você está vivendo, Rosalina, ocorre. Se pudermos escolher de forma a não prejudicar o projeto, penso que escalar um time coeso e

Capítulo 11. Gerenciamento dos Recursos Humanos

mediano seja um risco que se possa correr. Agora, ter restrições para escolher os profissionais que vão trabalhar em um projeto e não fazê-lo por questões de ajustes de relacionamento pessoal me parece um tanto quanto desperdício de recurso humano de alto valor agregado. Então, Rosalina, nesse caso eu preferiria trabalhar o relacionamento interpessoal da minha equipe, utilizar ferramentas de *coaching* e administrar os conflitos. Não precisamos que todos se tornem melhores amigos, ainda que isso fosse ótimo, mas não podemos forçar isso. Agora, podemos sim criar um ambiente profissional onde todos estejam preparados para cooperar uns com os outros em prol do projeto. Aí é golaço e medalha de ouro no final, e não *gold plating*.

JULIANO REIS (Professor, Consultor, *Coach* e Evangelizador em GP): Compor uma equipe coesa é um desafio e tanto. Muitas vezes temos que abrir mão de certas características, como, por exemplo, a habilidade técnica, para ganharmos em outra característica, como união e trabalho em equipe. É importante para o gerente de projetos lembrar de três letras – CFU:

- **Condicionamento** significa saber aplicar o conhecimento;
- **Fundamentos** é ter conhecimento; e
- **Unidade** significa trabalhar em equipe.

O grande segredo do gerenciamento de projetos é montar uma equipe balanceada entre as três letras e com o foco certo.

LÉLIO VARELLA (PMP, Sócio da P&M ProActive Ltda): Bem, Dr. Agenor, se uma equipe é coesa não significa necessariamente que seus profissionais são medianos. E em qualquer equipe sempre haverá conflitos para gerenciar. Gerenciar conflitos é uma das competências-chave para um gerente de projetos. Por outro lado, ser capaz de trabalhar em equipe com coesão e sinergia é uma competência necessária a qualquer membro de equipe, para que sua excelência técnica possa se reverter em contribuição efetiva para os projetos nos quais são necessários.

Assim, talvez seja melhor dividir essa questão em duas partes: a) as necessidades deste projeto e b) as necessidades da empresa como um todo. O que é melhor para este projeto? Precisamos analisar o risco dessa combinação "explosiva" (Klauss x Milena) e, se vamos tê-los no projeto, precisamos tomar as providências necessárias para integrá-los na equipe, desenvolver e pôr em prática as estratégias de gerenciamento necessárias para que possamos contar com a efetiva contribuição de ambos preservando ainda a sinergia da equipe.

TIRINHA 71: VIDA DURA DE GERENTE DE PROJETOS

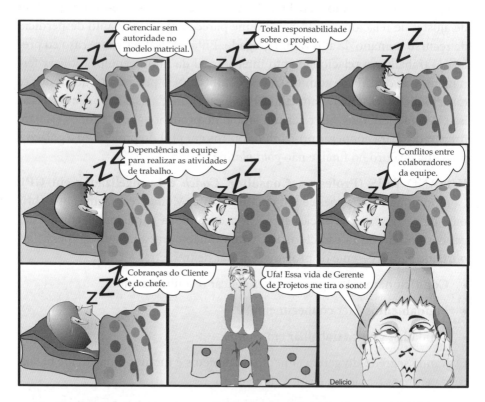

ALONSO SOLER (Roteirista e Agente de Rosalina): Rosalina, ninguém te disse que a vida de um gerente de projetos é simples ou fácil. Pelo contrário, trata-se de uma vida repleta de altos e baixos, mas que, por outro lado, se você souber lidar inteligentemente com ela, poderá te devolver muitas alegrias e realizações. Por isso, converse sempre com seu espelho e reflita: "eu estou trabalhando na função certa?"

JULIANA PRADO (Diretora de Gestão do DER-ES, PMP): É, amiga, às vezes parece que estamos vivendo um pesadelo e questionamos o porquê de termos escolhido isso. Eu penso, Rosalina, que estamos vivendo um momento histórico e que queremos fazer parte dele, então precisamos cuidar do nosso maior bem, que é a saúde. Pessoas com alto rendimento, muita atividade cerebral, em ambientes dinâmicos, devem ter atenção especial à sua saúde física e mental. Ter momentos para relaxar, praticar exercícios físicos, administrar o estresse, alimentar-se bem, inclusive como fator fundamental para o nosso bom desempenho no trabalho, pois estamos em um ambiente desafiador que exige de nós preparo, disposição e bom humor. Assim, Rosalina, você não vai perder o sono e vai ter melhores ideias para, junto com sua equipe, resolver todos esses problemas e muitos outros, e sem rugas!

JULIANO REIS (Professor, Consultor, *Coach* e Evangelizador em GP): A vida do gerente de projetos nunca é fácil. Se estiver sendo fácil, tome cuidado! Lidamos com pessoas, lidamos com problemas, expectativas, sonhos e até mesmo com anseios e preocupações externas ao projeto. O gerente de projetos é aquele cara que sai por último no projeto, o cara que organiza para receber todos e organiza para apagar as luzes e "fechar a porta" no final do projeto. É duro. Há que se criar uma resiliência alta e uma motivação constante. Porém, mesmo assim, é compensador. Você deve se sentir bem onde está, fazendo o que faz; se não for aquilo que você deseja, olhe para o lado, converse e tente se encontrar em um mundo cheio de oportunidades para as pessoas competentes.

LÉLIO VARELLA (PMP, Sócio da P&M ProActive Ltda): Ah, Rosalina, não há nada na vida que só tenha lado bom. Em tudo que fazemos e vivemos há sempre os desafios, "espinhos" a nos ameaçar, e às vezes a ferir mesmo. E tem mais: são nossos desafios e às vezes nossos próprios fracassos que nos levam a evoluir, prosperar e encontrar maior satisfação no que fazemos. Cada atividade humana requer competências específicas que precisam ser continuamente aprimoradas para acompanhar e responder a esses desafios. Para um gerente de projetos os desafios são crescentes e na razão direta do sucesso que você os alcança. Esse é o ponto central, o "x" dessa questão.

Um indivíduo que desempenha o papel de gerente de projetos é um profissional responsável por empreendimentos dos quais dependem a satisfação das necessidades e a prosperidade de organizações e pessoas. Cada produto ou serviço utilizado por cada um de nós no dia a dia, desde sempre, e até quando durar nossa aventura humana neste planeta, foi criado por um projeto – é "produto de um projeto!". Por isso é uma profissão cada vez mais reconhecida, valorizada e... bem remunerada.

Rosalina, gerentes de projetos competentes e realizados profissionalmente não nascem "feitos". Formam-se, desenvolvem-se e aprimoram-se continuamente.

Falamos muito sobre "sucesso" profissional. Mas sucesso profissional não é um momento vivido na linha do tempo, não é um resultado pessoal – de prestígio ou de ordem financeira. Sucesso é um estado de ser... e de viver.

Como saber se essa é a função certa para você? Bem, para isso você precisa encontrar respostas pelo menos para estas cinco perguntas: 1. Você compreende o valor do que faz? 2. Sente vontade e alegria de fazer? 3. Compromete-se com resultados? 4. Tem disposição para avaliar seu desempenho, receber *feedback* e superar as suas próprias limitações? 5. Está comprometida com o seu aprimoramento contínuo pessoal-profissional?

Você está pronta para responder um sonoro "SIM" a essas questões? Você está preparada para ser bem-sucedida vivendo como gerente de projetos? Então saiba que SIM, você está... "trabalhando na função certa!"

Capítulo 12. *Coaching* para Gerentes de Projetos

TIRINHA 72: **DESENVOLVIMENTO DE GERENTES DE PROJETOS ATRAVÉS DO *COACHING***

ALONSO SOLER (Roteirista e Agente de Rosalina): Rosalina surtou! E por que não haveria de surtar? Gerente de projetos também é gente, já nos disse o colega André Barcaui, e a pressão do dia a dia é enorme. É difícil "segurar a onda" o tempo todo! Um programa de *coaching* pode ser uma boa forma de acelerar o desenvolvimento de algumas competências necessárias ao gerente de projetos e manter a sua "sanidade" comportamental diante das pressões da difícil rotina.

ANDRÉ BARCAUI (Professor e Consultor): Rosalina, algumas ações comportamentais básicas se tornam fundamentais para que você possa desempenhar melhor seu papel de gerente de projetos. Podemos dividir essas ações em questões ligadas ao seu autoconhecimento e outras ligadas à sua habilidade social.

Em outras palavras, é interessante nos conhecermos um pouco mais antes de trabalharmos como líderes de outras pessoas, responsáveis pelo atingimento de um ou mais objetivos. Nessa questão, um *coach* pode ajudar profundamente no seu desenvolvimento e nessas difíceis questões relacionadas à gestão de pessoas.

IVO MICHALICK (Sócio da M2 Coaching & Consulting): É verdade, quanto mais avançamos na carreira como gerente de projetos, mais precisamos de um bom conjunto de competências comportamentais. Um programa de *coaching* pode ser de grande valia nesse sentido, nos ajudando a identificar, e posteriormente a melhorar, competências comportamentais essenciais para a nossa trajetória pessoal e profissional. "Conhece-te a ti mesmo", já dizia uma das frases inscritas no pátio do Templo de Delfos, na Grécia antiga.

JOÃO SOLÉR (*Coach* Executivo): Rosalina, provavelmente você estudou geografia, física, economia, matemática e outras disciplinas. Quando percebeu, estava formada e trabalhando numa empresa. Rapidamente surgiram necessidades de certas competências que você não aprendeu na faculdade: empatia, paciência, sinergia, negociação, administração do tempo, etc.

Em especial, o gerente de projetos percebe rapidamente que a administração do tempo é uma de suas competências requeridas fundamentais. O uso inadequado do tempo dedicado ao trabalho e à sua vida pessoal, devido à extensa lista de atividades "urgentes" do seu dia a dia, compromete seriamente o seu desempenho profissional e familiar. Como cuidar disso, então? Depende! Pode ser que você esteja sendo "preciosista" demais, pode estar tendo dificuldades para delegar tarefas, ou pode estar consumindo seu tempo devido à sua desorganização pessoal. Qual é o seu caso? Que tal agendar uma sessão com o seu *coach*?

TIRINHA 73: VISÃO SISTÊMICA

ALONSO SOLER (Roteirista e Agente de Rosalina): Os diversos braços para um gerente de projetos (um verdadeiro polvo!) são uma metáfora que representa a sua necessidade de tomar conta de muitas coisas ao mesmo tempo, de ter a visão do todo, de tudo o que está acontecendo nas diferentes atividades do projeto para que possa dispor das "rédeas do projeto" e praticar o controle. Tá pensando que é fácil? Marca uma sessão de *coaching*.

ANDRÉ BARCAUI (Professor e Consultor): Um dos maiores desafios do gerente de projetos é a visão holística. Não se trata de ser onipresente, mas de ter a noção do todo do que se está gerenciando. Isso obviamente não é trivial e normalmente implica em delegar mais. Delegar requer confiança, requer saber como e a quem passar determinada tarefa. Também exige forte planejamento e controle, o que só pode ser obtido através de uma boa ponderação entre o detalhe e o genérico. Seu *coach* pode ajudá-la tanto na escolha das pessoas como no exercício de delegação e gerência do tempo.

IVO MICHALICK (Sócio da M2 Coaching & Consulting): Gerentes de projetos precisam o tempo todo chavear entre o *zoom in* (foco no detalhe) e o *zoom out* (foco no geral). Alguns fazem isso com naturalidade e simplicidade, enquanto muitos encontram dificuldades – e isso, com frequência, atrapalha a gestão do projeto. Esta é uma competência que pode ser aperfeiçoada com algumas sessões de *coaching*!

JOÃO SOLÉR (*Coach* Executivo): Lá se foi o tempo em que os funcionários eram demandados para realizar uma única tarefa de cada vez. Ao terminá-la, apresentavam-se ao seu superior para receber outra tarefa, novinha em folha. Rosalina, atualmente as coisas já não funcionam mais assim, ou não deveriam mais funcionar assim. As empresas buscam pessoas para atuarem em múltiplos projetos simultâneos, e isso implica na expansão de sua visão e no controle sobre diversas tarefas ao mesmo tempo, propiciando a necessidade de agir com rapidez, independência e autonomia, pautada na sua experiência, focando na busca de resultados, sugerindo melhorias, ou mesmo inovando na forma de fazer as coisas. Para o gerente de projetos, a visão do todo do projeto, ampla e sistêmica, é uma das competências fundamentais. Só assim será possível garantir entregas dentro do prazo, do custo e do nível de qualidade acordados. Que tal trabalhar sua competência de visão sistêmica no próximo encontro de *coaching*?

Capítulo 12. *Coaching* para Gerentes de Projetos

Tirinha 74: O PERFIL DO GERENTE DE PROJETOS

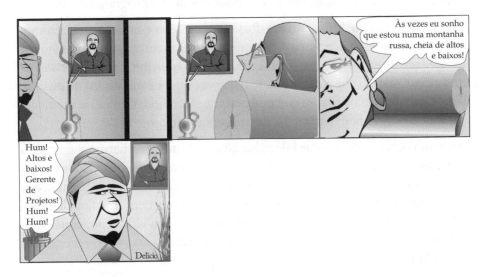

ALONSO SOLER (Roteirista e Agente de Rosalina): Uma brincadeira sobre o perfil do gerente de projetos, que, geralmente, convive num ambiente que foge da rotina, sujeito a bons e maus momentos intercalados, altos e baixos constantes. Quais competências deveriam ser desenvolvidas pelo gerente de projetos para que ele consiga potencializar o seu sucesso? O *coaching* ajuda?

ANDRÉ BARCAUI (Professor e Consultor): Além da harmonia, todo profissional, não só o gerente, precisa desenvolver seu lado emocional, tanto quanto (ou mais) o racional. Isso quer dizer que com o passar da vida temos uma chance maravilhosa de aprender com nossos erros e acertos, nos tornamos mais resilientes, mais sábios e experientes. Não podemos descartar essa dádiva que o tempo nos permite. Às vezes parece que vamos explodir, mas é tudo uma questão de consciência sobre nós mesmos, nossas limitações e virtudes. Fazendo um uso emocionalmente inteligente de nossas idiossincrasias, tendemos a suportar melhor as loucuras do cotidiano, influenciar positivamente outras pessoas e nos sentir melhor também.

IVO MICHALICK (Sócio da M2 Coaching & Consulting): Para ser gerente de projetos é preciso ter muito controle emocional e resiliência (capacidade de lidar de forma correta com os desafios e as dificuldades da vida em geral). Devemos buscar agir como no ditado popular capturado na canção de mesmo nome de Gino e Geno, "Nóis enverga mais não quebra". Essas são competências comportamentais essenciais para o trabalho como gerente de projetos que podem ser desenvolvidas e aperfeiçoadas através de um programa de *coaching*.

JOÃO SOLÉR (*Coach* Executivo): Rosalina, percebo que você está incomodada com os seus "altos e baixos". É comum, nesses momentos, ouvir relatos de necessidade de equilíbrio nos acontecimentos do trabalho. Dá a impressão de uma gangorra que sobe e desce e tudo o que você quer é um pouco de estabilidade. Contudo, essa situação que pode estar te incomodando nesse momento é típica e descreve bem o dia a dia de um gerente de projetos.

Existe um outro conceito que talvez lhe ajude – trata-se da harmonia. Implica em desafiar-se a enxergar que os "altos e baixos" devem ser enfrentados e compreendidos como algo inerente à sua profissão. A harmonia talvez permita que você enxergue que ser gerente de projetos é conviver com desafios diários e que seu perfil pessoal lhe pede isso. Caso contrário, sua vida profissional seria morna, bege, chata e, pela falta de desafios (dos altos e baixos), isso tornaria as suas atividades maçantes.

Rosalina, ser capaz de enxergar harmonia em suas atividades do dia a dia é um bom papo para sua próxima sessão de *coaching*.

Capítulo 12. *Coaching* para Gerentes de Projetos

TIRINHA 75: O MÉTODO SOCRÁTICO

ALONSO SOLER (Roteirista e Agente de Rosalina): Novamente o *coach* induz Rosalina a pensar. Por que oferecer o peixe? Melhor seria ensinar a pescar! O método socrático é o fundamento-chave do *coaching*. Através dele, o *coach* leva o *coachee* a encontrar as respostas que procura no seu próprio contexto, experiência e ambiente. Já aplicou o método socrático hoje?

ANDRÉ BARCAUI (Professor e Consultor): Até porque as respostas quem normalmente possui é você mesma! É uma questão de ser devidamente provocada. Quem mais conhece seu projeto, sua situação, as dificuldades e facilidades envolvidas no processo é você! Mas às vezes é difícil pararmos para pensar nisso de maneira isenta. Ainda mais quando estamos envolvidos emocionalmente. Por isso aprender a fazer a pergunta certa é tão importante. O resultado é incrível. Por vezes a resposta está bem a nossa frente, mas o cotidiano ou alguma barreira emocional às vezes nos impede de perceber. Mais ainda: por vezes, não é a resposta que importa, mas o processo de pensar a respeito. Você ficará impressionada com as diferentes alternativas que surgirão, as distintas possibilidades que aparecerão.

IVO MICHALICK (Sócio da M2 Coaching & Consulting): Muitas vezes a melhor resposta (pois muitas perguntas admitem mais de uma resposta certa para o contexto) pode ser inferida através da própria pergunta. Por isso o *coaching* utiliza tanto do que chama de perguntas poderosas (*powerful questions*), derivadas diretamente do método socrático (também chamado de maiêutica). Estamos falando de perguntas que levam o *coachee* a refletir de forma mais profunda sobre uma determinada situação ou dificuldade, levando-o, na maioria das vezes, a encontrar as respostas e soluções dentro de si mesmo!

JOÃO SOLÉR (*Coach* Executivo): Poucos sabem que a mãe de Sócrates (filósofo ateniense do período clássico da Grécia antiga) o influenciou na elaboração da maiêutica (método que ele utilizava para ensinar seus discípulos valendo-se de perguntas sucessivas). Atuando como parteira, ela contava para seu filho que trazia ao mundo muitas crianças. Ele rebatia dizendo que a mãe dessas crianças era quem as trazia. Nessas discussões caseiras, Sócrates experimentava com a mãe os princípios que fundamentaram, posteriormente, a elaboração da maiêutica.

Já na Academia, Sócrates deixou de responder às perguntas de seus discípulos e, como método de ensino, passou a lhes fazer outras perguntas que, intercaladas por uma lógica, lhes permitiam chegar, eles próprios, às soluções para os seus questionamentos. Com o tempo, esse método mostrou-se bastante eficaz para o desenvolvimento de seus discípulos.

Rosalina, uma das principais missões de um gerente de projetos é apoiar o desenvolvimento de competências dos membros de sua equipe, fortalecendo a eficiência profissional individual e coletiva em prol do sucesso do projeto. Ao cumprir esse papel, o gerente de projetos poderá fazer uso do método socrático, considerando as experiências anteriores, a competência profissional e a autonomia de cada um. Portanto, assim como o *coach* utiliza o método socrático (a maiêutica) com o gerente de projeto, este poderá utilizá-lo também com sua equipe e com o seu cliente. Procure o seu *coach* e peça-lhe para ajudá-la nessa questão.

Capítulo 13. Geração Y em Projetos

TIRINHA 76: O NOVO ESTAGIÁRIO

ALONSO SOLER (Roteirista e Agente de Rosalina): Estamos vivendo um choque de gerações que se apresenta de modo bastante nítido. O perfil dos profissionais que estão entrando no mercado não se assemelha em quase nada com o perfil daqueles que os estão contratando. O interessante é que, apesar das diferenças, a atual geração chega muito bem preparada: fala línguas, tem experiência no exterior, experiência de trabalhos voluntários, navega muito bem nas novas tecnologias, etc. E aí, Rosalina, o que fazer nessa situação?

FRANCISCO PATERNOSTRO NETO (Consultor Empresarial, *Coach* e Empreendedor): Rosalina, a palavra-chave para lidar com a geração Y é flexibilidade. Entendo que nem precisamos falar que essa geração é conectada em internet, redes sociais, aplicativos, etc. É uma geração para a qual a hierarquia não é importante e que busca constantemente o equilíbrio de vida e a liberdade das ações!

Não esqueça que eles valorizam muito o *coaching*, o *feedback* e o aprendizado contínuo.

Devido a essas características e comportamentos, a maior parte do tempo eles estão ligados à inovação, à proatividade e ao estilo de vida. Dessa forma, é importante você adaptar o seu relacionamento e o ambiente de trabalho para que eles se sintam motivados a contribuir de forma efetiva para todos.

MÁRIO DONADIO (Diretor da UniConsultores, Educação para a Competência Empresarial): O bom preparo escolar não é garantia de um bom desempenho profissional. Por outro lado, o que se espera de um estagiário não é o mesmo que se deve esperar de um técnico pronto. Rosalina deve ter bem claro para si mesma que sua tarefa é profissionalizar o estagiário, educá-lo para que se desenvolva e, dependendo das políticas de recursos humanos na empresa, possa ser integrado futuramente nos quadros regulares. O resultado avaliado deverá ser preponderantemente o aprendizado e o potencial estimado a partir dos comportamentos coerentes com os valores da empresa. O gestor é sempre um educador e, no caso de estagiários, é um formador, e entre eles existe um processo recíproco de ensino e aprendizagem que pode ser muito proveitoso para Rosalina.

VALÉRIA BLANCO (*Coach* e Consultora Organizacional): Bem, Rosalina, parece um problema, mas o que você acabou de conseguir foi na realidade um ótimo desafio de adaptação! Nem tudo é o que parece; as aparências enganam e as diferenças muitas vezes somam em vez de subtrair. Aqui, esse é o caso.

As gerações Y e Z agregam muito ao ambiente de trabalho, apesar de colocarem em choque o modelo conservador e estruturado das gerações anteriores. Esses jovens são extremamente criativos, versáteis e ousados; têm pressa em chegar aonde desejam; são fiéis a valores, ideias e projetos, não a empresas. Não estão nem aí para hierarquia, mas admiram quem se destaca e tem valor. Além disso, possuem grande facilidade de interação, pois são informais por natureza. Está preparada, Rosalina?

Capítulo 13. Geração Y em Projetos

TIRINHA 77: O ACESSO À INTERNET E ÀS REDES SOCIAIS NO TRABALHO

ALONSO SOLER (Roteirista e Agente de Rosalina): Esse é um conflito conhecido do choque das gerações. O acesso à internet e às redes sociais durante o horário de expediente atrapalha ou ajuda no trabalho?

FRANCISCO PATERNOSTRO NETO (Consultor Empresarial, Coach e Empreendedor): Rosalina, a geração *millennial* ou Y é a geração da internet. É a geração que procura por competências avançadas em tecnologia, software avançados em análise de dados e nuvem, que são fortes tendências de mercado. O que determina a permanência deles na organização é a sua identificação com os valores do grupo, o desafio e a clareza do que é esperado de cada um, bem como a sua realização pessoal seguida de reconhecimento.

São profissionais impulsivos e impacientes e que gostam de trabalhar "conectados"; portanto, se o acesso à internet não for "abusivo" e "antiético", ele será sempre algo positivo para a organização e para a motivação do pessoal!

MÁRIO DONADIO (Diretor da UniConsultores, Educação para a Competência Empresarial): Um ponto é claro: as redes sociais na hora do expediente atrapalham sim, e muito, o desempenho. Entretanto, é ilusão achar que bloqueios no sistema, normas impositivas e controles rigorosos resolverão o problema. Pior é que em muitas situações, conforme a tarefa a ser executada, esses bloqueios impedem pesquisas ou comunicações importantes. Qualquer pessoa hoje tem equipamentos em seu bolso, muitas vezes com tecnologia mais avançada do que os existentes na empresa, que possibilitam acesso às redes sociais. Rosalina deve primeiro não ter medo de exercer sua autoridade quanto à obtenção dos resultados, objetivos e metas sob sua responsabilidade. Redes sociais não podem ser usadas durante o expediente! E mais do que controlar e punir, exercer um esforço persistente de educação, orientação e mudança de comportamento de sua equipe.

VALÉRIA BLANCO (*Coach* e Consultora Organizacional): Reconhecidas pela flexibilidade e descontração, regras, procedimentos e controles não são bem aceitos pelas novas gerações, especialmente se não forem claramente justificados. "É porque é" não existe na cabeça deles. O curioso é que são mais orientados aos resultados do que os mais velhos. Não consideram importante seguir horários e atividades predefinidas, e sim fazer bem o que é preciso. Rosalina, nunca diga a eles **como** fazer algo, e sim **o quê**, e de preferência que seja algo desafiador, assim irão encontrar um caminho mais rápido e satisfatório.

A interação e a tecnologia são parte do DNA deles, que precisam disso para buscar formas mais criativas de resolução de problemas, quase tão importante quanto oxigênio. Garanta que estejam ocupados e desafiados, caso contrário podem cair em tentação e exagerar no uso das redes sociais e da internet. Aliás, risco para todas as gerações atualmente! Atenção: os jovens, se entediados, irão buscar outra oportunidade rapidamente, pode ter certeza!

Capítulo 13. Geração Y em Projetos

TIRINHA 78: PENSANDO "FORA DA CAIXA"

ALONSO SOLER (Roteirista e Agente de Rosalina): O gerente que souber lidar com a complexidade e a amplitude das ideias das novas gerações (Y e Z) certamente conseguirá tirar proveito de raciocínios e soluções "fora da caixa" na condução do trabalho. Os problemas que aqui residem são diversos: (a) o gerente saberá lidar com esse tipo de perfil profissional? (b) O gerente saberá reconhecer a adequação dos encaminhamentos propostos por eles? (c) O profissional das novas gerações (Y e Z) terá paciência para esperar seu gerente aprender a lidar com ele? Etc.

FRANCISCO PATERNOSTRO NETO (Consultor Empresarial, Coach e Empreendedor): Rosalina, o seu desafio de se relacionar bem com o Júlio não será somente de conhecer o seu perfil, o que o motivará bastante, mas também descobrir quais são os seus valores e objetivos!

Lembre-se de que a vantagem financeira não é tudo o que eles buscam, mas também o ambiente de trabalho menos formal, que permita a criação, novas ideias, incentivando-os no seu desenvolvimento e crescimento profissional.

Esses são, sem dúvida, alguns dos fatores que ajudam os profissionais da geração Y a abarcar o melhor de si para a empresa em que atuam.

As empresas que souberem despertar os *millennials* para o seu trabalho, para preencher as lacunas de experiência e se adaptar ao estilo de trabalho deles terão, muito provavelmente, a força de trabalho que cumprirá o que é demandado e que se moldará para gerar benefícios para o negócio amanhã.

MÁRIO DONADIO (Diretor da UniConsultores, Educação para a Competência Empresarial): "Pensar fora da caixa" significa inicialmente tirar da cabeça os conceitos equivocados – por exemplo, de que o ano de nascimento determina perfis e valores. Como em qualquer época, jovens têm vocabulário próprio, modos de vestir e copiam o que está na moda, inclusive clichês que são apresentados por certa imprensa ligeira. Desde os tempos das caravelas sempre há pessoas, de qualquer idade, que têm ideias novas e sempre há gestores que não estão preparados para compreendê-las e aceitá-las. O risco é o gestor sentir-se incomodado quando rejeita uma ideia ruim que vem de um jovem inexperiente ou, em contrapartida, rejeitar uma boa ideia só porque vem de um jovem. Faz parte da imaturidade natural de um jovem uma certa arrogância e rebeldia que o faz achar que todas as suas ideias são boas e devem ser aceitas imediatamente. O dever de Rosalina é estimular a criatividade de sua equipe, estar aberta a novas ideias, aproveitar e valorizar o entusiasmo – de jovens ou não – e rever seus paradigmas. Ela, como gestora, tem responsabilidade sobre os resultados e conhece a dinâmica e a complexidade do negócio que devem ser repassadas para sua equipe.

VALÉRIA BLANCO (*Coach* e Consultora Organizacional): Chegou a hora da verdade. Será que as gerações conseguem se adaptar às diferenças? É papel do mais experiente buscar a redução de conflitos e promover a aceitação do novo, mas isso é um grande desafio para os mais velhos, pois estão acostumados a seguir procedimentos, respeitar hierarquias e fazer uso das tais melhores práticas que adquiriram (com experiência e louvor, claro), mas isso pode significar repetir o que já fizeram bem anteriormente e muitas vezes se fechar para ideias e sugestões.

Capítulo 13. Geração Y em Projetos

O profissional das novas gerações é autoconfiante e adora ter um estímulo "nobre" para trabalhar, dentre eles a adoção de valores sociais, como a sustentabilidade. Um projeto como esse é tudo que ele sempre quis, mas se suas ideias não forem consideradas, irá perder a motivação e o "tesão" para trabalhar. O gerente precisará rever seus conceitos: estar aberto para o novo, considerar prós e contras e envolver os mais novos no processo para que explorem oportunidades e cresçam juntos, sem desconsiderar o conhecimento prévio existente. Encontrar a medida certa entre criatividade x histórico/experiência; conhecimento adquirido x inovação; ser conservador x se arriscar é o grande desafio a ser vencido. Caso contrário, todos vão sofrer e se sentir insatisfeitos e injustiçados.

Gerenciamento de Projetos em Tirinhas

Tirinha 79: O mundo mudou

ALONSO SOLER (Roteirista e Agente de Rosalina): É, Rosalina! O mundo mudou e você terá que se adaptar. Mas não se preocupe, não é esperado que você faça as mesmas coisas que os profissionais das novas gerações (Y e Z), mas que você saiba lidar com eles e tirar proveito de seu modo novo e trabalhar. E nisso a sua experiência de vida certamente irá ajudar.

FRANCISCO PATERNOSTRO NETO (Consultor Empresarial, *Coach* e Empreendedor): Rosalina, uma pesquisa da Oxford Economics em conjunto com a empresa SAP realizou um levantamento intitulado "Workforce 2020" que identificou que a crise de talentos não é só um problema do Brasil, mas de

Capítulo 13. Geração Y em Projetos

todo o mundo, e que os líderes e as empresas em geral enfrentarão um grande desafio nos próximos anos, que é o de lidar e adaptar-se às diferentes gerações.

Essa geração de jovens como o Júlio é bem esperta e ousada! Eles buscam o tempo todo um trabalho que seja flexível e de múltiplas tarefas. Como você percebeu, eles navegam na internet com muita facilidade, comunicam-se por e-mail, com *smartphones*, e, ao mesmo tempo em que olham o ambiente, falam nos celulares e ainda "batem papo" *on-line*!

MÁRIO DONADIO (Diretor da UniConsultores, Educação para a Competência Empresarial): Rosalina tem uma grande sorte e um grande problema. Seu colaborador é um talento, tem competência e determinação. Como se diz na gíria da empresa: "pegou e entregou!" Cada vez mais os gestores estarão liderando pessoas que possuem conhecimento técnico maior que o deles. Os melhores gestores são os que não temem se cercar de profissionais com maiores habilidades e até os procuram. Seu problema é: o trabalho foi feito corretamente? Atende aos requisitos de qualidade da empresa? É dela, como gestora, essa responsabilidade e deve deixar muito evidente ao subordinado de que a exercerá. O *feedback*, quanto à presteza do trabalho feito, deverá ser acompanhado de sua avaliação quanto ao acerto. Isso não só estimulará o bom desempenho como reforçará a sua liderança.

VALÉRIA BLANCO (*Coach* e Consultora Organizacional): Pronto, um desafio e liberdade para mostrar o que sabem fazer é só do que precisam. Além de terem grande facilidade em fazer uso de tecnologia, sabem interagir e pedir ajuda. São ágeis em buscar orientação onde for necessário e encontrar informações e conteúdos relevantes para a realização de suas tarefas.

Uma das diferenças facilmente perceptíveis é que as novas gerações possuem vários interesses e agendas relevantes além de seu próprio desenvolvimento profissional. Desejam qualidade de vida e envolvimento em diferentes áreas de atuação, por isso aprendem a usar bem o tempo que têm para fazer mais coisas e não querem fazer hora extra desnecessária, muito menos perder tempo. Eles têm agilidade, autoconfiança e não precisam saber tudo, apenas o que é útil naquele momento.

TIRINHA 80: EM BREVE O MUNDO SERÁ DELES

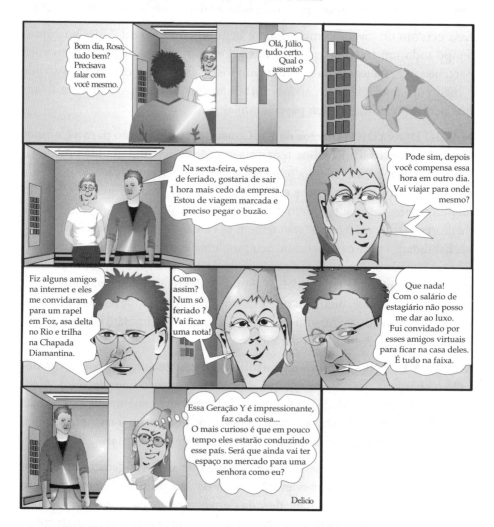

ALONSO SOLER (Roteirista e Agente de Rosalina): Isso é fato! Em breve o mundo será comandado por esses seres que hoje lhe parecem estranhos, hehehe!!! Como será então? Melhor, pior, o mesmo? Quem saberá? Certo ou errado, igual ou diferente de como nós fomos, é esse o perfil de profissional que temos para trabalhar. O que nos resta agora, Rosalina, é entender e aprender a flexibilizar nossa cabeça e o nosso modo de interagir com eles. Sucesso!

FRANCISCO PATERNOSTRO NETO (Consultor Empresarial, *Coach* e Empreendedor): É, Rosalina, a geração Y, também conhecida por *millennials*, que é a geração nascida entre 1980 e 2000, já representa no mundo cerca de 1,8 bilhão de pessoas, e as previsões falam que serão 75% da força de trabalho em um futuro breve. Portanto, o seu papel é esse mesmo, ou seja, conhecê-los cada vez mais, ajudá-los e motivá-los naquilo que fazem de melhor.

Essa é uma geração que está no ambiente de trabalho para trazer a sua contribuição através da inovação e não para tomar o lugar das gerações mais "experientes".

MÁRIO DONADIO (Diretor da UniConsultores, Educação para a Competência Empresarial): Não fique triste, Rosalina. Isso não tem nada a ver com a sua idade, e sim com a juventude deles. Você e nós todos fizemos isso. Seu problema é outro. Você tem na sua equipe jovens que no final de semana saem com a turma fazendo tudo o que a energia deles permite; outros redigem suas dissertações de MBA; há também pessoas preocupadas em como dividir o feriado dos filhos entre os avós paternos e maternos; outro tem que levar filhas adolescentes na balada e ainda alguns economizando para as férias na Europa. É com esse perfil diversificado de pessoas que você tem que saber trabalhar. Com o dinamismo da globalização quase todos não estarão mais com você em alguns anos e talvez você não esteja mais nessa mesma empresa. Alguns serão os líderes do futuro, mas nem todos – jovens ou não agora – chegarão lá. Você chegou! Ajude essa turma a fazer o que você fez: aprendizado constante, determinação, senso de responsabilidade, respeito à diversidade, cumprimento de metas, formação de equipe. Esses futuros líderes dependem de sua experiência e da energia focada que vem da sua maturidade.

VALÉRIA BLANCO (*Coach* e Consultora Organizacional): Nada parece complicado para eles, não é, Rosalina? O mundo está à disposição e eles querem aproveitar tudo e mais um pouco. Garanto que bateu uma inveja ou um pensamento de "ai, caramba, o que perdi?" e "o que será de mim?".

Mudar não é fácil, requer intenção e ação, o que nem sempre é o suficiente. Pior, somos brilhantes em achar meios para continuarmos do mesmo jeito. Segundo as recentes pesquisas da neurociência, para que a mudança ocorra precisamos desenvolver novos caminhos neurais – então, Rosalina e Alonso, vocês querem melhor oportunidade do que essa? Interagindo com esses incríveis jovens, poderemos nos desafiar a mudar também, mesmo que só um pouquinho. E quem sabe o que surgirá dessa oportunidade? Com certeza grandes conquistas, além de espaço para novos trabalhos conjuntos, pois quem se adapta sobrevive!

Capítulo 14. Projeto Universidade Corporativa

Tirinha 81: Desenvolvimento profissional e planejamento estratégico

ALONSO SOLER (Roteirista e Agente de Rosalina): Atualmente as empresas investem muito no desenvolvimento de seus colaboradores. Mas será que esse investimento está direcionado e dimensionado corretamente? Não é possível avaliar a adequação desses investimentos de forma desconectada das diretrizes estratégicas. Diga-me "para onde" e "como" a sua empresa quer ir e eu te direi que tipo de colaboradores ela precisa ter. Concorda?

Capítulo 14. Projeto Universidade Corporativa

ELIS ÂNGELA NOVAES (Diretora de Educação Corporativa Doctum): É isso aí, Rosalina, as atividades de treinamento e desenvolvimento devem estar fortemente relacionadas com os objetivos estratégicos da organização. Mas, na realidade, a grande maioria dos departamentos de recursos humanos ainda não está tecnicamente preparada para fazer essa articulação – mesmo nos mais modernos modelos de estruturação de recursos humanos, os chamados RHs Estratégicos, ainda encontramos problemas que são seminais.

Os departamentos de T&D (Treinamento e Desenvolvimento) historicamente sempre trabalharam com as demandas das áreas internas pensando no desempenho presente ou passado de algum empregado ou setor – com foco em apagar incêndios. Não que essas ações não sejam necessárias, mas o alto investimento em capacitação deve estar dirigido ao desenvolvimento de competências que vão alavancar a organização para o futuro – e a proposta articulada com o planejamento estratégico lança luz nesse futuro planejado, trabalhando as competências necessárias para sustentar as estratégias da organização. Nesse sentido, o investimento de maior vulto em educação terá o seu retorno assegurado com o alcance das metas da organização através do seu ativo mais importante: as pessoas.

PAULA TIRAPELLI (Coordenadora de Educação Corporativa na Bunge): Tão dinâmica quanto o mercado deve ser a preocupação da alta direção da empresa em avaliar constantemente se as ações de aprendizagem vigentes estão conseguindo desenvolver as competências de forma coerente às necessidades. E acredite, Rosalina, você está certa em se preocupar com a falta desse olhar há dois anos. É preciso avaliar constantemente se o plano estratégico criado atende ao mercado, altamente dinâmico e competitivo, e, consequentemente, se as trilhas de educação da empresa alimentam o desenvolvimento das competências que as pessoas precisam ter para executar com primor essa estratégia.

Há que avaliar, constantemente, se o destino da viagem continua sendo aquele que colocamos no GPS. Uma vez alterada a rota, é preciso abrir a mala para garantir que as roupas que estão lá continuam adequadas ao destino. Afinal, não queremos correr o risco de levar nosso melhor biquíni para o Alasca, certo, Rosalina?

WILMAR CIDRAL (Diretor e Educador da Sustentare Escola de Negócios): Rosalina, traçar e alinhar os objetivos de um programa de desenvolvimento para impactar os negócios é um problema com o qual boa parte das empresas se veem às voltas. Isso me fez lembrar quatro perguntas muito importantes que podem auxiliar a dar esse direcionamento. Vamos lá: quais necessidades do negócio serão atendidas? O que os participantes farão diferentemente e melhor? Quem ou o que pode confirmar essas mudanças? Quais são os critérios específicos de sucesso? Essas quatro perguntas fazem parte da roda de planejamento e valor da Metodologia 6Ds – Seis Disciplinas, que também é o nome do livro de Andrew Jefferson, Roy Pollock e Calhoun Wick.

Capítulo 14. Projeto Universidade Corporativa

Tirinha 82: COMPETÊNCIAS PROFISSIONAIS DESEJADAS

ALONSO SOLER (Roteirista e Agente de Rosalina): As diretrizes resultantes do planejamento estratégico são as bases de sustentação para a construção da estrutura de competências da empresa.

ELIS ÂNGELA NOVAES (Diretora de Educação Corporativa Doctum): Rosalina, muito boas as suas colocações! Não podemos imaginar uma universidade corporativa efetiva sem o alinhamento com as diretrizes estratégicas da organização. A criação de uma universidade corporativa parte do princípio de que as ações em educação terão estreita relação com o planejamento estratégico, além de prover a área de educação da empresa (geralmente ligada ao RH) com projetos educacionais robustos que promovam o desenvolvimento de competências identificadas no planejamento e que serão fundamentais para sustentar a estratégia organizacional.

A universidade corporativa é uma ferramenta estratégica desenhada para atender à organização no alcance de seus objetivos. É geralmente constituída por escolas que objetivam o desenvolvimento de competências específicas e que asseguram o alinhamento entre as estratégias e a formação da força de trabalho. As escolas da universidade corporativa, quando corretamente implantadas, procuram atender aos três aspectos fundamentais de modo a promover o aprendizado contínuo e vivo dentro das organizações: a cidadania corporativa, a estrutura contextual e as competências do negócio.

Rosalina, parabéns! Muitas empresas estão investindo em ações educacionais sem levar em consideração a necessidade de construção dos percursos formativos das pessoas atrelados ao planejamento, proporcionando alto investimento em desenvolvimento de pessoas e competências que terão baixo impacto no futuro almejado para a organização. Estou à sua disposição para ajudá-la nesse projeto.

PAULA TIRAPELLI (Coordenadora de Educação Corporativa na Bunge): O planejamento estratégico atua como norteador de vários processos importantes dentro da empresa. Quando tratamos de educação, não fugimos à regra. A primeira etapa é interpretar, a partir do plano, "o que" precisa ser aprendido e "por quem". Só a partir disso é que se inicia a estruturação das ações de aprendizagem, a pesquisa sobre as melhores metodologias, o foco a ser abordado, etc. É começar pelo começo, respeitar a ordem das coisas: há que ter alicerce para levantar as paredes, há que ter paredes para colocar as janelas; só depois disso é que se cobre a casa. O planejamento estratégico é o sonho da casa pronta antes mesmo do desenho do alicerce. Concordo contigo, Rosalina: na correria da vida, acabamos sonhando e construindo conjuntamente – e não há problemas nisso, desde que tenhamos claro o que é o alicerce e o que é janela.

WILMAR CIDRAL (Diretor e Educador da Sustentare Escola de Negócios): Perfeito, a ideia é sempre vincular as pessoas e seus papéis aos negócios. E os negócios moldam o desenvolvimento, demandam e estruturam o perfil das competências necessárias para alcançar os objetivos. O maior desafio das universidades corporativas está, justamente, nesse desenvolvimento das pessoas para o alcance dos objetivos do negócio. As competências e os comportamentos necessários são um elo entre o que você busca como objetivo, o resultado desejado ou performance e as modalidades de treinamento e desenvolvimento.

Capítulo 14. Projeto Universidade Corporativa

Tirinha 83: CONCEPÇÃO DE UMA UNIVERSIDADE CORPORATIVA

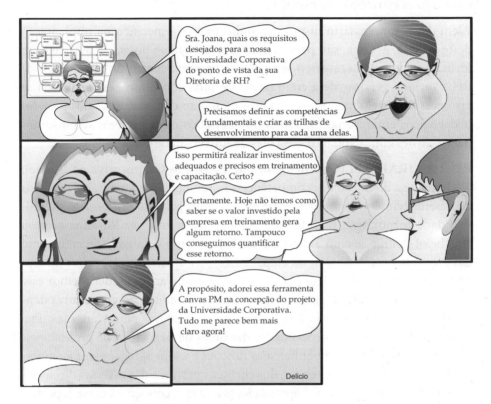

ALONSO SOLER (Roteirista e Agente de Rosalina): A elaboração de um quadro PM Canvas do projeto de criação de uma universidade corporativa deveria contar com a participação de todas as diretorias da empresa, não só da diretoria de RH. Afinal, trata-se de um projeto de significativa influência sobre os resultados futuros da empresa.

ELIS ÂNGELA NOVAES (Diretora de Educação Corporativa Doctum): A criação de uma universidade corporativa realmente precisa se apoiar numa metodologia e em ferramentas de gerenciamento de projetos para a sua concepção. Rosalina, você está correta!

O PM Canvas pode ser uma excelente opção para envolver todos os diretores na sua construção, analisar estratégias para mitigar os riscos e fazer o planejamento adequado de investimento, bem como vislumbrar o retorno desse investimento. A participação dos diretores de todas as áreas funcionais fará com que eles se sintam protagonistas do projeto. Lembre-se, isso é fundamental!

Afinal, a universidade corporativa tem que ter forte alinhamento com o negócio e com as estratégias da organização.

Além disso, é necessário dispor de conhecimento específico na implantação deste projeto. E, creia, são poucas as organizações que possuem pessoas com formação adequada em gerenciamento de projetos dentro do seu quadro de RH. Por isso, geralmente a contratação de uma consultoria especializada se faz necessária, pelo menos no primeiro momento da construção dos projetos pedagógicos empresariais. Lembrando que todos esses projetos são insumos para as ações educacionais das escolas da universidade corporativa.

PAULA TIRAPELLI (Coordenadora de Educação Corporativa na Bunge): Certamente a definição das competências fundamentais e a criação das trilhas de desenvolvimento é o que norteia toda a concepção de um projeto de universidade corporativa. É onde tudo começa. Mais uma vez Rosalina acertou em cheio! Reunir-se com a diretoria de RH para um detalhado levantamento das expectativas é crucial nessa etapa. Porém, ter apenas a perspectiva da área de RH pode tornar o projeto parcialmente valioso. Para entender melhor essa questão, é importante resgatar a missão da área de educação corporativa dentro da empresa: esta é uma área que existe para prover educação, mas uma educação que atenda às necessidades das áreas de negócios por profissionais mais qualificados a desempenhar suas funções e assim agregar valor à empresa. Portanto, é essencial entender, dos clientes internos e das diversas diretorias da empresa, o que precisa ser aprendido, por quem, com qual ênfase e, principalmente, esperando qual resultado.

Dona Joana está certa em dizer que ainda temos poucas ferramentas de avaliação dos resultados de treinamentos, porém quando estamos próximos aos negócios e compartilhamos metas e expectativas, associando os resultados dos treinamentos aos indicadores específicos de resultados das áreas, mesmo sabendo que a participação do processo de educação nesse resultado é indireta, mitigamos essa questão e contribuímos com a melhoria dos resultados das áreas de negócios. Dessa forma, proximidade e parceria com os clientes internos é essencial.

WILMAR CIDRAL (Diretor e Educador da Sustentare Escola de Negócios): Rosalina, eu acredito que, além do PM Canvas e da sinergia de todas as áreas, os desafios da educação corporativa passam por um novo modelo. Alinhar aprendizagem e estratégia é um desafio de todos os setores. Esse novo modelo de educação deve construir amplas habilidades que, sem sombra de dúvida, nos dias atuais, passa por encaminhar a sua implementação de forma inovadora, além de avaliar a medição constante dos resultados.

Capítulo 14. Projeto Universidade Corporativa

TIRINHA 84: VANTAGENS DA UNIVERSIDADE CORPORATIVA

ALONSO SOLER (Roteirista e Agente de Rosalina): Os colaboradores da empresa certamente apoiarão o projeto de criação de uma universidade corporativa, pois saberão reconhecer a objetividade dos critérios de decisão dos investimentos em treinamento e capacitação e a influência dessas ações no seu processo individual de desenvolvimento profissional e empregabilidade.

ELIS ÂNGELA NOVAES (Diretora de Educação Corporativa Doctum): Entendo perfeitamente a ansiedade dos seus colegas, Rosalina. As ações de educação nas empresas se pautam, não raras as vezes, em favoritismos, onde nem todos têm acesso aos programas de desenvolvimento. Nos meus contatos com empresas de grande porte pelo Brasil encontramos, em parcela considerável, um RH pressionado por demandas isoladas de treinamento e desenvolvimento, originadas dos empregados, dos seus supervisores ou diretores e sem qualquer relação com a estratégia da organização. A universidade corporativa alivia esta pressão sobre os RHs e deixa claro qual o caminho educacional proposto pela empresa. Isso não quer dizer um engessamento do processo, mas proporciona a transparência dos objetivos educacionais a serem alcançados.

Além disso, existem outras ferramentas úteis, tais como, por exemplo, as trilhas de desenvolvimento. Essas são construídas e baseadas nos *gaps* identificados na avaliação de desempenho de cada empregado. Elas permitem a participação ativa do empregado no seu percurso formativo de modo a atingir o ponto de chegada desejado pela empresa. Essa ferramenta permite integrar o planejamento de carreira com as expectativas da organização em relação ao desempenho esperado. Desse modo, os empregados podem se desenvolver dentro dos programas da universidade corporativa ou em outros programas fora dela, caso as escolas não atendam a alguma demanda pontual. As trilhas de desenvolvimento levam em consideração as competências técnicas e comportamentais que o empregado já possui e as que ele precisa desenvolver, alinhadas com as suas aspirações profissionais.

A criação de uma universidade corporativa com projetos pedagógicos tecnicamente bem elaborados promove o desenvolvimento das pessoas ao mesmo tempo em que viabiliza as estratégias – disso não resta a menor dúvida, Rosalina! Sucesso em seu novo projeto!

PAULA TIRAPELLI (Coordenadora de Educação Corporativa na Bunge): É importante entender que a universidade corporativa é, sim, uma escola dentro da empresa. Sua estrutura e seu funcionamento se assemelham muito a qualquer instituição de ensino pela qual todos nós já passamos alguma vez na vida. A diferença é que a missão da universidade corporativa não está apenas relacionada ao compartilhamento de conhecimentos, mas ao resultado efetivo que esse conhecimento provoca, propiciando mudanças de comportamento técnico e pessoal, oriundas de uma ação de ensino-aprendizagem efetiva. Por isso a importância dos temas estarem alinhados à estratégia da empresa e das metodologias refletirem a forma mais assertiva das pessoas aprenderem. Todo aprender é bem-vindo! Todo saber amplia nossa consciência e nos torna maiores e melhores. Porém, há que se entender que, nas empresas, o foco está no subproduto desse maravilhoso processo. Não basta aprender. É importante aprender o que precisa ser aprendido e atuar, de maneira constante e consistente, a ponto do aprendizado se tornar prática e, finalmente, trazer valor agregado ao negócio. Só então a universidade corporativa poderá dormir tranquila, sabendo que sua missão está sendo cumprida.

WILMAR CIDRAL (Diretor e Educador da Sustentare Escola de Negócios): Fantástico. Isso me fez lembrar os benefícios da educação corporativa quando alinhada à estratégia. Podemos sintetizar, em favorecimento da alta performance, como vantagens competitivas: o desenvolvimento de uma equipe comprometida, uma maior capacidade para lidar com a mudança, o reforço da cultura organizacional aliada à inovação, a maior resiliência e o melhor direcionamento junto aos clientes. Ou seja, todos ganham.

TIRINHA 85: IMPACTOS ORGANIZACIONAIS DA UNIVERSIDADE CORPORATIVA

ALONSO SOLER (Roteirista e Agente de Rosalina): Do ponto de vista organizacional, a universidade corporativa influencia aspectos-chave da gestão que impactam diretamente a contabilização de resultados da empresa. São impactos intangíveis que alavancam resultados econômicos e financeiros. É muito bacana tentar contabilizar o retorno do investimento (ROI) da implantação da universidade corporativa!

ELIS ÂNGELA NOVAES (Diretora de Educação Corporativa Doctum): Você tem toda razão, Rosalina, uma universidade corporativa concebida a partir das diretrizes estratégicas da organização, composta por escolas que atendam aos seus princípios fundamentais (estrutura contextual, cidadania corporativa e competências do negócio), contribui com resultados importantes em relação às pessoas, aos processos, aos produtos, aos clientes, à marca e até mesmo aos fornecedores – a maior parte deles tida como intangível.

Capítulo 14. Projeto Universidade Corporativa

As pessoas são os ativos mais importantes de uma organização. É a partir da competência das pessoas que podemos tornar os processos cada vez mais eficientes, o que, por sua vez, propiciará produtos e/ou serviços de mais qualidade e, consequentemente, clientes mais satisfeitos. Tudo isso fortalece a imagem da organização, impactando os seus resultados. Mas não podemos pensar que a implantação de uma universidade corporativa será a panaceia para todos os males organizacionais. Ela precisa ser gerida num processo contínuo dentro das empresas. Os programas educacionais das escolas da universidade corporativa têm a missão de propor ações para o desenvolvimento de competências de que a empresa mais precisa para atingir seus objetivos. A partir dessa ferramenta, outras formas de participação nos resultados podem ser discutidas e implantadas pela empresa como forma de ampliar o canal de retroalimentação do círculo virtuoso: desenvolvimento das pessoas e aumento de resultados.

Rosalina, fico feliz em saber que está tão motivada com esse projeto, é bom fazer aquilo que acreditamos!

PAULA TIRAPELLI (Coordenadora de Educação Corporativa na Bunge): Sei que sou suspeita para falar, querida Rosalina, mas concordo inteiramente contigo: a implantação de um projeto de universidade corporativa é uma linda oportunidade de mobilizar as pessoas acerca de um ativo muito pessoal e intransferível: seu próprio desenvolvimento. Poder contar com uma estrutura que proporcione aprender sobre competências de forma direcionada traz grandes benefícios para todos os envolvidos no processo de educação, direta e indiretamente; para os colaboradores, porque estes sabem exatamente o que é esperado deles, e podem contar com uma estrutura de ensino-aprendizagem que os apoie nesse desenvolvimento; para os gestores, porque direcionam de forma mais assertiva as habilidades que precisam ser aprimoradas; para a empresa, que ganha tempo, foco e energia dedicados a alavancar os resultados (melhorados a partir desse processo); e para os clientes, que passam a contar com uma operação e atendimento mais especializados e eficientes. Sardinhas à parte: uma vez bem feita, é tudo de bom para todo mundo!

WILMAR CIDRAL (Diretor e Educador da Sustentare Escola de Negócios): Concordo plenamente, só há aprendizagem quando existe mudança de comportamento. Cada vez mais nós devemos reduzir o aprendizado sucata – aquele que nunca será usado no aprimoramento de como as coisas são feitas na empresa. Desperdício de tempo e de recursos. Os líderes devem considerar a educação corporativa fundamental para os negócios, sendo feita por meio de conhecimentos diferenciados e aplicados.

Capítulo 15. Gerenciamento da Comunicação

Tirinha 86: O plano de comunicação do projeto

ALONSO SOLER (Roteirista e Agente de Rosalina): Eita vida dura, né Rosalina! O plano de comunicações do projeto define os documentos a serem elaborados, as periodicidades, os destinatários, os meios de divulgação, etc. Tudo fica realmente muito mais evidente e adequado se ele for seguido. Afinal, o gerente de projetos ocupa grande parte de seu tempo com atividades relacionadas à comunicação.

Capítulo 15. Gerenciamento da Comunicação

MARIA ANGÉLICA CASTELLANI (Sócia da FIXE Consulting & Training, PMP, CSM, CSD): Com certeza, Rosalina! Os elementos de comunicação de um projeto, como também as suas habilidades pessoais de comunicação, são de vital importância. Por isso, identificar as necessidades dos diferentes *stakeholders* é o grande desafio do planejamento, pois todas as ações de comunicação deverão se basear nesse levantamento. A decisão sobre o que comunicar, para quem e como deve ser incorporada no seu plano de comunicação. Portanto, a informação e a comunicação não podem ser relegadas ao improviso e à intuição. Rosalina, por favor, nunca pergunte ao receptor: "você entendeu?". É melhor pedir um *feedback* para assegurar a adequada compreensão do que foi transmitido. Evite surpresas de mau entendimento – afinal, você é 100% responsável pelo sucesso do projeto!!! Você entendeu??

OSMAR ZÓZIMO (Editor Chefe Revista MundoPM): Rosalina, por mais que a pessoa seja bem intencionada em proporcionar uma comunicação efetiva na equipe, nem sempre ela é compreendida por todos de maneira igual. Cada um tem o seu modo de pensar e analisar contextos, portanto é importante validar se a mensagem foi compreendida na perspectiva desejada pelo transmissor. Por isso você precisa se certificar de que utilizou os recursos apropriados para detalhar o nível da informação e, assim, evitar possíveis desperdícios em várias frentes de um projeto que comprometam toda uma rede de dependências no projeto. Por isso, Rosalina, o plano de comunicação é vital para fazer a "cola" entre as pessoas.

WAGNER MAXSEN (Comentarista): Com efeito, Rosalina, todas as atividades para a coleta, análise, preparação e disseminação de informações a respeito do projeto consomem recursos, na maior parte das vezes escassos. Por isso, o planejamento das comunicações é muito importante e deve ser balanceado com as expectativas das principais partes interessadas e os recursos disponíveis para tal. Entretanto, no mundo real, imprevistos e urgências acontecem. O gerente de projetos e sua equipe devem possuir processos flexíveis e estar aptos a repriorizar atividades, em comum acordo com o Comitê do Projeto, para se adequar às novas necessidades. As eventuais repriorizações e mudanças devem ser minimamente documentadas após aprovadas.

TIRINHA 87: A VISÃO DO TETO

ALONSO SOLER (Roteirista e Agente de Rosalina): A "visão do teto" é uma metáfora muito adequada ao gerente de projetos que consegue estabelecer um plano de comunicações funcional o bastante para que receba a informação certa no momento certo. A "visão do teto" permite ao gerente de projetos saber o que precisa saber e na hora certa, possibilitando que não seja pego de surpresa pelas ocorrências do dia a dia.

MARIA ANGÉLICA CASTELLANI (Sócia da FIXE Consulting & Training, PMP, CSM, CSD): Muito bem, Rosalina!! Para ter o retorno adequado, você precisará informar primeiro. As pessoas dão o melhor de si quando compreendem completamente as decisões que as afetam e as suas razões. Elas precisam perceber o que devem fazer e o porquê, o seu desempenho em relação ao esperado e a sua situação profissional. Evite ou explique os termos que podem causar dúvidas, repita aquilo que não foi compreendido. Sempre deixe claro a existência de um canal aberto para esclarecimento de dúvidas. Seja paciente e esteja disposta a explicar novamente. O quê? Não entendeu,

Rosalina? Fui muito clara com o que você deve fazer... haja paciência para explicar de novo, hein!!

OSMAR ZÓZIMO (Editor Chefe Revista MundoPM): Rosalina, não temos como escapar dos *dashboards* – eles são essenciais para validar o rumo do projeto. Indicadores de desempenho são controles de gestão que todo bom gerente de projetos precisa ter em mãos, medir faz parte das atividades, mas gostaria de colocar também que é muito importante você "perceber" como está seu time, cada pessoa em particular, a sintonia entre elas, a relação de confiança, quais as suas dificuldades e facilidades. O objetivo é você alinhar as atividades com o perfil e os momentos mais adequados aos membros da equipe – isso pode lhe trazer muito mais desempenho do que apenas exigir metas difíceis de serem cumpridas. Ter uma visão do projeto, como um todo, não é apenas sobre os dados técnicos do projeto, mas também sobre os comportamentos das pessoas, suas necessidades e habilidades. Assim você terá uma visão mais ampla e realística da situação do seu projeto.

WAGNER MAXSEN (Comentarista): Um gerente de projetos eficaz é aquele que conhece tudo aquilo que acontece com o projeto, principalmente no que se refere às expectativas das principais partes interessadas. Identificar, priorizar, documentar, planejar e levar a cabo ações que facilitem o engajamento dos principais envolvidos costuma ser um dos desafios do gerente de projetos, pois relacionamento interpessoal não é uma disciplina que normalmente se aprende nas escolas formais, e sim na escola da vida. Não obstante, é fator crítico de sucesso em projetos e algo que devemos aprender, cultivar e exercitar sempre. Adicionalmente, em um ambiente de projetos, usualmente muito dinâmico, a escolha por utilizar indicadores de desempenho e de resultado, processos e ferramentas adequados ao contexto de complexidade do projeto é essencial para se ter a visão e o controle do projeto.

Tirinha 88: Reuniões, Apresentações, Mensagens, etc.

ALONSO SOLER (Roteirista e Agente de Rosalina): Se algum desinformado acompanhar o trabalho de Rosalina por uma semana, dirá que ela se ocupa quase que exclusivamente com reuniões, apresentações, contato pessoal com sua equipe, troca de mensagens, e-mails, etc. Mas, afinal, gerenciar projetos é uma atividade intrinsecamente administrativa que requer competências específicas de comunicação. Continue sempre assim, Rosalina!

Capítulo 15. Gerenciamento da Comunicação

MARIA ANGÉLICA CASTELLANI (Sócia da FIXE Consulting & Training, PMP, CSM, CSD): As reuniões fazem parte do dia a dia de um gerente de projetos, pois em aproximadamente 90% do seu tempo ele estará se comunicando. Rosalina, recomendo que prepare suas reuniões com antecedência, utilize técnicas de apresentação com design apropriado, elabore um roteiro para seguir e estude o que vai falar, pois não existe memória fraca, existe memória mal treinada!! Na comunicação da situação dos projetos não omita atrasos ou problemas, pois poderão ser recebidos pelos interessados através de outros meios de comunicação, com distorções e até com falsas interpretações dos fatos. Não se esqueça de prestar atenção na linguagem não verbal!!! Hummm... esqueci o que mais recomendar. Ahhh, lembrei... com preparação, vai sem medo, Rosalina!

OSMAR ZÓZIMO (Editor Chefe Revista MundoPM): Rosalina, as pessoas dependem da comunicação para estabelecer suas relações sociais e assim desenvolver suas atividades, afetividade e confiança. Não é diferente na equipe do projeto: o nível de atenção dada pelo gerente de projetos é essencial para criar sinergia e motivação numa equipe – uma habilidade indispensável. O poder da comunicação em estabelecer comprometimento entre as pessoas de uma equipe é vital para o sucesso de um projeto. O ponto inicial, Rosalina, para você ter engajamento das pessoas em sua equipe é estabelecer confiança através de uma comunicação responsável. As reuniões são os momentos onde a comunicação face a face propicia vínculos efetivos entre as pessoas e respeito – caso contrário, o projeto gera desperdícios em geral e, possivelmente, tende a falhar. Rosalina, dedique um tempo para você preparar as suas reuniões e dê atenção às suas atitudes. Esse é o elo entre a efetividade das ações e a liderança com a sua equipe.

WAGNER MAXSEN (Comentarista): Rosalina sabe onde aperta o calo. Gerentes de projetos devem dedicar a maior parte do seu tempo a atividades de comunicação. Identificar necessidades e expectativas do projeto, coletar requisitos e em seguida validá-los junto às partes interessadas que irão recebê-los na forma de produtos e/ou serviços no futuro (ou que representam aqueles que os receberão), transformar requisitos em escopo de projeto, manter alinhados e informados patrocinador(es), Comitê do Projeto, principais partes interessadas, cliente(s), comunidade(s), fornecedor(es), identificar proativamente e resolver potenciais problemas, reagir rapidamente às mudanças de escopo e ainda garantir um ambiente saudável para o projeto... tudo isso exige um esforço ininterrupto de comunicação. Por último, mas não menos importante, comunicar é algo que gerentes de projetos e sua equipe devem fazer de forma contínua. Não esperemos que alguém acumule pequenas insatisfações ou dúvidas até que se transformem em um problema maior. Acompanhemos de perto os nossos principais focos de informação. Não nos esqueçamos também que os nossos processos e ferramentas de comunicação devem ser revisados de tempos em tempos para avaliarmos a sua eficácia e a sua necessidade de readequação. E, ah, uma dica final. Comece simples. Use processos e ferramentas simples. Se for necessário incrementá-los, você irá perceber.

Capítulo 15. Gerenciamento da Comunicação

TIRINHA 89: AS DIFERENTES LÍNGUAS FUNCIONAIS

ALONSO SOLER (Roteirista e Agente de Rosalina): É, Rosalina, realmente não é fácil fazer com que pessoas de diferentes áreas funcionais, com diferentes níveis de formação e de experiência profissional, conversem e produzam resultados de modo dirigido, coletivo e eficiente. Esse é o seu verdadeiro desafio como gerente de projetos. Afinal, cada um fala o seu jargão específico e você terá que fazer o papel de tradutora global dessas línguas. Dá-lhe Rosalina poliglota!!!!

MARIA ANGÉLICA CASTELLANI (Sócia da FIXE Consulting & Training, PMP, CSM, CSD): Certamente, Rosalina, a comunicação é a ferramenta que os gerentes de projetos usam para motivar pessoas, para incentivar a ação e gerar resultados. Palavras são poderosas e moldam a realidade. O trabalho colaborativo é imprescindível em qualquer projeto, por isso a responsabilidade da comunicação clara, oportuna e precisa com todos os envolvidos torna-se fundamental para o sucesso. Competências, habilidades e comprometimento como líder não superarão habilidades de comunicação deficientes. Inspire sempre para a ação, Rosalina! Nãooooo, Rosalina! Para a ação negativa não, nunca!! Sempre ação positiva... acho que esqueci de comunicar isso...

OSMAR ZÓZIMO (Editor Chefe Revista MundoPM): Rosalina, a comunicação entre pessoas pode ser muito efetiva se usarmos diferentes mecanismos complementares para tornar a mensagem completa. Recursos como textos, expressão facial, gestos, figuras, entonação de voz e controles são essenciais para calibrar os detalhes essenciais a serem informados ao destinatário. Entretanto, temos que atentar para que haja um diálogo, ou seja, o receptor da mensagem precisa dar *feedback* sobre seu entendimento da mensagem. Temos muitas culturas diferentes numa mesma equipe, por isso é superimportante estabelecer regras de comunicação para se ter uma conduta efetiva durante o projeto. Senão, Rosalina, vira um "samba do crioulo doido".

WAGNER MAXSEN (Comentarista): Pois é, Rosalina, diferentes áreas funcionais falam diferentes línguas. Isso porque as suas necessidades são diferentes mesmo, e gerentes de projetos precisam estar atentos a isso. É preciso que saibamos que, para cada público-alvo diferente, uma abordagem de comunicação diferente se fará também necessária. Executivos gostam de informações consolidadas de resultados e da utilização de gráficos de tendência; já os fornecedores necessitam de informações e direcionamento técnico em um nível de detalhe que lhes permitam desenvolver os seus produtos e serviços. Outro aspecto importante é saber observar e tentar se adequar ao estilo pessoal de comunicação das pessoas, pelo menos daqueles identificados como os mais relevantes ao projeto. Já tive experiência com um presidente de uma determinada empresa que, pelo fato de ter tido a sua trajetória profissional desde estagiário de "chão de fábrica", somente se sentia confortável se, junto com os gráficos de tendência e de resultados consolidados de todas as unidades de negócios, apresentássemos no relatório uma página com os índices de eficiência de "chão de fábrica". Era a sua maneira de saber se a "fábrica" estava bem. O gerente de projetos deve também procurar identificar alguns poucos indicadores de desempenho (e de resultado) que façam parte da linguagem comum da organização, ou seja, que estejam alinhados à estratégia da organização. Dessa forma, quando for necessário comunicar resultados do projeto de maneira mais abrangente, as diferentes áreas funcionais receberão uma comunicação que entendem, e a compreensão da contribuição que o projeto dará aos objetivos da organização ficará mais clara.

Capítulo 16. Gerenciamento dos Riscos

Tirinha 90: os riscos e as condições incertas

ALONSO SOLER (Roteirista e Agente de Rosalina): Nem sempre os riscos são bem entendidos pelos principais *stakeholders* do projeto. Você vai ter que lidar com essa dificuldade intrínseca da função, Rosalina!

GERSON PECH (Diretor da Harmony Consulting, Professor Associado da UERJ e convidado da FGV): É o que se escuta em muitas empresas que não possuem vivência e maturidade em planejamento e controle. Achar que uma lista priorizada de riscos é uma atitude pessimista, de quem está pensando no pior e quer aumentar o custo do projeto, é postura de quem não tem nenhum conhecimento de gestão. Todo projeto possui riscos. Então o melhor a fazer é conhecer, pelo menos, quais são eles e suas principais ameaças. Assim, podemos planejar e atuar para que elas sejam reduzidas.

O chefe da Rosalina ainda não aprendeu, ou não quer aprender, que a principal forma de desmotivação da equipe muitas vezes é gerada por surpresas indesejáveis que acontecem no meio da execução do projeto e que poderiam, muitas vezes, ser evitadas antecipadamente com atitudes simples e baratas.

LUIZ HENRIQUE TADEU RIBEIRO PEDROSO (MSc, PMP): Minha amiga Rosalina, você tem um longo caminho pela frente com esse seu chefe. Você precisa tentar mudar a cabeça dele para que ele entenda que se preocupar com o que pode dar errado não torna a pessoa pessimista. O foco no erro não denigre a inteligência, assim como a atenção com as doenças na medicina não significa rejeitar a boa saúde.

Tirinha 91: A identificação dos riscos

ALONSO SOLER (Roteirista e Agente de Rosalina): A identificação dos riscos do projeto e a sua posterior análise são ações fundamentais do planejamento, pois delas dependem a credibilidade das linhas de base elaboradas. Portanto, mãos à obra, Rosalina e equipe: quais riscos afetam o seu projeto?

GERSON PECH (Diretor da Harmony Consulting, Professor Associado da UERJ e convidado da FGV): O que são e o que não são os riscos de projeto? Rosalina precisaria ter definido isso antes da reunião. Agora está em uma enrascada. Seria prudente ter reunido a turma para um treinamento, mínimo que seja, conceituando e exemplificando essa etapa do processo.

Gosto bastante da definição que diz: risco é uma incerteza que importa. Assim fica mais fácil analisar. É só empregar o conceito. Chover é uma incerteza que traz impacto para o projeto? Ou isso já está sendo levado em conta no contrato, de forma que não teremos nenhum acréscimo de custos? No caso de greves: quem irá pagar a conta se acontecer? O planejamento já prevê uma greve ao ano? Então, risco é só se acontecer mais do que uma greve. Se não acontecer vira oportunidade. Falta de competência para dar cabo de um megaprojeto como esse é mesmo uma incerteza ou é um fato totalmente comprovado? Se for um fato é certeza; então, não é um risco. Porque risco é incerteza que importa.

LUIZ HENRIQUE TADEU RIBEIRO PEDROSO (MSc, PMP): Rosalina, muito cuidado nessa hora. É fundamental uma metodologia para identificação dos riscos do projeto; de outro modo, com frequência, o pensamento de que um desastre é impossível pode levar a um desastre impensável. A experiência é uma das melhores armas para identificação dos riscos nos projetos, desde que ela seja usada para o bem. A utilização de processos tem que ser obrigatória para impedir que situações sejam ignoradas por motivos do tipo: "eu já fiz muitas vezes, eu sei como se faz", "não tem erro, já estudamos todas as alternativas e vai dar certo", "deixa comigo que eu entendo do assunto", etc.

TIRINHA 92: OS RISCOS E OS ESTUDOS DE VIABILIDADE FINANCEIRA DO PROJETO

ALONSO SOLER (Roteirista e Agente de Rosalina): A análise dos riscos do projeto compõe os estudos de viabilidade financeira do projeto. Não há como se comprometer com uma margem financeira sem levar em consideração os riscos. Afinal, riscos dizem respeito ao futuro, e não há bola de cristal auferida pelo Inmetro que consiga prever o futuro!

GERSON PECH (Diretor da Harmony Consulting, Professor Associado da UERJ e convidado da FGV): No mundo real a margem de lucro do projeto é apenas um conceito probabilístico. É impossível prever qual será a margem. A única coisa que podemos fazer é estimar a probabilidade de termos uma determinada margem, ou de o lucro do projeto estar dentro de determinada faixa. É assim com o próprio custo, com os prazos e até mesmo com a qualidade.

Enquanto parte da equipe fecha os olhos para essa questão, Rosalina está alerta. Para analisar a margem financeira de forma mais apurada, nossa gerente leva em conta os riscos, as incertezas, as estimativas que foram realizadas mas que sofrem com inúmeras variabilidades e outros fatores relacionados. Muito bem! Assim teremos menos surpresas! Assim poderemos trabalhar para que a chance de terminar o projeto com a margem desejada pelos patrocinadores aumente ao longo da execução do empreendimento.

Ou seja, Rosalina está prevendo prejuízo só de analisar quais as reais possibilidades de realização do lucro almejado. Com isso, a decisão de seguir em frente ou não ganha justificativas sólidas em vez da postura ingênua de achar que o futuro vai acontecer exatamente da forma como foi planejada por nós. Rosalina sabe que não existe determinismo no mundo real dos projetos.

LUIZ HENRIQUE TADEU RIBEIRO PEDROSO (MSc, PMP): Rosalina, tente explicar para o seu chefe que gerenciar projeto é fazer o futuro acontecer e, lamentavelmente, não existem dados nem fatos sobre o futuro. Que tal lembrá-lo de que se o gerente de projetos não consegue pensar em três coisas que poderiam dar errado nos seus planos, então há alguma coisa errada com seu modo de pensar? Riscos sempre existem. Não existe ação sem risco.

TIRINHA 93: O CONTINGENCIAMENTO DE RISCOS

ALONSO SOLER (Roteirista e Agente de Rosalina): Eita, que esse dilema é bem complexo! Contingenciar riscos implica em reduzir a competitividade dos preços da proposta. Por outro lado, deixar de contingenciar para tentar ganhar o contrato implica em aceitar as incertezas de "peito aberto" e entrar numa "canoa furada". Talvez, Rosalina, apesar do dilema, o bom é saber que os riscos existem, conhecer os seus impactos e manter a decisão dentro de critérios técnicos e comerciais adequados.

LUIZ HENRIQUE TADEU RIBEIRO PEDROSO (MSc, PMP): Rosalina, lembre-se de que somente se pode confiar em uma decisão que possa ser explicada e o seu nível de confiança, avaliado. Muito cuidado com palpites e outras formas de decisão que se assemelham ao conhecimento mas não são nem um pouco confiáveis. Não existe qualquer problema em colocar uma proposta com 5% de confiança em atingir o custo previsto, isso é uma decisão de negócio. O problema existe se você tomar essa decisão sem medir o nível de confiança.

ROSÁRIA DE F. S. MACRI RUSSO (Sócia da R2DM, PhD, PMP): Montar uma estratégia de preço coerente é coisa de gente grande. Quando um cliente compra nossos serviços, ele sabe que está pagando pelos riscos que estamos correndo. Por isso, muitos clientes adotam o modelo de aquisições por "preço fechado" quando ainda não tem um escopo realmente fechado, o que traz mais riscos para o projeto. Já ouvi a frase: "ele finge que pede e eu finjo que vou entregar". Entretanto, não contingenciar os riscos que você mesma já identificou, Rosalina, sem pensar na probabilidade de acontecer eventos inesperados, é uma atitude que traz mais riscos ainda para o projeto. Por exemplo: tempo despendido para a negociação do aditivo, negativa do cliente em assinar o aditivo, pedido de cancelamento do contrato por desbalanceamento financeiro... faz parte do negócio avaliar os riscos que a organização vai correr. O problema do seu gerente é achar que poderá cobrar do cliente os seus riscos mais tarde... cadê a ética, gente?

Tirinha 94: conhecendo as incertezas

ALONSO SOLER (Roteirista e Agente de Rosalina): Hahaha! Rezar é bom, Rosalina, mas o bom gerente de projetos conhece bem os riscos que podem afetar o seu trabalho e sabe direitinho o que fazer para se prevenir deles. Isso tudo faz parte de um planejamento adequado.

LUIZ HENRIQUE TADEU RIBEIRO PEDROSO (MSc, PMP): Rosalina, saiba que é pouco provável que Deus, quando criou o homem e todas as outras coisas do universo, tenha incluído o desígnio de que seus projetos serão sempre um sucesso incondicional. Se o sucesso dos seus projetos depende de uma vontade divina, você está com sérios problemas pela frente.

ROSÁRIA DE F. S. MACRI RUSSO (Sócia da R2DM, PhD, PMP): Você está certa em se preocupar com as incertezas que cercam o seu projeto. Se você fez um bom planejamento de riscos, aquilo que você conhece e não tem certeza será monitorado e controlado. Entretanto, há vários fatores que trazem incerteza e que não conseguimos perceber só com o planejamento: entendimento inadequado, informação incompleta e alternativas ambíguas. Por isso, não basta gerenciar os riscos: precisamos reduzir essas incertezas, obtendo mais informações, simulando, prototipando, executando e sabendo o que pode dar errado. Projetos inovadores requerem aprendizado no processo.

Tirinha 95: O monitoramento de riscos

ALONSO SOLER (Roteirista e Agente de Rosalina): É isso aí. Prudência com os resultados. As coisas podem até estar indo bem, mas o projeto está sempre suscetível aos riscos. Não deixe nunca de monitorar os novos riscos que podem aparecer e, de repente, atrapalhar o bom desempenho de seu projeto.

GERSON PECH (Diretor da Harmony Consulting, Professor Associado da UERJ e convidado da FGV): É comum, em muitas organizações, esquecerem de olhar para a frente e entender melhor o que ainda está por vir. Assim, quando o desempenho é aparentemente favorável, relaxamos, diminuímos o controle e, por isso, ficamos expostos a várias situações que podem nos prejudicar no futuro.

Claro que nossa Rosalina merece os parabéns, afinal antecipou as entregas e ainda reduziu os custos. Que beleza! Rosalina é o sonho de todo gestor. Mas o que está sendo feito para diminuir as ameaças desses outros 50% do projeto que ainda será executado? Outra coisa: isso que está sendo feito é suficiente? Ou essas ações deveriam ser substituídas ou complementadas com outras atitudes verdadeiramente eficazes? Ou seja, para entender mesmo qual o status do projeto é crucial saber qual o nível de risco a que o projeto ainda está exposto.

Capítulo 16. Gerenciamento dos Riscos

ROSÁRIA DE F. S. MACRI RUSSO (Sócia da R2DM, PhD, PMP): Um bom gerente não fica atrás do computador simplesmente conferindo relatório e cobrando a equipe; ele sai em busca de informações sobre o que pode impactar o seu projeto e a sua equipe. Nessa fase do projeto, precisamos ficar atentos aos pequenos sinais que o ambiente, os *stakeholders* internos e externos e os relatórios vão emitir para que você perceba um possível problema antes desse sinal virar um sintoma de um problema real. Uma resposta evasiva da área responsável por uma atividade importante pode ser um sinal de que eles não vão cumprir o acordado. Quanto mais o tempo passa, mais custosas são as mudanças. Use sua experiência passada para perceber pequenas anomalias; se sua intuição está dizendo que alguma coisa não está certa, verifique!

TIRINHA 96: DESEMPENHO ADEQUADO OU PLANEJAMENTO MAL FEITO?

ALONSO SOLER (Roteirista e Agente de Rosalina): Essa máxima é conhecida: se o desempenho do projeto está adequado, isso pode ser resultado da boa administração do gerente ou do planejamento relaxado pelas contingências. Qual é o seu caso, Rosalina?

GERSON PECH (Diretor da Harmony Consulting, Professor Associado da UERJ e convidado da FGV): Deve-se tomar mesmo muito cuidado com essas análises superficiais que são realizadas em muitas organizações. Rosalina e seu gerente estão cobertos de razão. Existem outras informações relevantes por debaixo dos panos, ops, números.

É na elaboração do orçamento e do cronograma que devemos desenvolver meios que tornem possível separar o que é contingência daquilo que não é. Então vamos lá, Rosalina, pois as principais perguntas que devemos fazer são as seguintes: quanto foi orçado para a reserva de contingência? E para as atividades que já foram realizadas? Quanto já utilizamos dessa reserva? As contingências que orçamos para as fases do projeto ainda não executadas continuam reservadas? Ou já foram consumidas?

Também seria muito útil que Rosalina apresentasse um panorama dos riscos até então. Quem garante que os riscos prioritários não estão vinculados às etapas finais no projeto?

ROSÁRIA DE F. S. MACRI RUSSO (Sócia da R2DM, PhD, PMP): Eu já participei de discussões acaloradas quando disse que é ruim para um projeto estar 10% atrasado ou 10% adiantado, principalmente na dimensão dos prazos. Há organizações que exigem uma aprovação da alta gestão quando o projeto sai 5% do planejado. O que fazemos com aquele tempo ganho? Será que conseguiria realmente adiantar todo o projeto? Você pode me dizer: "mas não temos que comemorar quando tudo dá certo?". Claro que temos, mas o que foi planejado e o que foi economizado? Por que isso ocorreu? Será que o escopo e a qualidade realmente estão sendo atendidos? É bom ter respostas para o que está acontecendo, até para poder replicar para os próximos projetos. E se realmente você precisou de menos protótipos do que imaginava, conseguiu profissionais mais qualificados, o dólar baixou, sua matéria-prima ficou mais barata e conseguiu fornecedor idôneo com preços melhores, por exemplo, então comemore!

Capítulo 17. Gerenciamento das Aquisições

TIRINHA 97: PROCEDIMENTOS RÍGIDOS DE CONTRATAÇÃO

ALONSO SOLER (Roteirista e Agente de Rosalina): É, Rosalina, mas que vida dura! Não adianta chorar ou rezar, as empresas dispõem de procedimentos de contratações que geralmente são rígidos devido à exposição da atividade à malversação e improbidade. É claro também que essas empresas deveriam dispor de tratamento adequado às exceções. Estamos diante de um impasse?

ANDRÉ AUGUSTO CHOMA (Especialista em Projetos de Capital, PMP, PMI-RMP): Pois é, Rosalina, os procedimentos de aquisições visam garantir à empresa as melhores condições em compras e contratos, custos competitivos e isenção no processo de escolha. Normalmente é uma das áreas mais rígidas da organização. Porém, alguma flexibilidade é necessária para que os custos de seguir o processo não superem os ganhos que a empresa consegue obter através dele. Em qualquer projeto, as necessidades podem aparecer de maneira distinta do planejado, e nesses pontos é preciso um pouco de autonomia e flexibilidade para conseguir obter os itens necessários em tempo, de modo a não permitir que os custos indiretos pelo tempo parado sejam maiores do que as

Capítulo 17. Gerenciamento das Aquisições

eventuais economias no processo de aquisições. Acordos de longo prazo (*long-term agreements*) com fornecedores estratégicos, por exemplo, podem garantir preços competitivos e velocidade na entrega, uma vez que os preços são negociados previamente para diversos itens, dispensando novas cotações a cada pedido. Outra saída é repetir o fornecedor da última compra do item urgente, para economizar esse tempo tão precioso, voltando ao processo convencional nas próximas aquisições.

LUIS AUGUSTO DOS SANTOS (Consultor e Professor): Rosalina, não seja uma gerente ortodoxa e fervorosa com os procedimentos de qualquer empresa. Eles foram criados em momentos que eram absolutamente necessários. Ainda bem que o mercado é dinâmico e toda empresa tem que mudar para se manter/tornar econômica e financeiramente saudável para si, seus clientes e fornecedores.

Se os processos não permitirem exceções, esse é o momento de mudá-los. Apresente opções de mudanças, lembrando que o principal objetivo de qualquer organização são os seus clientes. Melhor ainda: o cliente é a razão de existência da empresa!

SÉRGIO RICARDO DO NASCIMENTO (Sócio da SRN Consultoria): Rosalina querida, devemos analisar com cautela, de acordo com o perfil da empresa, pois se esta for privada ela tem liberdade de contratar de acordo com regras por ela definidas, porém se estamos falando de uma empresa pública, o artigo 37, inciso XXI, da Constituição Federal determina que, ressalvados os casos especificados na legislação, todas as contratações deverão ser submetidas a um processo licitatório. No caso de exceções, tudo deverá ser feito de maneira transparente e devidamente justificado. Cabe ao gestor reconhecer a inviabilidade dos processos administrativos internos e avaliar os riscos de dar encaminhamento às exceções, além de demonstrar a razão da escolha e os preços dentro daqueles praticados no mercado.

Gerenciamento de Projetos em Tirinhas

TIRINHA 98: CRONOGRAMA DE AQUISIÇÕES

ALONSO SOLER (Roteirista e Agente de Rosalina): Pronto, Rosalina. É isso aí! O gerente do projeto e a sua equipe devem reconhecer as condições, restrições e prazos dos procedimentos internos de contratação e levá-los em consideração durante o planejamento. Um cronograma de aquisições devidamente "amarrado" ao cronograma do projeto é uma condição ideal.

ANDRÉ AUGUSTO CHOMA (Especialista em Projetos de Capital, PMP, PMI-RMP): Perfeita abordagem, Rosalina! Muitas vezes nos preocupamos em definir bem as datas de início das principais atividades, mas esquecemos que o trabalho para garantir que elas comecem de fato no dia planejado começa muito antes, normalmente no cronograma das aquisições! A partir das datas programadas para cada tarefa, a equipe de planejamento precisa trabalhar muito próxima à equipe de aquisições para entender como funcionam os procedimentos internos, definindo o passo a passo das contratações dentro do cronograma do empreendimento. Isso permite a todos terem visibilidade sobre o que precisa ser feito desde o início do projeto, para garantir que as empresas contratadas, os materiais e os equipamentos estejam mobilizados no momento correto para execução das atividades. Isso facilita muito o trabalho dos profissionais da área de aquisições, que frequentemente sofrem com os pedidos não programados e depois levam a culpa pelo suposto atraso na entrega. Não queremos frentes de serviço paradas por falta de recursos nem conflitos excessivos dentro da equipe. Para que isso aconteça, esse cronograma integrado é essencial, Rosalina!

LUIS AUGUSTO DOS SANTOS (Consultor e Professor): Ô, amiga, como o mundo é bom e justo! Mas, como dizem, "no final do mundo, somente os paranoicos sobreviverão". Agora sim, fique atenta ao caminho crítico do cronograma de atividades do projeto e colabore nas entregas para que possa melhorar o desempenho, mas não esqueça que algumas antecipações de aquisições podem mudar o caminho crítico. Além de ser desnecessária, uma entrega de aquisição antecipada pode até influir no plano de desembolso e, consequentemente, no fluxo de caixa.

SÉRGIO RICARDO DO NASCIMENTO (Sócio da SRN Consultoria): Isso mesmo, Rosalina, devemos sempre consultar os "ativos de processos organizacionais", que são o conjunto de processos padronizados e adotados pela empresa. Conhecer os referidos processos é fundamental para o correto detalhamento do cronograma do projeto. Se uma empresa não tem a referida prática, ela deverá providenciar; caso contrário, cada setor vai realizar contratações de maneira própria e desordenada.

TIRINHA 99: EXIGÊNCIAS INADEQUADAS

ALONSO SOLER (Roteirista e Agente de Rosalina): Dispor de procedimentos corporativos relacionados às contratações é algo aceitável e entende-se fazer parte do contexto de governança da empresa, mas deve-se criticar também o sentido, a adequação e a eficácia de algumas exigências para que elas não se tornem simples instrumentos de burocracia pejorativa.

ANDRÉ AUGUSTO CHOMA (Especialista em Projetos de Capital, PMP, PMI-RMP): Realmente, essa não é uma boa forma de começar o projeto, Rosalina! A carga de trabalho nas aquisições costuma ser intensa, principalmente no início do projeto, e muitas vezes a estrutura centralizada da empresa não está dimensionada para esse pico e/ou está distante geograficamente das equipes que solicitam as aquisições, o que gera dificuldades de comunicação e atrasos no processo. Em projetos que possuem um prazo crítico, é preciso discutir que procedimentos fazem sentido de fato, e o que pode ser flexibilizado. Diversas empresas costumam flexibilizar os processos de aquisições nesses casos, com base na natureza do item, na facilidade de encontrar diversos fornecedores ou no custo unitário/total. Uma boa forma de começar é utilizando a curva ABC para tratar os itens de aquisições, baseando-se no princípio de Pareto. Os itens "A" são aproximadamente 20% do total e representam quase 70% do custo do projeto, os itens "B" são cerca de 30% do total e representam em torno de 20% do custo do projeto, e os itens tipo "C" são aqueles restantes que, somados, representam apenas em torno de 10% do custo total do projeto. Para garantir bons resultados, a equipe de aquisições precisa se concentrar primeiramente nos itens classificados como "A", onde pequenas economias podem gerar grandes resultados. Já o material de escritório do seu projeto, Rosalina, certamente está na categoria "C" e deveria ser adquirido pelo próprio pessoal da equipe do projeto, para livrar tempo da área centralizada para as aquisições realmente importantes!

LUIS AUGUSTO DOS SANTOS (Consultor e Professor): Rosalina, novamente, como eu havia comentado anteriormente, apresente opções de mudança de procedimento, pois projetos exigem flexibilidades e são carregados de incertezas. Antecipações ou atrasos em atividades podem atingir as aquisições programadas, bem como ampliar o escopo em face de alguma atividade necessária e urgente não planejada.

SÉRGIO RICARDO DO NASCIMENTO (Sócio da SRN Consultoria): Rosalina, cuidado para "não errar na mão", conforme já conversamos. Os procedimentos de contratações corporativos são fundamentais para as empresas, porém sempre devemos avaliar os limites de competência de cada organização/gerência, de modo que compras de pequenas quantidades de materiais de escritório, por exemplo, não sejam submetidas ao diretor da empresa ou centralizadas na matriz da empresa. Claro que sempre devemos analisar caso a caso!

TIRINHA 100: CADASTROS DE MATERIAIS

ALONSO SOLER (Roteirista e Agente de Rosalina): Novamente Rosalina está às voltas com os procedimentos de contratações e a sua falta de flexibilidade. Os cadastros e catálogos de materiais, por exemplo, deveriam servir para dar agilidade e equilíbrio às contratações, mas às vezes estão desatualizados e desprovidos de uma nomenclatura adequada às contratações demandadas pelos projetos. Isso gera ineficiência e atrasos nas contratações. Não é à toa que o gerente de projetos reclama tanto da rigidez dos procedimentos de contratações.

ANDRÉ AUGUSTO CHOMA (Especialista em Projetos de Capital, PMP, PMI-RMP): As ferramentas ditas modernas que nos auxiliam nos processos corporativos podem, por vezes, nos pregar algumas peças. Este é um ótimo exemplo, que costuma acontecer em empresas dos mais variados ramos. Catálogos de materiais com itens duplicados, com nomenclatura confusa ou demasiadamente genérica, e falta de controle no cadastro são problemas comuns para quem trabalha com aquisições. Por parte da área responsável, é essencial manter certa rigidez no cadastro e controle dos itens, o que facilita o processo de compras e o acompanhamento dos resultados. Por parte da equipe do projeto, é preciso especificar muito bem o que se quer comprar, dentro do padrão estabelecido, que deve ser conhecido pela equipe. Porém, mais uma vez nos confrontamos com uma situação onde cada um pode estar preocupado apenas "com o seu trabalho", deixando de lado o objetivo comum do projeto. Será que a responsável pelas aquisições não poderia rapidamente acertar a descrição do item de acordo com o cadastro? Será que a Rosalina teve acesso a esse cadastro para verificar a descrição padrão do item antes de preencher o pedido? As ferramentas requerem um padrão rígido para funcionar adequadamente, mas isso não dispensa a boa comunicação, a integração e o senso de objetivo comum da equipe do projeto, não é mesmo, Rosalina?

LUIS AUGUSTO DOS SANTOS (Consultor e Professor): É, Rosalina, a cultura burocrática tem suas origens e visa impor regras, normas, funcionalidades e responsabilidades de modo a evitar o caos; portanto, acostume-se, mas exerça as habilidades de negociar e influenciar a empresa para o bem dela, afinal não esqueça que projetos entregam novos produtos, serviços ou resultados que irão mudar a vida das pessoas e das empresas.

SÉRGIO RICARDO DO NASCIMENTO (Sócio da SRN Consultoria): Rosalina, devemos manter o banco de dados de materiais e fornecedores sempre atualizados, de modo que o processo de contratações não seja interrompido. Nos casos em que determinado material ou fornecedor não estiver no cadastro, os procedimentos devem prever a sua inclusão para que o processo de contratação não seja prejudicado. É comum nas empresas realizar um processo chamado homologação de fornecedores – dessa forma, a empresa que quer "vender" será visitada e avaliada de acordo com os critérios estabelecidos pela empresa que será contratante.

Capítulo 18. Gerenciamento de Contratos

Tirinha 101: Proposta, contratos e entregas

ALONSO SOLER (Roteirista e Agente de Rosalina): Rosalina está diante de um problema típico de inconsistência entre os processos de venda, contratação e entrega de serviços. A área de vendas procura convencer o cliente a comprar, mesmo sem dispor de uma avaliação precisa de seus requisitos. Geralmente o escopo descrito na proposta e no contrato permite que o cliente o entenda da forma como considerar adequado. Depois de vendido, o serviço terá que ser entregue. É aí que reside o perigo, que geralmente cai nas mãos do gerente de projetos!

ÁLVARO CAMARGO (Autor, Professor, Consultor e Palestrante): Rosalina, esse tipo de situação é bem mais comum do que se imagina. Qual a solução? Pelo que vejo nos meus clientes, já se tentou de tudo para evitar esse tipo de situação. Uma solução óbvia seria fazer com que o gerente do projeto fosse o responsável pelo processo de comercialização do projeto. Infelizmente nem sempre isso é possível ou adequado. A solução que sugiro é fazer uso de procedimentos padronizados para comercialização. Tais procedimentos devem

Capítulo 18. Gerenciamento de Contratos

levar em conta requisitos de alto nível sinalizados pelo cliente, assim como as premissas e as restrições conhecidas durante o processo de comercialização do projeto. Durante a elaboração da proposta é recomendável a participação de profissionais experientes e, se possível, do futuro gerente de projetos. Deve haver um mecanismo de amplo debate para que seja possível alcançar um claro entendimento do contexto do projeto e um consenso sobre como a proposta deve ser redigida. E não custa nada lembrar: sempre é melhor fazer muitas perguntas ao cliente para sanar todas as dúvidas antes de emitir a proposta. Dar uma de "sabichão" dando ao cliente a impressão de que sabe tudo é pura burrice. Finalmente, é necessário ter em conta que os responsáveis pelas vendas dos projetos devem ter um mínimo de vivência em projetos e devem ser responsabilizados pela qualidade da venda feita. O objetivo do profissional de vendas não é vender projetos a qualquer custo. O objetivo desses profissionais é vender projetos que possam gerar valor para a empresa para o qual trabalham.

TATIANA GONÇALVES (Advogada, Sócia de Oliveira Gonçalves Advogados): Rosalina, para diminuir os riscos que envolvem qualquer tipo de negociação, faz-se necessária a elaboração de contratos claros e objetivos, uma vez que é com base no contrato que se previne o inadimplemento e os riscos podem ser mitigados. Explique para o seu diretor comercial que, dependendo da forma como são elaborados os contratos, estes podem incorrer em custos adicionais relacionados com o seu monitoramento e a garantia do seu cumprimento, bem como da resolução dos problemas que podem emergir a partir do seu descumprimento. Por essas razões, é preciso descrever, de forma clara e precisa, qual é o escopo e os prazos do contrato.

Tirinha 102: termos vagos

ALONSO SOLER (Roteirista e Agente de Rosalina): Não há nada mais danoso ao sucesso de um projeto do que um escopo de contrato contendo palavras e termos vagos. Uma das partes sempre trabalhará com a sua interpretação própria do termo, usando-a a seu favor.

LUIZ EDUARDO N. LEGASPE (Gerente de Administração Contratual e Riscos): Escopo de fornecimento e serviço sempre deve ter uma descrição bastante precisa daquilo que está incluso e, sobretudo, das exclusões. Só assim é possível valorizar tudo o que está incluído e compatibilizar com o preço contratual acordado. O planejamento também sofre os efeitos de um escopo indefinido – como planejar a conclusão de um empreendimento se a todo momento surgem "novos serviços e fornecimentos"? Todos os que trabalham com projetos de construção sabem bem a magnitude de estouros de prazos e orçamentos devido à interpretação danosa de escopos contratados que contêm a famosa expressão: "todo o fornecimento de bens e serviços relativos ao objeto deste contrato, incluído no escopo, mas não se limitando a …".

TATIANA GONÇALVES (Advogada, Sócia de Oliveira Gonçalves Advogados): Rosalina, termos vagos ou lacunas em contratos demandam negociações pautadas na razoabilidade e na boa-fé, para melhor especificar a finalidade do acordo à luz das circunstâncias concretas que o caracterizam. As partes não podem permitir que o contrato, como regulação objetiva dotada de um sentido específico, atinja finalidade oposta ou contrária àquela que, razoavelmente, à vista de seu escopo econômico-social, seria lícito esperar.

Tirinha 103: captar um projeto com escopo nebuloso ou aparar as arestas antes?

ALONSO SOLER (Roteirista e Agente de Rosalina): É comum estarmos diante de projetos cujos requisitos e expectativas do cliente se apresentam inviáveis. O que fazer nesse caso? Ir em frente com a proposta e contratação e deixar para ajustar as expectativas no decorrer do trabalho, ou tentar aparar as arestas antes do início do projeto?

LUIZ EDUARDO N. LEGASPE (Gerente de Administração Contratual e Riscos): As arestas sempre devem ser aparadas antes do início do projeto. As dificuldades de ajustar um projeto, que de antemão sabia-se inviável, prejudica a todos: contratado e contratante, financiadores, comunidade e todos os demais *stakeholders*. Atrasos, prejuízos, demandas judiciais e arbitragens, má qualidade do fornecimento, desempenho insuficiente são alguns dos efeitos de levar adiante projetos notadamente inviáveis. Projeto bom é aquele que "para de pé", ou seja, começa e termina dentro de uma relativa normalidade, remunerando e trazendo benefícios a todos.

TATIANA GONÇALVES (Advogada, Sócia de Oliveira Gonçalves Advogados): Rosalina, o ideal sempre é tentar aparar as arestas antes do início do projeto. O cliente espera um resultado. Ou seja, uma das partes obriga-se a executar, por si só, ou com o auxílio de outros, determinado serviço, e a outra, a pagar o preço respectivo. Dessa forma, obriga-se a proporcionar a outrem, com trabalho, certo resultado. Conforme nosso ordenamento jurídico, o contratado se obriga a prestar determinado serviço com vistas a alcançar o fim estipulado pelo contratante. Por tais razões, deve existir cooperação eficiente entre as partes, para garantir o cumprimento das promessas e, com isso, evitar disputas judiciais e/ou arbitrais.

TIRINHA 104: CONFLITO DE INTERESSES

ALONSO SOLER (Roteirista e Agente de Rosalina): Podem ocorrer conflitos de interesses entre projetos distintos da mesma empresa. O que fazer nesse caso?

LUIZ EDUARDO N. LEGASPE (Gerente de Administração Contratual e Riscos): Se existem zonas conflitantes, estas devem ser objeto de análise muito criteriosa. Nos projetos, existem atores que desempenham papéis específicos. A independência e a autonomia desses atores são essenciais ao equilíbrio das relações. Quando um mesmo ator desempenha papéis antagônicos surge o conflito de interesse. Não é uma regra escrita na pedra. Empresas com alto grau de maturidade, com histórico impecável em resolver conflitos de interesse (e isso inclui decidir a favor do cliente), podem e devem exercer esses papéis.

TATIANA GONÇALVES (Advogada, Sócia de Oliveira Gonçalves Advogados): Rosalina, a ética empresarial requer a prática de identificação contínua da existência de um conflito de interesses, assim como o dever de revelação ao cliente. Torna-se necessária muita cautela no trato desse assunto, visto que há proibições legais aos conflitos de interesses, que se aplicam a todos os relacionamentos mantidos em nome da sociedade, internos e externos.

Tirinha 105: Aditivos Contratuais

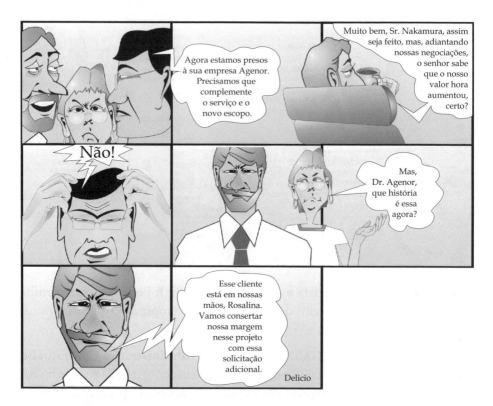

ALONSO SOLER (Roteirista e Agente de Rosalina): É comum as empresas "melhorarem" seus resultados financeiros em um projeto através de aditivos contratuais que se farão necessários durante a execução do projeto. Até onde essa discussão extrapola o limite da gestão contratual e adentra o limite da ética?

ÁLVARO CAMARGO (Autor, Professor, Consultor e Palestrante): Rosalina, aditivos contratuais são alterações feitas em um contrato de forma que este reflita uma mudança acordada entre contratante e contratado. Frequentemente um aditivo precisa ser feito em função de algo que realmente precisa mudar, como, por exemplo, alguma alteração solicitada oficialmente pelo cliente ou alguma mudança de legislação. A ideia é que o contratado "aditivado" corresponda à realidade da relação contratual existente. Entretanto, existem empresas que enxergam nos aditivos contratuais uma oportunidade de "virar a mesa" a seu favor e, com isso, obter vantagens adicionais ou compensar erros feitos na época do orçamento e da proposta. Quando uma alteração das condições originais causa prejuízo para a outra parte, é adequada a emissão de um aditivo contratual para compensar essa perda. Mas deve ficar claro que aditivos contratuais não foram inventados para compensar erros das partes contratantes. Se sua empresa, por exemplo, orça incorretamente o preço de um projeto, é certo que haverá desgaste com o cliente após o contrato ter sido assinado e o projeto iniciado. Nessa situação, dificilmente o cliente concordará em assinar um aditivo contratual para compensar a perda resultante de um orçamento mal feito. Como regra geral, o ideal é fazer uma boa proposta, com margens adequadas, para fazer frente aos riscos e evitar o uso de aditivos contratuais. Esse cuidado vai fazer com que sua empresa faça projetos melhores e mais rentáveis e vai deixar seu cliente satisfeito para, no futuro, convidar sua empresa para novos projetos.

TATIANA GONÇALVES (Advogada, Sócia de Oliveira Gonçalves Advogados): Rosalina, infelizmente esta é uma prática comum no mercado. O contratante deve ficar atento ao chamado "jogo de planilhas", feito pelos contratados, para fechar o negócio com o valor mais baixo e depois, durante a execução do contrato, tentam melhorar a margem de lucro com pleitos ou aditivos. Essa prática, sob o ponto de vista econômico-financeiro, gera custos de transação. As partes, no momento da celebração de um contrato, possuem informações em graus diferentes. Não há como saber exatamente tudo o que o parceiro comercial pretende com a negociação. A informação está relacionada, em termos simples e exemplificativos, ao que se tem disponível no mercado para saber se o preço dado a determinado bem é justo ou não. Ocorre que as informações de que cada parte dispõe não são em medida iguais, gerando custos de transação. Esses custos são ocasionados em virtude da racionalidade limitada e comportamento oportunista dos indivíduos. A cooperação das partes contratantes no momento da execução do objeto contratual poderia minimizá-los.

Tirinha 106: CRITÉRIO DE FATURAMENTO

ALONSO SOLER (Roteirista e Agente de Rosalina): Critérios de faturamento constam nos contratos. A negociação dessas cláusulas é imprescindível para o planejamento do equilíbrio financeiro do projeto. O que fazer quando a cláusula de faturamento pactuada permite uma discrepância entre o avanço físico real e o faturamento? Perceba que essa discrepância pode ocorrer a favor ou contra a empresa prestadora do serviço.

ÁLVARO CAMARGO (Autor, Professor, Consultor e Palestrante): Rosalina, critérios de avanço físico mal elaborados costumam constituir uma armadilha bastante comum em projetos. É necessário ter em mente que o desenvolvimento das atividades do projeto consome recursos financeiros. E esse consumo de recursos financeiros deve ser proporcional ao avanço físico do projeto. Embora em alguns casos possa ser difícil criar critérios de avanço que representem com acurácia aquilo que foi planejado, o pior é tocar um projeto sem que haja um critério de medição de avanço minimamente confiável. Fazer um projeto sem um critério de medição confiável de avanço físico equivale a decolar um avião sem que se saiba a quantidade de combustível existente no tanque. O resultado é um só: desastre. Vale a pena verificar se o critério de avanço físico faz sentido. Por "sentido" devemos entender que o critério de medição de avanço físico representa com certa fidelidade aquilo que se gasta para fazer cada ponto percentual de avanço do projeto.

Capítulo 18. Gerenciamento de Contratos

TATIANA GONÇALVES (Advogada, Sócia de Oliveira Gonçalves Advogados): Rosalina, normalmente, em projetos de engenharia, ao iniciar a execução de frentes novas, os valores a faturar são maiores do que os valores relativos à conclusão dos marcos em execução. O problema está em pulverizar as frentes de serviço em execução, o que ocasiona sobrecargas de supervisão e má utilização de mão de obra e equipamentos. Essa prática provocava o efeito cascata e consequências indesejáveis ao bom andamento da obra, tais como impacto no preço e no cronograma da obra, culminando em atraso na conclusão de todo o projeto. O ideal seria aditar o contrato para adequar suas cláusulas à realidade da obra.

Tirinha 107: Pagamento contra entregas aceitas

ALONSO SOLER (Roteirista e Agente de Rosalina): Uma brincadeira sobre faturamento de projetos contra entregas aceitas. ATENÇÃO, leia-se contra entregas **aceitas**, e não apenas contra entregas! O fluxo de caixa estimado do projeto deve levar em consideração os requisitos contratuais e o tempo consumido pelo cliente em seus processos de medição.

ÁLVARO CAMARGO (Autor, Professor, Consultor e Palestrante): Rosalina, o controle das entregas é essencial. Praticamente todos os contratos de projetos preveem eventos de pagamento contra entregas que o projeto deve produzir. A palavra "entrega", nesse contexto, significa colocar à disposição do cliente um objeto tangível ou intangível produzido como resultado da execução do projeto, livre de pendências, com qualidade adequada, em condições de uso, devidamente aprovado e aceito pelo cliente. Salvo exceções, como, por exemplo, alguma parcela de pagamento inicial para mobilização de equipe de projeto, são as entregas que geram pagamentos e garantem um fluxo de caixa adequado ao fornecedor que está executando o projeto. Por isso é importante que todos na equipe de projeto tenham a clara noção de que existe uma enorme diferença entre algo estar "aparentemente" pronto e estar aprovado e aceito pelo cliente. Finalmente, não se deve esquecer de que o processo de aprovação e aceite pelo cliente costuma consumir tempo. Nenhum representante de cliente assina um aceite sem se certificar de que a entrega está realmente pronta e livre de problemas.

Capítulo 18. Gerenciamento de Contratos

LUIZ EDUARDO N. LEGASPE (Gerente de Administração Contratual e Riscos): Cada vez mais, as "entregas" se distanciam do simples conceito de "serviço executado". O avanço das relações comerciais, a sofisticação dos modelos de negócio e a crescente complexidade técnica dos empreendimentos experimentada nas últimas décadas têm ampliado o conceito de entrega dos serviços e fornecimentos. Os contratos são bastante detalhistas ao incorporar cláusulas que descrevam com exatidão os requisitos de qualidade, parâmetros de desempenho técnicos operacionais, cumprimento de obrigações legais, trabalhistas e tributárias, observância das normas regulamentadoras de medicina, segurança do trabalho e meio ambiente, dentre uma ampla gama de obrigações acessórias à simples execução dos serviços. Essas obrigações, atribuídas ao prestador de serviço/fornecedor, propiciam segurança para quem demanda o produto. Os descumprimentos desses critérios frequentemente constituem-se motivo para a não aceitação dos serviços e entregas, que têm como efeito o não pagamento dos valores vinculados a essa atividade.

TIRINHA 108: FOGO AMIGO

ALONSO SOLER (Roteirista e Agente de Rosalina): Essa é uma brincadeira sobre a operação de uma organização funcional e o cumprimento de seus objetivos individuais. Às vezes a nossa própria empresa prejudica o andamento de nosso projeto e o nosso relacionamento com o cliente.

ÁLVARO CAMARGO (Autor, Professor, Consultor e Palestrante): Rosalina, todo profissional de gerenciamento de projetos deve saber que projetos lidam com escassez de tempo e recursos e estão sujeitos aos riscos. Executar projetos é uma atividade que envolve, necessariamente, pressão. E o relacionamento entre o contratante e a empresa contratada para fazer o projeto sempre é um ponto crítico. A qualidade desse relacionamento deve ser sempre nutrida com cuidado para evitar atritos que possam prejudicar o bom andamento do projeto e até mesmo a saúde e a sanidade da equipe e do gerente de projeto. Por isso é necessário tomar cuidado com o chamado "fogo amigo", que é constituído por problemas criados pela própria organização da empresa que executa o projeto. Lembre-se de que o cliente enxerga a empresa contratada como uma entidade única. Não adianta dizer que a culpa por um determinado problema não é da equipe de projeto e sim de algum departamento da organização ("Cliente, desculpe-me, não fiz a entrega XYZ porque o nosso departamento de suprimentos não cumpriu os prazos"). Esse tipo de desculpa não cola e contribui apenas para piorar o clima entre as partes contratantes.

Capítulo 18. Gerenciamento de Contratos

LUIZ EDUARDO N. LEGASPE (Gerente de Administração Contratual e Riscos): Não é raro, nas organizações, as áreas e os profissionais buscarem incessantemente seus objetivos e metas. Não é raro também a alta eficácia de duas ou mais áreas provocarem um efeito danoso na busca do objetivo comum da empresa ou projeto. A comunicação entre as áreas e os departamentos da empresa e que permeia por todos os funcionários constitui, na maioria das vezes, em um antídoto eficaz contra essa aparente contradição gerencial.

TIRINHA 109: MULTAS CONTRATUAIS

ALONSO SOLER (Roteirista e Agente de Rosalina): Cláusulas de multa contratual são elementos vitais para o sucesso de um projeto. Deve-se estar atento para sua definição. O cumprimento das cláusulas contratuais independe do relacionamento com o cliente.

ÁLVARO CAMARGO (Autor, Professor, Consultor e Palestrante): Rosalina, praticamente quase todo contrato para execução de projeto apresenta algum mecanismo de penalidade para o caso de descumprimento do que foi combinado. Por isso, conhecer as cláusulas de multas é importante. A ocorrência de multas é um risco presente em praticamente qualquer projeto onde existem contratações. Entender claramente as situações geradoras de multas é essencial. A equipe que dirige o projeto deve estar ciente dessas cláusulas e das condições que propiciam ao cliente a oportunidade de multar o contratado. Quando pensamos em multas, quase sempre o que vem à cabeça é a questão de prazos. Mas não é apenas atraso que gera multa. Muitas vezes a não entrega de um simples documento pode gerar a possibilidade de multa. Quer um exemplo? Experimente, por exemplo, num projeto com uma grande empresa, não entregar as guias de recolhimento de tributos. Os contratos estabelecidos com empresas de porte estabelecem que a não entrega de provas de recolhimento de tributos é suficiente para uma situação de rescisão unilateral do contrato, com todas as consequências ruins resultantes disso. Por isso fique de olho. Faça uma boa análise crítica do contrato e das cláusulas contratuais que tratam das

Capítulo 18. Gerenciamento de Contratos

penalidades. E assegure que toda a equipe de projeto monitore sempre as atividades do projeto de forma a não incorrer no pagamento de multas. As multas, além de causar prejuízos, desgastam profundamente a relação com o cliente.

LUIZ EDUARDO N. LEGASPE (Gerente de Administração Contratual e Riscos): As multas contratuais são penalidades previstas de serem imputadas ao prestador de serviço/fornecedor caso este não cumpra as suas obrigações contratuais. Desde que estas sejam redigidas com clareza, estabelecidas em valores adequados e compatíveis com os efeitos do não cumprimento, são essenciais para dar segurança ao cliente que tem por objetivo concluir o projeto nas bases e requerimentos determinados.

As multas contratuais não podem, em hipótese alguma, ser estabelecidas em valores cujo patamar, caso sejam aplicadas, deprime ou asfixia a capacidade financeira do contratado, pondo em risco a própria continuidade do projeto ao provocar sérios problemas de caixa.

As multas contratuais também devem ter uma redação clara, precisa, que independa de interpretações subjetivas, para que possam subsidiar sua aplicação em bases corretas, sem dar margem a questionamentos que se prolonguem por todo o projeto.

Um projeto não esgota suas relações somente entre contratante e contratado. Não é um modelo fechado. Na sua grande maioria, um projeto afeta toda uma comunidade. Há obrigações que o cliente tem que cumprir com agências reguladoras, com outros projetos dependentes da sua execução, com acionistas e agentes financiadores. Ou seja, há uma responsabilidade do cliente com toda uma gama de intervenientes no processo. Caso haja um descumprimento do contratado, haverá certamente uma repercussão que afetará terceiros. A previsão contratual das multas tem também a função de preventivamente atuar como elemento de dissuasão de eventuais descumprimentos contratuais, por menores que sejam.

Capítulo 19. Gerenciamento dos *Stakeholders*

TIRINHA 110: O TABULEIRO DE XADREZ

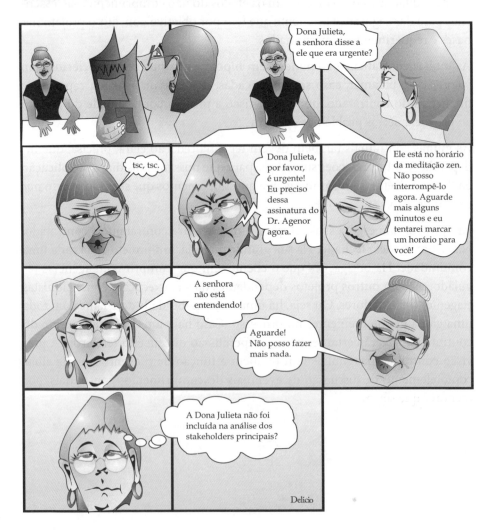

Capítulo 19. Gerenciamento dos Stakeholders

ALONSO SOLER (Roteirista e Agente de Rosalina): Pobre Rosalina! Faltou entender que sem o apoio da secretária do chefe as coisas ficam mais difíceis na condução do projeto. Obviamente, neste caso, a secretária do chefe é apenas um exemplo ilustrativo daquelas pessoas que têm o poder de atrapalhar, bloquear, procrastinar, etc. o andamento adequado do projeto. O que fazer com essas pessoas? Isso tem que ser pensado cuidadosamente pelo gerente e pela equipe do projeto. A análise dos *stakeholders* (partes interessadas) é a ferramenta adequada para definir sua posição nesse tabuleiro de xadrez.

ADILSON PIZE (Sócio da Excellence Gestão Empresarial, PMP, CBPP, CSM, ITIL Foundation): Parece que a Rosalina não percebeu que nesse caso a secretária é uma *stakeholder* (parte interessada) importante, uma vez que atua como uma interface com seu chefe. Uma análise da rede de suporte das partes interessadas a ajudaria a identificar quais são as ligações entre elas, e seguramente Rosalina entenderia a relevância de adotar uma estratégia de gerenciamento mais adequada junto à secretária com o objetivo de engajá-la no projeto.

MARGARETH CARNEIRO (Profissional de Planejamento e Gestão – MSc, PMP): A gestão de *stakeholders* é uma prática muito importante, tão importante que passou a ser uma área de conhecimento do gerenciamento de projetos conforme o PMBOK *Guide* 5ª edição. Mas, para gerir os *stakeholders*, precisamos mapeá-los. Aparentemente é simples, mas na prática podemos deixar pessoas ou organizações relevantes de fora, como foi deixada a Dona Julieta. Como ela não tem um cargo importante, em relação ao seu chefe, que é diretor, pode ter passado batido e ela ficou de fora. O que se mostrou um erro, visto que ela é canal de comunicação com o Dr. Agenor. Na gestão de *stakeholders* podemos aprender muito com uma profissão que está em descrédito no país: os políticos. Mas política é a arte do consenso, de conciliação de interesses diversos. Como sei que esse assunto é polêmico, vamos falar sobre isso no nosso próximo chopinho. Veja, também podemos aprender muito com os vendedores. Sim, um bom vendedor nunca teria esquecido da Dona Julieta!! Ela é chamada por eles de "guardião" (pelos mais meigos) ou *pitbull* (pelos mais agressivos). Para chegar ao chefe você tem que transpor essa barreira! Os vendedores desenvolvem relacionamento social com as secretárias, levam presentes, perguntam sobre os filhos, etc. Sabem lidar com elas e reduzir as barreiras que elas colocam para proteger a agenda e a saúde dos seus chefes. Então, para os vendedores, as secretárias são peças importantes para permitir acesso a quem decide. Temos que aprender as boas práticas, mas sempre dentro dos padrões éticos e morais, que fique claro! Mapear *stakeholders* deve levar em conta o poder que esse *stakeholder* tem no projeto, diretamente ou indiretamente, e também a sua influência e capacidade de interferir no projeto. Geralmente as partes interessadas podem ser distribuídas em: chave (ou líder), neutro, apoiador e resistente, dependendo do seu nível de poder e de influência no projeto. Demanda um estudo aprofundado e o uso de procedimentos, ferramentas, técnicas e avaliações comportamentais. Nada impede de que sejam incluídos durante o processo de gestão de *stakeholders* novos interessados que não tenham sido mapeados na iniciação do projeto.

MÁRIO TRENTIM (Autor do livro: *Managing Stakeholders as Clients*): Muitos colegas gerentes de projetos caem na mesma armadilha que Rosalina. O sucesso de um projeto está diretamente ligado à satisfação dos seus *stakeholders*, o que por sua vez depende da percepção desses *stakeholders* em relação aos benefícios (e malefícios) do projeto. Infelizmente, ainda existe grande confusão sobre o que significa gerenciar *stakeholders*. Alguns pensam que se trata apenas de habilidades interpessoais e comunicação. Na verdade, existe uma teoria por trás da gestão de *stakeholders*, incluindo métodos, ferramentas e técnicas. Ou seja, gerenciamento de *stakeholders* exige conhecimento teórico, técnico e experiência. A identificação dos *stakeholders*, enfrentada aqui por Rosalina, é crucial. Devemos ter uma lista completa e extensa de *stakeholders*, incluindo todos os potencialmente afetados ou que afetam o projeto. Rosalina, você sabia que existe mais de uma dezena de ferramentas para identificar *stakeholders*? Somente *brainstorming* não é suficiente. Veja em: TRENTIM, Mário H. **Managing Stakeholders as Clients.** Project Management Institute, 2013.

Capítulo 19. Gerenciamento dos *Stakeholders*

TIRINHA 111: O LADO POLÍTICO DO GERENCIAMENTO DOS PROJETOS

ALONSO SOLER (Roteirista e Agente de Rosalina): A identificação e o monitoramento dos interesses e movimentos dos *stakeholders* (partes interessadas) compõem o lado político (no bom sentido, é claro!) do gerenciamento dos projetos. O bom gerente não pode abrir mão desse trabalho em prol dos resultados do projeto. O retorno dessa atividade? Certamente é garantido!

ADILSON PIZE (Sócio da Excellence Gestão Empresarial, PMP, CBPP, CSM, ITIL Foundation): A Rosalina está coberta de razão. Identificar as partes interessadas, identificar suas necessidades e expectativas, analisar as partes interessadas e, por fim, definir estratégias de gerenciamento não são tarefas que se realizam uma única vez nos projetos. Na verdade, são tarefas contínuas, que devem ser repetidas ao longo de todo o projeto, pois necessidades, expectativas e mesmo o posicionamento das partes interessadas frente ao projeto mudam na medida em que o projeto vai sendo executado. Estar próximo e comunicar-se continuamente com as partes interessadas é uma das tarefas mais nobres que cabem ao gerente do projeto e/ou à equipe de gerenciamento. Outro aspecto importante a ser considerado é o de saber ouvir as partes interessadas, pois, como disse o autor Brian McCurtis, "não importa quantos relatórios de situação ou planos de ação você apresenta, muitas vezes as partes interessadas simplesmente necessitam ser ouvidas".

MARGARETH CARNEIRO (Profissional de Planejamento e Gestão – MSc, PMP): Você está certíssima, Rosalina! O retorno de monitorar os *stakeholders* é garantido! Você já fez um trabalho extenso de mapeamento e análise dos *stakeholders*, que é o primeiro passo. Além de implementar as ações planejadas para mitigar riscos e potencializar apoios, o gerente de projetos tem que manter um monitoramento constante. Afinal, as coisas mudam, novos *stakeholders* podem substituir antigos, e o estresse, os atrasos e as pressões podem mudar posicionamentos de alguns. Durante a execução do projeto o trabalho é feito (e a comunicação) para o atendimento das necessidades e expectativas dos *stakeholders*. Devem ser trabalhadas as questões que podem surgir, os problemas, as situações não previstas, as mudanças, etc. Isso tem que ser feito durante todo o ciclo do projeto. Se deixarmos os *stakeholders* de lado eles podem perder o interesse, o engajamento, ou pior, podem comprometer o sucesso do projeto. Imagina se, lá no meio da execução do projeto, o gerente, achando que está tudo sob controle porque estão sendo cumpridos os prazos, os custos etc., descobre que existem alguns *stakeholders* tão insatisfeitos que estão colocando em risco a continuidade do projeto, em uma reunião da diretoria? Isso acontece! E eu já presenciei. Portanto, a gestão dos *stakeholders* também é assunto técnico, mas é, principalmente, político e comportamental e não pode ser negligenciada.

MÁRIO TRENTIM (Autor do livro: *Managing Stakeholders as Clients*): Uma boa identificação dos *stakeholders* é um passo fundamental para o sucesso, não é, Rosalina? Mas como analisá-los? Primeiramente, existe um grande dever de casa a ser feito. De quais informações precisamos? Onde obteremos? Quem será responsável pela análise dos *stakeholders*? Como proteger as informações? Além disso, o plano de gerenciamento dos *stakeholders*, assim como o registro de *stakeholders*, é um documento vivo. O tema *stakeholders* precisa ser tratado e discutido em toda reunião do projeto. Como você já deve imaginar, também existe muito mais de uma dezena de técnicas para analisar *stakeholders*... recomendo, fortemente, atualizar a sua caixa de ferramentas!

Capítulo 19. Gerenciamento dos *Stakeholders*

TIRINHA 112: DEMANDAS CONFLITANTES

ALONSO SOLER (Roteirista e Agente de Rosalina): Calma, Rosalina! Tente afastar-se um pouco do "ambiente de guerra" do projeto e reflita sobre a situação – os *stakeholders*, seus interesses e níveis de influência. Elabore seus movimentos. Planeje como vai fazer para cooptar as forças contrárias e como vai potencializar as forças favoráveis ao seu projeto. Jogue, Rosalina! Gerenciar projetos é planejar e jogar com as situações que se apresentam. Mas faça tudo sempre dentro da ética!

ADILSON PIZE (Sócio da Excellence Gestão Empresarial, PMP, CBPP, CSM, ITIL Foundation): Nossa amiga Rosalina precisa manter o equilíbrio para ter a tranquilidade necessária para administrar esses conflitos. O ambiente dos projetos é, por natureza, conflituoso, no qual há diferentes objetivos, necessidades e expectativas – individuais e, em muitos casos, também de grupos. Desenvolver continuamente habilidades de negociação e influência deve fazer parte da agenda de evolução profissional do gerente de projetos para que ele se sinta mais confortável e trate de forma adequada esses casos que são tão comuns nos projetos.

MARGARETH CARNEIRO (Profissional de Planejamento e Gestão – MSc, PMP): Calma, amiga! Apesar de estressante, gerir interesses diversos e às vezes conflitantes faz parte da natureza dos projetos. Por isso, no planejamento, você vai ter que entender quem são os *stakeholders*, o seu nível de poder e influência, os seus interesses e desejos no projeto. Só te sugiro uma coisa: não faça isso sozinha, dentro de uma sala, utilizando a sua "bola de cristal". Vá até eles para descobrir. Isso porque quem vai dizer os interesses e desejos são os próprios *stakeholders* e, com grandes chances, você vai ter que mediar uma negociação entre eles para chegar a uma conclusão viável ou consensual. Mas observe: melhor do que bater de porta em porta para entender os interesses dos *stakeholders*, é necessário desenvolver habilidades e utilizar métodos de construção coletiva. Ou seja, sugiro utilizar abordagem e técnica de construção de ideias e consensos para grupos de *stakeholders*. Algumas técnicas, como o ZOPP, desenvolvido e utilizado pela GTZ – Cooperação Técnica Alemã – há bastante tempo, prega uma abordagem sistemática para identificação, planejamento e gestão de novos projetos desenvolvidos em ambiente de oficina com os principais grupos de interesse. O *Design Thinking* tem abordagem similar, que é a inclusão dos principais *stakeholders* para construção de ideias inovadoras e identificação de novos produtos. Existe também o *Dragon Dreaming*, que aparentemente é um pouco mais "papo cabeça", mas tem tido excelentes resultados práticos no engajamento de *stakeholders*. E, claro, tem também a proposta do PM Canvas, do nosso colega José Finocchio, que também traz uma abordagem participativa.

Rosalina, como você bem sabe na sua longa experiência, o gerente precisa desenvolver habilidades de lidar com pessoas, de negociar, de se comunicar – e, com certeza, ao interagir bem com os *stakeholders*, vai fazê-los mais felizes, por satisfazer as suas necessidades com o projeto, além de tornar o projeto mais exitoso e menos conflitante. Amiga, planeje bem a sua abordagem com os *stakeholders*, mapeie-os cuidadosamente e conheça seus comportamentos, influência e poder no projeto. Atue com eles para entender os seus interesses e desejos no projeto. Negocie, compartilhe decisões, faça-os assumir posições e decisões, promova o seu engajamento e chegue a consensos ou acordos entre eles. Construam juntos que o sucesso será bem maior! *You go, girl*!

MÁRIO TRENTIM (Autor do livro: *Managing Stakeholders as Clients*): Nas relações humanas não existem "espaços vagos" de poder. Sempre que você abrir mão da liderança ou da direção, alguém vai tomar o seu lugar. Portanto, Rosalina, seja proativa – planeje e crie as suas estratégias de engajamento. Não se trata de manipulação, mas de alinhamento de expectativas. Rosalina, nunca se esqueça de que seus *stakeholders* possuem experiência, conhecimento e necessidades muito diferentes! Todo projeto requer orientação e alinhamento constantes. Mais importante do que se proteger dos inimigos é construir uma forte coalização de suporte...

Capítulo 19. Gerenciamento dos *Stakeholders*

TIRINHA 113: OS *STAKEHOLDERS* E A MUDANÇA DE OPINIÃO

ALONSO SOLER (Roteirista e Agente de Rosalina): Não se assuste, Rosalina. Os *stakeholders* (partes interessadas) mudam os seus posicionamentos ao sabor de seus interesses. Isso pode parecer complexo demais para um gerente de projetos com competências exclusivamente técnicas, mas é a pura realidade para quem consegue enxergar além da técnica. Saber tirar proveito desse fato é uma vantagem e um sinal de maturidade do gerente de projetos.

ADILSON PIZE (Sócio da Excellence Gestão Empresarial, PMP, CBPP, CSM, ITIL Foundation): É, Rosalina, a vida do gerente de projetos não é fácil! É necessário muito cuidado para não compreender uma aceitação de alguma parte interessada com uma real concordância por parte dela. Nesse caso, aceitou-se uma prorrogação de prazo do projeto, mas será que o diretor de RH realmente concordava com ela? Por se tratar de uma situação de mudança no projeto, não se deve abrir mão de um gerenciamento adequado dessa mudança, com o devido formalismo exigido para o caso, por mais proximidade e/ou intimidade que se tenha com as partes interessadas envolvidas na sua aprovação.

Essa questão final levantada pela Rosalina sobre o que pode ter acontecido é muito importante, pois faz refletir sobre os motivos (causas-raiz) que teriam levado à mudança de opinião, com foco no entendimento da situação e na identificação de estratégias para sua solução. Quem sabe não valeria a pena elaborar um **mapa de empatia**, procurando colocar-se no lugar do diretor de RH e compreender as suas razões?

MARGARETH CARNEIRO (Profissional de Planejamento e Gestão – MSc, PMP): Rosalina, não encare isso como algo pessoal. Os *stakeholders* também sofrem pressões e têm interesses diversos e, por vezes, conflitantes. Pode ser que ele combinou com você, está ciente, mas está pressionando a sua empresa somente para ter garantia. Por isso "cutucou" o seu chefe. Pode ser também outro motivo! Como saber? Uma boa forma de evitar mudanças bruscas de opinião ou acordos não cumpridos é registrar as reuniões, solicitações de mudanças, etc. Registre as conversas, faça análise de impactos de mudanças e oficialize as decisões conjuntas. Isso evita tais situações. Podem ser utilizados formulários padrões (a sua metodologia deve tê-los), atas impressas ou mesmo um e-mail imediato após a reunião. Mas tenha em mente que "o que o *stakeholder* pensa sobre o projeto é mais importante do que o fato em si". Nós gerentes temos que aceitar essa realidade para poder administrar bem essa parte importantíssima do projeto que são as partes interessadas. Amiga, minha humilde sugestão é que você ligue para ele e confirme o que combinaram, indicando que a mudança do prazo será a única alternativa, visto que ele está com dificuldade em contratar pessoas. Explique que qualquer novidade sobre as contratações deve ser avisada com antecedência, para que você possa revisar as estimativas de prazo. Quem sabe o prazo poderá ser reduzido se as contratações forem feitas antes? Assim, ele vai entender melhor a dependência e o impacto das atividades que estão sob a responsabilidade dele. Ofereça sua ajuda e mantenha-se disponível. Isso ajuda muito a quebrar o gelo, pois ele perceberá o seu comprometimento e com certeza vai aumentar o comprometimento e o engajamento dele. Afinal, somos todos humanos. E... bola para frente!

MÁRIO TRENTIM (Autor do livro: *Managing Stakeholders as Clients*): Rosalina, Rosalina... lembra da análise dos *stakeholders*? Pois bem, além da análise individual, é importante analisar a "rede social" dos *stakeholders*, incluindo suas relações de influência e poder. Os *stakeholders* não são estáticos (nem estátuas). São pessoas que mudam de opinião, conversam umas com as outras, etc. Em alguns projetos, chegamos inclusive a simular a rede social de *stakeholders* usando um software como o PAJEK (veja em: DE NOOY; MRVAR; BATAGELJ. **Exploratory Social Network Analysis with Pajek:** Structural Analysis in the Social Sciences)! Por mais que alguns *stakeholders* tirem você do sério, o importante é não desperdiçar energias. Facilmente, teremos centenas de *stakeholders*... que tal descobrir quem são os principais influenciadores?

Capítulo 20. PMO – Escritório de Gerenciamento de Projetos

Tirinha 114: expectativas sobre o PMO

ALONSO SOLER (Roteirista e Agente de Rosalina): Eita, Rosalina! Quanta expectativa em torno do PMO da empresa! O trabalho agora é outro, bem diferente daquele que você tinha quando gerenciava projeto. Para tanto, recomendo que você defina claramente as atribuições e os objetivos da área de modo a nivelar as expectativas de todos. O PMO contribui para o sucesso dos projetos da empresa, mas ele não é um milagre capaz de suplantar todos os problemas históricos existentes simplesmente por ter sido criado. "Bora" planejar a implantação do PMO – e, como sempre, na forma de um projeto!

AMÉRICO PINTO (PMP, Diretor de Pesquisa do Noordén Group): Rosalina, lembre-se de que não existe um modelo ideal de PMO que deve ser aplicado em toda e qualquer organização. O primeiro passo para ter o valor do seu trabalho reconhecido é entender claramente quais são os benefícios esperados pelos clientes que você vai atender, como, por exemplo, a alta administração e os gerentes de projetos. Cada um deles terá necessidades diferentes, as quais deverão ser endereçadas por funções que você estabelecerá para o seu PMO.

E fique atenta, pois as necessidades hoje existentes podem mudar a qualquer momento, devido a mudanças estratégicas e até à mudança do seu cliente, o que acontece quando alguém deixa a organização, sendo substituído por outra pessoa, com outras expectativas e necessidades.

JOSEANE ZOGHBI (Gestora Pública): Parabéns, Rosalina, vejo que você tem muito trabalho pela frente. Primeiro sugiro que você faça um diagnóstico dos principais problemas que a sua organização vem enfrentando. Você precisa identificá-los para definir quais serviços serão oferecidos pelo PMO. Lembre-se de que os papéis e as funções de um PMO devem estar alinhados às expectativas do Dr. Agenor. Sugiro que você leia o artigo dos autores Brian Hobbs e Monique Aubry, "The Project Management Office (PMO): A Quest for Understanding". Ele lhe será muito útil nesse início de jornada.

MARCELO COTA (Chefe Adjunto de Departamento no Banco Central, D.Sc., MSP Practitioner, PMP): Muita calma nessa hora, Rosalina. Chorar nem pensar, mas não deixe de rir um pouco: é engraçado ver os executivos quase sempre com altas expectativas. É natural também que os executivos "subam o sarrafo", façam pressão e estabeleçam metas bem ousadas. Cabe a nós, que trabalhamos com eles, ajustar essas expectativas à realidade, ou melhor, às necessidades organizacionais.

Comece conversando com o Dr. Agenor sobre quais são os clientes do PMO: ele próprio, claro, mas quem mais? Os gerentes de projetos? Ok, e quem mais? Em seguida, levante as expectativas desses clientes. O Dr. Agenor já falou que espera controle: "dentro dos prazos, custos e qualidade". E os gerentes de projetos? O que eles querem? Metodologia? Sistemas? Assim, depois de levantar essas expectativas iniciais, faça um projeto. Sim, um primeiro projeto para bancar a implantação 1.0 do seu PMO. E "bora" seguir em frente com seu PMO!

Tirinha 115: as competências do gerente do PMO

ALONSO SOLER (Roteirista e Agente de Rosalina): É, Rosalina, o gerente do PMO possui atribuições, responsabilidades e autoridade diferentes daquelas que você tinha como gerente de projetos. Cabe a você entender esse novo posicionamento e procurar se desenvolver rapidamente de modo a potencializar o sucesso do seu PMO.

AMÉRICO PINTO (PMP, Diretor de Pesquisa do Noorden Group): Atuar em um PMO é uma oportunidade única de ter acesso direto à alta administração da organização e estabelecer uma relação de confiança que pode gerar muitos frutos. Seus chefes contarão com você, Rosalina, para atuar como uma espécie de "braço direito", não apenas reportando os problemas, mas buscando soluções integradas que possam facilitar a tomada de decisão executiva. Se você cumprir bem o seu papel, ele certamente não saberá mais viver sem você!

JOSEANE ZOGHBI (Gestora Pública): Vamos lá, Rosalina, primeiro defina qual o tipo de PMO que deseja implantar. Depois faça um levantamento de quais competências você precisa ter na sua equipe, defina o perfil do gerente de projetos típico de sua empresa/área e dimensione a sua equipe levando em consideração a quantidade e a complexidade dos projetos que possam entrar na sua carteira. Verifique se existem talentos a serem aproveitados e quais competências terá que desenvolver. Por fim, elabore um plano de desenvolvimento de competências para o PMO, incluindo você mesma, mas não deixe de se preocupar com o custo do PMO.

MARCELO COTA (Chefe Adjunto de Departamento no Banco Central, D.Sc., MSP Practitioner, PMP): É, Rosalina, "não é mole não" ser gerente do PMO. Mas, acredite, um bom gerente de projetos tem tudo para se tornar um bom gerente funcional. Lembro-me de ter lido em uma revista do PMI em 2004 uma constatação do Tom Peters, um dos maiores gurus da administração, que dizia o seguinte: "a base do treinamento gerencial é o gerenciamento de projetos".

Com essa afirmação, Tom Peters trouxe luz ao papel do gerenciamento de projetos. A função de gerente de projetos costuma ser a primeira função gerencial que um bom técnico costuma assumir. Lembra da carreira em Y? O bom técnico ingressa na organização após uma seleção em que sua qualificação técnica costuma ser o seu passaporte. Aí ele pode seguir em frente na sua carreira técnica pelo "braço direito" do "Y" ou ser convidado a gerenciar um projeto, pulando para o "braço esquerdo" do "Y" e seguindo a carreira gerencial. Repare que, em muitas organizações, o "braço esquerdo", o gerencial, costuma ser o mais longo! Assim, Rosalina, acredite na sua experiência e nas capacidades demonstradas no papel de gerente de projeto. Elas são a sua base preciosa para ter sucesso como gerente do PMO.

Tirinha 116: MATURIDADE DO PMO

ALONSO SOLER (Roteirista e Agente de Rosalina): Calma, Rosalina, o Dr. Agenor e os demais executivos da empresa provavelmente entendem o PMO apenas como um centro de cobrança de resultados. E muito provavelmente você terá que começar a operação de seu PMO priorizando apenas esse tipo de responsabilidade. Caberá a você, entretanto, ir mostrando resultados com o tempo e deixando evidente a oportunidade de extensão do escopo de atuação do PMO. Aos poucos, e com a evolução da maturidade do seu PMO, você conseguirá atuar proativamente nos resultados dos projetos em vez de apenas cobrar, reativamente, a contabilização deles. Vai com calma! Confie na sua competência que esse ainda será o PMO do ano!

AMÉRICO PINTO (PMP, Diretor de Pesquisa do Noorden Group): Uma dica, Rosalina: o seu PMO pode fazer tudo isso e mais um pouco, desde que de fato sejam essas as atribuições que vão atender às reais necessidades dos seus clientes. Pense também que, para cada função desempenhada para o PMO, você deverá estruturar um processo, contando com uma equipe suficiente não apenas em quantidade, mas também em termos de competências. Um exemplo:

não é uma boa ideia você se envolver com funções de caráter estratégico se sua equipe não possui experiência no negócio ou o nível adequado de senioridade. Crie um plano para desenvolvê-la e então, Rosalina, passe a atender a seus clientes com toda aquela qualidade que é típica do seu trabalho!

JOSEANE ZOGHBI (Gestora Pública): O Alonso tem razão, Rosalina, não vá com tanta sede ao pote, temos que "comer o mingau pelas beiradas". Primeiramente você deve atender às necessidades imediatas do Dr. Agenor, afinal ele é o seu cliente, e posteriormente expandir e mostrar que o PMO é muito mais do que um mero cobrador de cronogramas e emissor de relatórios. Trata-se de uma mudança cultural na organização. É normal a visão inicial do PMO como um cobrador, mas, com os resultados demonstrados e percebidos na organização, o PMO passa a ser visto com outros olhos. Uma dica para a mudança de status e posicionamento do PMO na organização é a aplicação de modelos de avaliação de maturidade do PMO, como, por exemplo, o PMO Maturity Cube (www.pmomaturitycube.org), o MMGP (ver referências do Prof. Darci Prado) e o OP(www.pmi.org/Business-Solutions/Organizational-Project-Management.aspx).

MARCELO COTA (Chefe Adjunto de Departamento no Banco Central, D.Sc., MSP Practitioner, PMP): Rosalina, o Dr. Agenor é o seu patrocinador, é um executivo e, como integrante dessa espécie, quer "resultados fazendo o máximo a curto prazo e com o menor custo" (aquela ladainha que conhecemos e que sabemos que é irreal). Em primeiro lugar, siga o conselho do Alonso: tenha calma. Você pode e saberá progressivamente ampliar os serviços do PMO, sempre em função das necessidades organizacionais. Eu duvido que o Dr. Agenor vá se negar a patrocinar novos serviços do PMO se existir uma boa justificativa e uma clara necessidade organizacional. E é assim que o PMO evolui sua maturidade: agregando valor para a organização ao prestar os serviços necessários, e tão somente estes.

Como gerente do PMO e como gerente de projetos exemplar que foi, você sabe que existem muitas possibilidades e, claro, ficará tentada a implementar sofisticações metodológicas, até pelo seu próprio prazer. Cuidado, não se empolgue assim, talvez não percebam valor no que você está fazendo. Converse com os outros clientes do PMO (por exemplo, os gerentes de projetos) e agregue valor lá também. Afinal, são eles que geram os resultados na ponta que o Dr. Agenor tanto espera. Volte ao Dr. Agenor e veja se um avanço no gerenciamento do portfólio da organização não seria algo necessário. Pense sempre no que gera valor. Por último, você já tem um patrocinador – conquiste-o mais ainda (profissionalmente, claro). Não é todo gerente de PMO que tem patrocinador... vambora, enfrente e em frente!

Capítulo 20. PMO – Escritório de Gerenciamento de Projetos

Tirinha 117: mais um centro de custo...

ALONSO SOLER (Roteirista e Agente de Rosalina): É, Rosalina, não é fácil autorizar a abertura de mais uma área de suporte no organograma, principalmente para quem ainda desconhece os impactos positivos que essa área poderá trazer para a empresa. Recomendo que vá com calma, gastando pouco e mostrando resultados positivos. O tempo e a sua competência na gerência do PMO certamente farão com que o Dr. Agenor e os demais executivos da empresa compreendam a relação benefício/custo da implantação de um PMO.

AMÉRICO PINTO (PMP, Diretor de Pesquisa do Noorden Group): Gerar valor percebido é um dos maiores desafios dos PMOs em todo o mundo, Rosalina. Você também vai passar por isso. Se a percepção de valor não for suficiente para justificar o custo do PMO, a sua área será reconhecida como o "Project Management Overhead", em vez de *Project Management Office*. Para suplantar esse desafio, você deve se preocupar em estabelecer um PMO que atenda às necessidades de seus clientes, gerando os benefícios que eles esperam. Não adianta dar foco em funções que não vão contribuir para o que é esperado da sua área. Lembre-se também de que você deve identificar o prazo em que esses benefícios serão observados. É importante gerar valor tanto no curto quanto no médio e longo prazos, a fim de garantir o apoio regular de seus clientes.

JOSEANE ZOGHBI (Gestora Pública): Rosalina, demonstre o retorno do PMO para a organização (ROI – *Return On Investment* do PMO) e o quanto ela vai economizar com a sua implantação. A relação custo/benefício é muito importante nesse momento. É preciso fazer um cruzamento de informações como o custo da equipe do PMO, os problemas levantados, os serviços a serem prestados e os resultados dos projetos do PMO. Seja modesta e depois, com os resultados positivos alcançados, conseguirá expandir, tenho certeza. Aproveite e leia o artigo do Ricardo Vargas, "Determining the Mathematical ROI of a Project Management Office (PMO) Implementation", e visite o site www.pmotools.org.

MARCELO COTA (Chefe Adjunto de Departamento no Banco Central, D.Sc., MSP Practitioner, PMP): Rosalina, você terá que voltar lá no Dr. Agenor. Ele não entendeu ou não quis entender. Não importa, não fique brava com o homem. Volte e apresente seus primeiros resultados na linha do que ele pediu. Controle, não foi? Então, mostre que você tem todos os gerentes de projetos e as informações dos projetos na palma da sua mão. Ele vai te reconhecer. Aí você engata a conversa de novo e apresenta a conta: "para alcançarmos esses resultados, Dr. Agenor, foi necessário investir aqui, ali, acolá... com esse investimento, já foi possível apresentar esses resultados, com um pouquinho mais aqui, veja o orçamento detalhado, Dr. Agenor, podemos conseguir mais isso e aquilo...". Você, Rosalina, com o seu charme e competência profissional, certamente conseguirá falar melhor do que eu e terá o orçamento aprovado.

Um executivo não consegue negar um bom argumento, com o risco de ser considerado burro. Então, em vez de ficar dando lição de moral ou lembrar Milton Friedman (*there is no free lunch*) para seu patrocinador – ele certamente estudou economia e entende mais do que você sobre isso –, construa uma argumentação sólida e progressiva. Agora, não saia apresentando um orçamento gigante ou completo demais. Pense no PMO 1.0. Tenho certeza de que você terá o seu PMO 1.1, o 2.0 e assim por diante. *Go for it*, Rosalina, e depois me pague um almoço que eu irei adorar!

Capítulo 21. Gerenciamento de Programas

TIRINHA 118: GERENTE DE PROGRAMAS

ALONSO SOLER (Roteirista e Agente de Rosalina): É, Rosalina, parabéns pela nova função! Você é hipermerecedora dessa promoção. Realmente, gerenciar um programa é um trabalho diferente do gerenciamento de um projeto. O trabalho não é, necessariamente, limitado no tempo – o foco das entregas é outro e o modo para conseguir chegar aos resultados esperados também difere. Certamente você terá que desenvolver novas competências gerenciais. Mas não se assuste. Seja protagonista de sua própria vida profissional e enfrente os desafios e os novos problemas com coragem e determinação.

ALFREDO DE BARROS PEREIRA (PgMP, MSP Practitioner, PMP, PRINCE2 Practitioner): Rosalina, você tem razão por demonstrar certa ansiedade. O desafio não é pequeno e vai exigir de você uma postura diferente, quase uma mudança de paradigma. Mas você conquistou a confiança da alta administração, tem bom trânsito entre os principais executivos, e isso vai lhe dar respaldo para conduzir as transformações que o programa deve provocar na empresa.

A primeira grande diferença é quanto aos benefícios. Eles são a razão de ser dos programas, enquanto os projetos existem para entregar produtos. Os executivos enxergam isso: os programas estão bem mais próximos dos resultados estratégicos almejados do que as entregas dos projetos.

ANDRÉ ARRIVABENE (PgMP, Consultor e Professor): Rosalina, tenha em mente que seu foco agora é garantir que o programa entregue os benefícios estratégicos que sua empresa espera. Você deve se preocupar em verificar constantemente se o seu programa ainda é relevante para a empresa e se este ainda se mantém alinhado à sua estratégia. Como fazer isso? Bem, não se trata de uma tarefa simples e tampouco existe uma receita pronta para isso. O melhor caminho é manter uma linha de comunicação aberta e frequente com os executivos da empresa e fazer revisões periódicas dos benefícios esperados e realizados pelo programa. Procure ter certeza – com base em evidências, não em crenças – de que os projetos contemplados pelo programa contribuem para o atingimento desses benefícios. Para fechar com chave de ouro, certifique-se de que o programa está deixando como legado uma estrutura operacional que garanta que esses benefícios se mantenham a longo prazo. No mais, aproveite a nova jornada e procure se divertir no caminho!

CARLOS SERRA (PMO Lead na Lloyd's Register, MSc, PMP, PRINCE2 Practitioner): Rosalina, o mais importante agora é você ampliar a sua visão do que é sucesso e do que são os objetivos. Como gerente de programas, você vai deixar de gerenciar a entrega de produtos para passar a gerenciar a entrega de mudanças estratégicas. Você vai ter que se preocupar com como a organização está aceitando os produtos entregues por projetos e como ela está adotando novas práticas para maximizar o benefício gerado pela utilização desses produtos. Você vai agora se preocupar muito mais com o valor financeiro que seus programas criam para a organização e com o componente humano que viabiliza essa criação de valor.

EDY NILTON DONIZETTI APARECIDO (Gerente de Programa na Embraer): Rosalina, sua nova função requer uma ampliação da sua visão sobre o negócio, a missão e os objetivos estratégicos da organização, pois os programas existem para viabilizar tudo isso de maneira estruturada. O seu papel requer criar ou fortalecer canais de interação com as demais lideranças da organização, em diversos níveis, para garantir que todos entendam a importância estratégica do seu programa e disponibilizem os recursos necessários para que os projetos pertinentes sejam executados adequadamente.

A relação com os gerentes de projetos também é fundamental para que os mecanismos de gestão de cada projeto estejam alinhados com a governança do seu programa, permitindo que as decisões sejam direcionadas para o sucesso do programa e não apenas de um projeto específico.

TIRINHA 119: OS PROJETOS QUE COMPÕEM O PROGRAMA

ALONSO SOLER (Roteirista e Agente de Rosalina): Questão complicada de otimização, Rosalina! Por um lado, temos que priorizar os projetos que compõem o programa, uma vez que os recursos destinados a ele são finitos – não dá para fazer tudo aquilo que pensamos ser útil ao alcance dos objetivos do programa. Por outro lado, não conseguimos quantificar com precisão se a soma dos impactos individuais dos projetos conseguirá atingir as metas estabelecidas para o programa. Bem-vinda ao clube dos gerentes de programa, Rosalina!

ALFREDO DE BARROS PEREIRA (PgMP, MSP Practitioner, PMP, PRINCE2 Practitioner): A identificação dos projetos que comporão o programa será uma consequência da visão e dos benefícios definidos nos passos iniciais do programa. Há bastante trabalho para fazer aqui, que corresponde à concepção da arquitetura do programa.

Uma boa técnica nesse ponto é a elaboração de um **mapa de benefícios**, onde são feitas as ligações de causa e consequência entre os benefícios desejados,

Capítulo 21. Gerenciamento de Programas

as capacidades organizacionais necessárias para produzir os resultados e os produtos a serem construídos para dotar a empresa com aquelas capacidades. Com isso você poderá validar com os executivos dos diversos níveis da empresa se as transformações a serem produzidas pelo programa serão suficientes para alcançar a visão. Os projetos surgirão naturalmente, pois são eles que vão construir os produtos mapeados.

É bem provável que você não consiga tocar todos os projetos ao mesmo tempo; a empresa talvez não seja capaz de assimilar tantas mudanças de uma vez. Aqui aparece o conceito de "tranches", em que são identificadas as mudanças a serem implementadas em cada etapa e os projetos que vão entregar os produtos necessários à criação ou ao aumento das capacidades organizacionais. Veja que assim a priorização também ficou facilitada.

ANDRÉ ARRIVABENE (PgMP, Consultor e Professor): Rosalina, escolher e priorizar os projetos talvez seja um dos pontos mais complexos para a equipe de gestão do programa. É uma tarefa cercada de incertezas, já que em muitos casos os benefícios de um programa são difíceis de ser estimados e medidos de forma confiável – muitas vezes essa avaliação é subjetiva. Estimar como cada projeto vai contribuir para o benefício final do programa pode ser ainda mais difícil, e muitas vezes essa é uma pergunta sem resposta certa. Se somarmos a essas incertezas os conflitos de interesse naturais entre as partes interessadas, temos aí um ambiente propício ao "leva quem grita mais alto".

Minha sugestão a você é identificar quem são os beneficiários do programa e fazer essa avaliação conforme o ponto de vista deles. Lembre-se de priorizar os benefícios antes de priorizar os projetos. Procure se cercar das melhores fontes de dados que estiverem disponíveis para essa avaliação e escolha as pessoas certas dentro da estrutura da empresa para formar a equipe de priorização. Ah, e não se esqueça de que há projetos que são estruturantes – ou seja, que não entregam benefícios significativos isoladamente, e sim criam as condições para que os outros projetos se viabilizem!

CARLOS SERRA (PMO Lead na Lloyd's Register, MSc, PMP, PRINCE2 Practitioner): Priorização é realmente um aspecto muito importante em um programa, Rosalina! Uma priorização inadequada pode levar a resultados desastrosos, como, por exemplo, o consumo de recursos maior que o necessário. No caso de um único recurso, que poderia trabalhar de forma sequencial em mais de um projeto, ser substituído por recursos que trabalham em paralelo nesses mesmos projetos, pode-se acabar acelerando as frentes de trabalho, mas em contrapartida pode-se gerar também a necessidade de contratação de recursos adicionais – o que poderia aumentar os custos totais do programa. Uma estratégia bem comum adotada em programas é entregar produtos e resultados gradualmente para os clientes, de forma que eles tenham a percepção de estar sempre recebendo algo positivo do programa. Essa estratégia facilita muito a assimilação das mudanças pela organização, mas demanda um esforço por parte do gerente do programa em garantir a correta priorização (e o devido alinhamento) entre os diversos projetos.

EDY NILTON DONIZETTI APARECIDO (Gerente de Programa na Embraer): Rosalina, este é um grande desafio: sustentar os objetivos e as metas do programa com iniciativas e projetos adequados ao longo do tempo. É necessário monitorar continuamente a projeção dos principais resultados para verificar se o conjunto atual de projetos e iniciativas é suficiente para garantir o sucesso do programa.

Deve-se dar especial atenção à evolução dos projetos e do cenário externo. Tanto um como o outro pode levar a mudanças na composição de projetos e iniciativas de um programa.

Se o resultado final do programa não está sendo atingido, será necessário introduzir mudanças nos projetos aprovados ou identificar novos projetos para produzir os benefícios necessários.

Por outro lado, a evolução do cenário externo pode impor a necessidade de resultados diferentes daqueles do momento em que o programa foi lançado. Nesse caso, também pode ser necessário iniciar novos projetos. Mas também pode ser coerente interromper ou cancelar projetos ou iniciativas em andamento – se não fazem mais sentido, não é porque foram iniciados que devem ser concluídos.

Capítulo 21. Gerenciamento de Programas

Tirinha 120: eficiência coletiva

ALONSO SOLER (Roteirista e Agente de Rosalina): Uau, Rosalina! Você está se saindo muito bem nessa discussão. Aprendeu direitinho a diferença entre o sucesso de um projeto e de um programa. Mas tome cuidado para não desmotivar ou provocar uma rota de colisão entre os seus gerentes de projetos. Afinal, eles não precisam, necessariamente, ter a visão geral do sucesso do programa. O seu compromisso está centrado nas entregas combinadas dos projetos sob a sua responsabilidade, dentro dos parâmetros estipulados de tempo, custo e qualidade. Pragmaticamente, a eles basta alcançar os objetivos de seus projetos individuais. Ou não???

ALFREDO DE BARROS PEREIRA (PgMP, MSP Practitioner, PMP, PRINCE2 Practitioner): Rosalina, essa é uma mudança importante a ser assimilada pelos gerentes dos projetos que compõem o programa. Cada um deles deverá focar não apenas no "meu projeto", mas também no "nosso programa". Do mesmo modo que todos os pacotes de trabalho de cada projeto são essenciais para o seu sucesso, cada projeto precisa ser bem-sucedido para que os benefícios do programa sejam alcançados.

Como gerente do programa, Rosalina, você deve conseguir passar essa filosofia para os gerentes dos projetos. Eles devem atuar como jogadores de um time de futebol, cada um atuando bem na sua posição, mas estando atentos aos demais jogadores, para que o programa faça os gols, e não com jogadas individuais. Você, como técnica do time, deverá ficar atenta à necessidade de ajustes no ritmo de cada projeto e na realocação de recursos dependendo das relações de interdependência entre os produtos a serem entregues pelos diversos projetos.

ANDRÉ ARRIVABENE (PgMP, Consultor e Professor): Rosalina, quando vejo situações como a que estão retratadas nessa tirinha, me vem à mente a imagem de uma equipe que faz a troca de pneus em um carro de Fórmula 1. Um dos mecânicos está comemorando depois de ter trocado seu pneu em tempo recorde enquanto o carro ainda está parado, pois o outro mecânico deixou um parafuso cair no chão. O que quero dizer é que os projetos servem ao programa, e não o contrário.

Minha sugestão para você é tentar balancear a eficiência na execução do programa com a entrega de benefícios, mas priorizando sempre os benefícios. Para isso, tente responder à seguinte pergunta: qual arranjo entre os projetos individualmente faz com o que programa maximize ou antecipe seus resultados? Lembre-se de que o compromisso do programa é com a manutenção dos benefícios a longo prazo. Por essa ótica, a eficiência na execução individual às vezes não é o ponto mais importante – desde que estejamos abrindo mão da eficiência individual em prol do sucesso coletivo do programa.

CARLOS SERRA (PMO Lead na Lloyd's Register, MSc, PMP, PRINCE2 Practitioner): Rosalina, realmente você precisa garantir que os gerentes de projetos que são subordinados à você estejam sempre conscientes das metas do programa e das mudanças a serem implementadas no negócio. Por exemplo, não adianta muito concluir o desenvolvimento de um novo sistema de tecnologia da informação antes do prazo esperado se os manuais e programas de treinamento não estiverem prontos. No meu exemplo, assumindo que essas duas frentes de trabalho estejam sob a responsabilidade de diferentes gerentes de projetos – um com foco em recursos humanos e outro com foco em Tecnologia da Informação –, esses gerentes precisariam trabalhar em paralelo e até mesmo compartilhar recursos para garantir que o sistema seja implementado com sucesso e na data desejada. A competição e o individualismo entre os gerentes de projetos só causarão prejuízos ao seu programa. Você deve sempre incentivar a comunicação, integração, cooperação e o apoio mútuo entre eles. O sucesso em um programa é sempre obtido de forma coletiva, como resultado de gerentes de projeto trabalhando em equipe!

EDY NILTON DONIZETTI APARECIDO (Gerente de Programa na Embraer): Rosalina, este é outro desafio importante na gestão de programas: fazer com que todos os *stakeholders* tenham uma visão dos principais benefícios do programa para a organização, assim como o conjunto de projetos que os viabiliza.

É mais comum que os gerentes de projetos tenham uma visão mais clara do seu projeto específico. Porém, se cada um entender um pouco melhor a inter-relação dos projetos para o sucesso do programa, eles estarão mais propensos a colaborar com projetos que estão enfrentando dificuldades. Muitas vezes tais dificuldades devem ser superadas prioritariamente, naquele momento, para o sucesso global do programa.

Em situações extremas um gerente de projetos pode não só ceder recursos de seu projeto, que está indo bem, para ajudar outro projeto em dificuldade – a situação pode exigir que ele mesmo apoie o gerente do projeto em dificuldade para promover a recuperação necessária para o benefício geral do programa.

TIRINHA 121: GERENTE DE PROGRAMAS OU GERENTE FUNCIONAL

ALONSO SOLER (Roteirista e Agente de Rosalina): Corretíssimo o seu *insight*, Rosalina! Considerando as características conceituais de um programa, parece haver semelhanças nítidas entre a gestão deste e a gestão de uma unidade funcional qualquer. E isso lhe parece bom ou ruim?

ALFREDO DE BARROS PEREIRA (PgMP, MSP Practitioner, PMP, PRINCE2 Practitioner): Rosalina, aqui você precisa ter alguns cuidados. Embora o seu programa possa levar vários anos para colher todos os benefícios prometidos, ele não pode ser considerado uma nova área funcional. O programa é um poderoso instrumento para gerar as mudanças e transformações na empresa, para que ela seja capaz de produzir os resultados identificados no planejamento estratégico, confirmados pela gestão do portfólio.

Uma vez que os benefícios forem entregues com as suas diversas "tranches", deve ser feita a transição para a operação e o programa chega ao seu final. O sucesso de sua missão como gerente do programa é levar a empresa a se capacitar para produzir os resultados desejados. Os objetivos perenes ficam na responsabilidade das diversas áreas funcionais que tiveram seus processos criados ou aperfeiçoados pelo programa.

E não se esqueça de fazer "aquela" celebração para marcar o sucesso desse grande empreendimento, o programa da Rosalina.

ANDRÉ ARRIVABENE (PgMP, Consultor e Professor): Rosalina, sua observação é muito pertinente e uma dúvida muito comum. Lembre-se de que o seu programa é a ponte entre a estratégia e a operação da empresa. Essa ponte precisa de "acessos" a ambos os lados – o lado dos projetos, que é o da realização das mudanças, e o lado da operação, que recebe e "absorve" essas mudanças de forma perene.

A atuação de um gerente de programas é também uma ponte entre gerentes de projetos e os gerentes funcionais. Um gerente de projetos mantém o time em campo enquanto o escopo do projeto não estiver completo e aceito. Um gerente funcional mantém o time em campo indefinidamente, enquanto houver operações correntes. Um gerente de programas mantém o time em campo enquanto houver necessidade de mudanças significativas para atingir objetivos e benefícios. Essas mudanças são realizadas por meio dos projetos do programa – e aí entram os gerentes de projeto. Quando essas mudanças estão entregues e estabilizadas, e os benefícios tiverem condições de ser mantidos a longo prazo, é hora de "passar o bastão" para os gerentes funcionais.

CARLOS SERRA (PMO Lead na Lloyd's Register, MSc, PMP, PRINCE2 Practitioner): Sim, Rosalina. O gerente de programas tem uma atuação muito mais parecida com a de um gerente funcional, principalmente no sentido de manter sempre um olho no que está acontecendo no negócio. Um gerente funcional é responsável pela execução de uma série de processos – que por definição são repetitivos – dentro de limites de performance que permitam o funcionamento do negócio da empresa. Por sua vez, o gerente de programas é responsável por gerenciar a mudança desses processos existentes de forma a executar a estratégia da empresa, visando, quase sempre, implementar novos limites de performance que sejam melhores que os anteriores. Diferentemente de projetos, que entregam produtos, os programas devem assegurar que a mudança ocorreu e que os objetivos estratégicos foram alcançados. Isso inclui, na maioria das vezes, uma mudança de cultura organizacional – o que não costuma ser nada simples nem rápido. Portanto, além de coisas como orçamentos, cronogramas e entregáveis, o gerente de programas deve ter um foco muito grande em outras coisas como processos, indicadores, estratégia do negócio, mudanças, pessoas e cultura organizacional.

EDY NILTON DONIZETTI APARECIDO (Gerente de Programa na Embraer): Rosalina, essa semelhança com uma área funcional é ainda mais acentuada quando um programa está associado com os resultados de um produto (ou serviço) ou com uma plataforma de produtos que contemple serviços associados. Nesses casos a gestão do programa acontece durante todo o ciclo de vida do negócio, que vai além do desenvolvimento do produto (ou serviço), passando pela operação – com eventuais melhorias – até o *phase-out* e descarte do produto.

Em todo esse ciclo a gestão de programa significa mais do que a gestão de um conjunto de projetos, podendo englobar outras iniciativas e processos de gestão que garantam o sucesso e a perenidade do negócio.

Capítulo 22. Certificação Profissional PMP

TIRINHA 122: QUEM É O MELHOR GERENTE DE PROJETOS?

ALONSO SOLER (Roteirista e Agente de Rosalina): Eu também não saberia dizer quem é melhor gerente de projetos, Rosalina, mas, como você mencionou, um profissional com certificação PMP pode ser reconhecido por assegurar o CONHECIMENTO das boas práticas e a EXPERIÊNCIA de trabalho. Quem você escolheria para contratar?

ANDRIELE FERREIRA RIBEIRO (Diretor da Brainss Treinamentos, Especialista na Preparação de Candidatos à Certificação PMP): É, Rosalina, tenho certeza de que, no mínimo, o currículo desse candidato certificado como PMP "mudou de pilha" (ou seja, fez você olhar com mais atenção para ele). Concordo que não dá para garantir que o candidato PMP seja melhor que os outros. Mas, na corrida pela contratação, o conhecimento e a experiência atestados pela certificação já fazem o nosso amigo largar na frente dos demais, não é mesmo?

MAURO SOTILLE (Diretor da PM Tech Capacitação em Projetos, MBA, PMP): Rosalina, você está certa. A certificação PMP tem muito valor, ao mostrar aos recrutadores que o profissional satisfaz os requisitos educacionais e profissionais estabelecidos pelo PMI, além de demonstrar o nível mínimo de entendimento e conhecimento em gerenciamento de projetos para ser uma boa contratação para a companhia.

Precisamos lembrar que nem todo profissional certificado é um bom gerente de projetos! Há bons gerentes de projetos que não são certificados! De qualquer modo, escolher alguém certificado é uma alternativa mais fácil para o empregador. Sendo assim, a certificação PMP é vista pelo mercado como um balizador. Porém, não esqueça que o mais importante é saber usar adequadamente tais experiências, conhecimentos e técnicas para conduzir as pessoas, que são quem realmente fazem o projeto acontecer.

ROBERTO PONS (CEO do grupo PROJECTLAB, PMP, MSc): Rosalina está perfeita em sua colocação. A certificação PMP é um diferencial importante de mercado, mas não garante a competência do gerente de projetos. Atualmente, ser PMP para um profissional da área é praticamente um requisito, já que não há uma graduação na disciplina. Além disso, em um mundo globalizado, onde os projetos envolvem *stakeholders* de outras empresas, culturas ou países, ter profissionais que podem se entender em torno de um padrão mundial é de fato uma vantagem para o projeto e para as empresas envolvidas. A certificação PMP é a forma como o mercado atesta que o profissional comprovou conhecimento das boas práticas de mercado e que possui experiência prévia, ou seja, já colocou a mão na massa por no mínimo três anos. Porém, assim como em qualquer outra profissão, como engenheiro, médico, advogado e por aí vai, ele pode ter o "diploma" e a experiência praticando a disciplina, mas pode não ser lá muito bom, não é mesmo? Além das qualificações acadêmicas ou técnicas, um bom gerente de projetos deve possuir outras competências, tais como os chamados *soft skills*, ou seja, saber lidar com gente! Isso não é algo que se pode validar por um diploma ou certificado. É preciso entrevistar o candidato, buscar referências por onde passou, como foram os projetos que ele gerenciou, conversar se possível com *stakeholders* com quem ele lidou, tais como equipe, cliente, *sponsor*... avaliar suas atitudes, seus valores e sua ética profissional. Contratar o melhor profissional, só mesmo com um bom processo seletivo! Mas entre dois candidatos equivalentes, o que é PMP certamente leva vantagem.

Capítulo 22. Certificação Profissional PMP

TIRINHA 123: CONHECIMENTO OU EXPERIÊNCIA?

ALONSO SOLER (Roteirista e Agente de Rosalina): É isso mesmo, Rosalina, eu também conheço diversos colegas que acreditaram que apenas a experiência e a vivência profissional eram suficientes para passar no exame de certificação PMP. Engano deles! A prova é composta por questões conceituais e questões que expõem situações correntes do dia a dia do gerente de projetos sob a ótica do conhecimento das boas práticas. Quem não conhecer essas boas práticas, não conseguirá responder as questões.

ANDRIELE FERREIRA RIBEIRO (Diretor da Brainss Treinamentos, Especialista na Preparação de Candidatos à Certificação PMP): Xiii, Rosalina! Estou preocupado com o seu colega. Excesso de confiança está entre os principais motivos de reprovação no exame PMP. Uma experiência mais consistente no gerenciamento de projetos ajuda demais na hora da prova, mas é preciso estudar muito também! Além disso, as questões do exame PMP têm uma lógica muito própria, com a qual é preciso se familiarizar. O buraco é mais embaixo...

MAURO SOTILLE (Diretor da PM Tech Capacitação em Projetos, MBA, PMP): Você está correta, Rosalina. É preciso determinação, dedicação e trabalho árduo para passar no exame. Não basta possuir experiência prática, é necessário ler *PMBOK® Guide*. O candidato deve estudar o "PMIsmo" e, principalmente, tentar acreditar nisso. Discordar do guia não auxilia no exame.

Então, recomende ao seu colega que ele obtenha uma versão do *PMBOK® Guide* e outras referências e estude, estude, estude... entre cem e duzentas horas, fazendo quantos exercícios for possível. Conhecer o estilo das questões faz diferença. Além disso, o exame é extenso. O candidato deve estar fisicamente preparado e bem disposto. Não é tão difícil, afinal mais de seiscentas mil pessoas passaram no exame e, segundo as estatísticas do PMI, 72% das pessoas passam na primeira tentativa.

ROBERTO PONS (CEO do grupo PROJECTLAB, PMP, MSc): Tô com você, Rosalina, ele vai dar com a cara no chão! Já vi muito profissional com 15, vinte anos de experiência apanhar do exame. Isso se dá por um fato muito simples: o exame pressupõe que você tenha experiência sim, mas na aplicação das boas práticas do PMI! Dificilmente o candidato à certificação trabalhou esses anos todos seguindo todas essas práticas. Se as empresas em que ele trabalhou aplicam algumas dessas práticas, ele terá alguma vantagem, mas aposto meus cabelos brancos (ok, são poucos ainda!) que ele tem mais vícios de gerenciamento do que domínio das práticas do PMI! É aí que ele se surpreende, pois acha que a prova foi fácil, mas, na verdade, ele caiu em um monte de pegadinhas. Como o PMI conhece os vícios de mercado, ele testa se você os pratica, com várias respostas "certas" para a mesma questão, sendo que a "mais certa" é a que vale...! Assim, sempre alerto aqueles com muita bagagem: "desapeguem-se de suas práticas empresariais particulares e coloquem o chapéu do PMI". É muitas vezes um desafio para os mais rodados, desaprender um "mau hábito" altamente condicionado e reaprender outra visão de lidar com a mesma situação. Muitas vezes essa reflexão vai melhorar o desempenho do profissional na própria empresa, pois ele pode experimentar fazer as coisas de modo um pouco diferente e ter resultados ainda melhores. Outras vezes, por sua aplicação ser muito específica, as boas práticas genéricas do PMI não serão mais eficazes do que as que ele já pratica. Em todo caso, o resumo da ópera é: sem estudar e entender a visão do PMI, não se passa no exame... então, coloca o chapéu e estuda! Depois que você passar no exame, use seu bom senso para aplicar o que aprendeu.

TIRINHA 124: OS PMPS DA EMPRESA

ALONSO SOLER (Roteirista e Agente de Rosalina): Boa colocação, Rosalina. O investimento pessoal na preparação para o exame PMP não beneficia apenas o profissional, com o aumento de sua visibilidade interna e empregabilidade. Dispor de PMPs na folha de pagamento aptos a "tocar" os projetos mais complexos da empresa é uma vantagem marginal das próprias empresas. Por isso, muitas organizações incentivam e patrocinam seus profissionais para que prestem o exame de certificação PMP, reconhecendo o esforço necessário para uma boa preparação.

ANDRIELE FERREIRA RIBEIRO (Diretor da Brainss Treinamentos, Especialista na Preparação de Candidatos à Certificação PMP): Excelente ideia, Rosalina! Além do benefício final de ter vários PMPs na equipe, um programa corporativo vai trazer motivação extra pra quem estiver estudando. A preparação para o exame PMP não é moleza. Mas a possibilidade de trocar ideias e discutir dúvidas sobre a prova com um colega de trabalho, inclusive contextualizando as situações das questões de simulado dentro da realidade da empresa, vai tornar o estudo muito mais prazeroso e eficaz.

MAURO SOTILLE (Diretor da PM Tech Capacitação em Projetos, MBA, PMP): Possuir um conjunto de profissionais certificados demonstra alinhamento com metodologias normatizadas e aceitas internacionalmente, o que deve elevar a qualidade e efetividade do gerenciamento dos projetos, agregação de credibilidade e valor aos prestadores de serviços, motivação dos colaboradores para buscar crescimento profissional e redução de custos decorrentes da melhor administração da implantação dos projetos da empresa. Assim, muitas empresas estão financiando a certificação PMP para seus funcionários, pois começaram a verificar que este é um investimento que se paga a longo prazo.

A grande vantagem do treinamento de um programa de certificação corporativo é que a organização pode, além de preparar para a certificação, proporcionar ênfase em áreas que requerem mais de seus gerentes de projetos, usando seus formulários, software, métodos de comunicação e cadeia de comando, possibilitando que os empregados utilizem essas novas habilidades imediatamente, independentemente da certificação.

ROBERTO PONS (CEO do grupo PROJECTLAB, PMP, MSc): Rosalina está pensando certo. Para qualquer empresa, ter bons profissionais qualificados é uma vantagem competitiva. Especialmente se eles são dedicados e buscam seu próprio desenvolvimento profissional, como o Klauss. Em se tratando de gerentes de projetos, ter PMPs na empresa agrega valor tanto para o desempenho dos próprios projetos internos como para o seu mercado e clientes da empresa. Em algumas indústrias, clientes maiores já exigem que sua empresa tenha um PMP para se responsabilizar pelo gerenciamento de seus projetos contratados, de forma parecida à engenharia, onde é obrigatório ter um engenheiro responsável pelas obras. Isso aumenta a confiabilidade de que o projeto vai ser pelo menos gerenciado dentro dos padrões internacionais de qualidade profissional. Incentivar o desenvolvimento profissional de seus talentos é a melhor forma de garantir a retenção deles na empresa, e que empresa sobrevive sem talentos? Mas cuidado ao montar seu programa interno de desenvolvimento profissional. É prudente engajar a sua área de recursos humanos com as áreas operacionais afins e, se possível, envolver uma consultoria externa especialista na área de gerenciamento de projetos, para ajudá-los a montar um plano adequado à maturidade e à cultura da empresa. Boa sorte, Rosalina!

Tirinha 125: passei na prova. E agora?

ALONSO SOLER (Roteirista e Agente de Rosalina): Então, Klauss, é óbvio que a sua empregabilidade aumentou bastante com a inclusão dessa certificação no seu currículo. Mas, acima de tudo, essa certificação te permite "encarar" projetos mais complexos e estratégicos para a sua empresa. Sua visibilidade passa a ser maior também – para o bem ou para o mal! Portanto, aproveite a chance, viva seus projetos de forma intensa e apaixonada. Você só tem a ganhar com esse aumento... de trabalho!

ANDRIELE FERREIRA RIBEIRO (Diretor da Brainss Treinamentos, Especialista na Preparação de Candidatos à Certificação PMP): Sabe o que diferencia um profissional medíocre de alguém com sucesso real no mundo corporativo, Klauss? Uma visão mais estratégica de sua própria carreira. Nem sempre a certificação PMP vai te render um aumento de salário imediato. Agora, ao gerenciar projetos mais complexos, certamente o seu "passe" vai se valorizar, e muito. E aí, meu caro, é bem provável que venha um aumento salarial. Se não vier da sua empresa atual, ofertas de concorrentes não vão faltar... não é por acaso que regularmente o PMI relata, em sua pesquisa salarial, remunerações consistentemente mais altas dos PMPs em comparação com seus colegas não certificados.

MAURO SOTILLE (Diretor da PM Tech Capacitação em Projetos, MBA, PMP): Klauss, para ser gerente de projetos "de carteirinha" é interessante realizar um exame de certificação em gerenciamento de projetos, e com certeza a certificação PMP do PMI é a credencial mais respeitada e globalmente reconhecida na área. Obtendo essa certificação, você vai estar informando a seus clientes e colegas não só que atingiu um certo nível de experiência e conhecimento, mas também que está comprometido com a sua carreira como gerente de projetos.

Sem dúvida, outros benefícios estão no seu horizonte, dentre eles a ampliação da sua empregabilidade e, talvez, aumento de salário, já que as estatísticas mostram que os profissionais certificados ganham cerca de 10% a mais do que os que não têm a certificação. Em contrapartida, você deve estar preparado para assumir mais responsabilidades. E lembre-se de que isso é só o começo: estar certificado indica que você pretende (e deve) continuar sua educação na área de gerenciamento de projetos.

ROBERTO PONS (CEO do grupo PROJECTLAB, PMP, MSc): Calma, Klauss... uma coisa de cada vez! É muito comum os colaboradores de uma empresa terem objetivos de curto prazo de ascensão profissional e salarial, especialmente essas gerações Y, Z e outras letras finais do alfabeto. Mas a realidade é a seguinte: o retorno desejado pelo profissional vem desde que os resultados para a empresa venham primeiro. Traduzindo para você, Klauss, seu salário vai melhorar com o tempo, especialmente se você vencer os desafios de gerenciar bem os projetos mais complexos da empresa. Afinal, ter uma certificação mostra que você está qualificado, mas o que vale mesmo são os resultados! Assim que a empresa enxergar que você está agregando mais valor aos negócios, você terá seu reconhecimento e, consequentemente, aumenta a preocupação da empresa em retê-lo. Se foi a empresa que financiou seus estudos e o exame da certificação, isso é ainda mais verdadeiro, pois ela tem expectativas e investiu em você, e agora está na hora de você desempenhar e mostrar a ela que está de fato apto aos novos desafios em sua carreira. Mostre primeiro que eles estavam certos em investir em você! Se foi você que tomou a iniciativa e conquistou sua certificação por conta própria, você já aumentou a sua empregabilidade e a empresa vai valorizar seu esforço. Primeiro, testando suas novas habilidades e acompanhando seus resultados, e depois, não se preocupe... o *dimdim* aparece!!

Capítulo 23. Gerenciamento Sustentável de Projetos

TIRINHA 126: RESPONSABILIDADE SOCIAL E AMBIENTAL

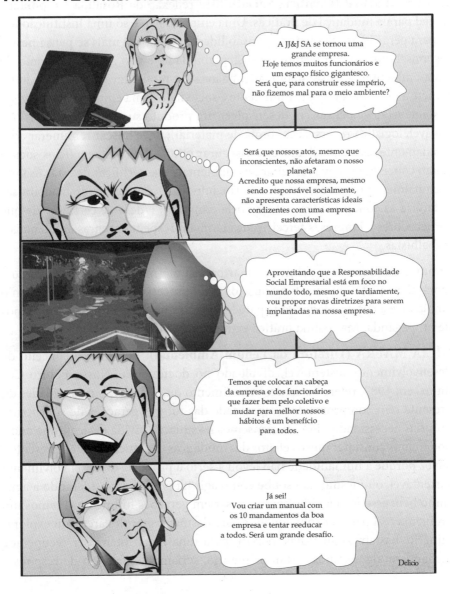

ALONSO SOLER (Roteirista e Agente de Rosalina): Realmente, Rosalina, as empresas crescem e florescem a cada ano e geralmente não param para pensar no rastro ambiental e social que estão deixando para trás. Atualmente, o tema da Responsabilidade Social e Ambiental (RSA) tem frequentado as discussões estratégicas dessas empresas. Não basta crescer econômica e financeiramente hoje, à custa de legados que podem impactar o crescimento futuro da empresa e da sociedade. Crescer com sustentabilidade é o novo lema estratégico!

CYRUS AFSHAR (Cientista Social): Essa reflexão da Rosalina é o pontapé inicial para a mudança de práticas. Uma empresa não é só uma instituição feita para gerar lucro. Ela tem responsabilidades. Cada vez mais se pensa nessas responsabilidades em termos de sustentabilidade, e não apenas do ponto de vista ambiental. A sustentabilidade, palavra da moda, levada ao pé da letra, remete a uma ideia holística: ambiente e sociedade. Uma empresa que quer ser sustentável deve pensar em desenvolver um produto sustentável (material reciclável, logística reversa, economia de material); deve buscar remunerar adequadamente seus trabalhadores e assegurar que os devidos benefícios sociais sejam concedidos; deve respeitar leis ambientais e se certificar de estar usando racionalmente os recursos naturais (incluindo aí compensar de maneira satisfatória as comunidades afetadas pela empresa); e deve se certificar de que fornecedores e empresas terceirizadas também respeitam regras ambientais e trabalhistas.

Enfim, a empresa deve primeiro olhar para si mesma: fazer um produto sustentável, respeitando seus funcionários e, no processo, respeitando também o ambiente e a comunidade. Pode parecer pouco e não render muito em termos de propaganda. Mas é uma prática extraordinária de fato.

NÍCIA MAFRA (Diretora da Lenum Ambiental): Rosalina, o conceito de desenvolvimento sustentável, divulgado no documento "Nosso Futuro Comum" em 1987, refere-se ao desenvolvimento que satisfaz as necessidades do presente sem comprometer a capacidade das futuras gerações de suprir suas próprias necessidades. Porém, pensemos na situação vivida neste último ano e poderemos constatar que os efeitos das mudanças climáticas já estão presentes, talvez porque a humanidade não levou a sério a proposta de desenvolvimento sustentável, ou mesmo não soube como agir na prática. Considerando a água como bem essencial à vida, como pensar em gerações futuras se já temos um problema real para ser solucionado? Para desmatar grandes áreas, ou explorar minério, bastam alguns dias; porém, para uma mata inteira ser recuperada demandam alguns anos. Estamos mesmo, seriamente, falando de responsa-

Capítulo 23. Gerenciamento Sustentável de Projetos

bilidade – não individual, mas sistêmica, pois o que causa impacto influencia o todo. Pode não ser diretamente, mas indiretamente é o que acontece, pois vivemos em um sistema fechado – o planeta Terra.

Assim, Rosalina, para ajudá-la a formular seu manual, pensemos nos princípios fundamentais como: a redução da pobreza com promoção da justiça social; o desenvolvimento econômico com respeito à natureza e proteção ao meio ambiente; a igualdade de gênero; a responsabilidade da organização pela prestação de contas e pelos impactos gerados na sociedade, na economia e no meio ambiente; transparência; comportamento ético; respeito pelos interesses das partes interessadas; respeito pelo estado de direito (ou seja, esteja ciente das suas obrigações para cumprimento das leis); respeito pelos direitos humanos; adoção de práticas de gestão integrada relacionadas ao meio ambiente, em relação à geração de resíduos, efluentes, uso sustentável dos recursos naturais, incentivo à logística reversa, redução, reutilização e reciclagem; adoção do princípio da precaução; gestão de risco ambiental.

São algumas sugestões abrangentes e o mais importante será conhecê-las, procurar exemplos de empresas sustentáveis e verificar suas ações e atividades, pois todas as organizações (grandes, médias, pequenas, individuais) podem e devem adotar as práticas de responsabilidade social e ambiental.

TÂNIA R. BELMIRO (Sócia da Carbon Life Consultoria): Sim, concordo com sua reflexão e preocupação, Rosalina. Todas as empresas e cada cidadão devem se conscientizar da responsabilidade por cada um dos seus atos e consequências presentes e futuras. Nosso sistema (planeta Terra) pede clemência... e "por amor" a esse planeta e aos nossos filhos e netos, devemos repensar nossos modelos econômicos globais que se desdobram nos nossos planejamentos estratégicos empresariais em busca do desenvolvimento, sim, mas sustentável. Veja também o que Robert Rappé, filósofo e escritor holandês, pensa sobre isso.

Não se esqueça, amiga, de que uma empresa sustentável, além de ser socialmente justa, ambientalmente correta e economicamente viável, precisa respeitar a cultura local e global, se adequar, valorizar e contribuir para a educação e o desenvolvimento humano dessa comunidade que faz parte do seu entorno. Por quê? Porque um dia um cidadão dessa comunidade será seu melhor e maior patrimônio intelectual... acredite e invista no "ser humano colaborador", seu melhor parceiro. Além disso, incorpore ao seu conceito de desenvolvimento sustentável o "valor" da construção contínua pela melhoria nas relações éticas entre todos os *stakeholders*. O tratamento ético entre as partes é fundamental para sobrevivência de qualquer pessoa ou empresa. Ser uma empresa ética é ser Sustentável, com "S" maiúsculo! Boa sorte...

VITÓRIO TOMAZ (Gerente de projetos Web na Agência BG7 e Jovem Ponte): Muito interessante a maneira como a Rosalina aborda a questão, em especial ao se considerar que (provavelmente) havia um histórico de desenvolvimento da empresa não compatível com o que hoje se reconhece como as boas práticas do desenvolvimento sustentável. Muito interessante também a capacidade da empresa refletir sobre seus processos de negócio, entendendo que estes precisam ser revistos e aperfeiçoados, de modo não repentino, respeitando o que já existe, mas sempre tendo em vista o aperfeiçoamento contínuo, como um ciclo PDCA de sustentabilidade. Se todas as empresas começarem a implantar ações de sustentabilidade e a fazer o seu *mea culpa* histórico e promover revisões periódicas, teremos uma sociedade com empresas e pessoas mais sustentáveis.

TIRINHA 127: A REUTILIZAÇÃO DA ÁGUA DAS CHUVAS

ALONSO SOLER (Roteirista e Agente de Rosalina): Ponto para você, Rosalina! Quantos problemas estamos experimentando hoje com a falta de chuvas e o esvaziamento dos reservatórios? E quanto desperdício estamos acostumados a tolerar!!! A água é o bem principal da natureza para a vida humana. Por que não investir no seu consumo consciente e racional?

CYRUS AFSHAR (Cientista Social): Economizar água é sempre bom, na seca ou na chuva. Poder armazenar água da chuva para usos "menos nobres" é ainda melhor. A construção de cisternas ou instalação de caixas d'água são medidas que vão nesse sentido. Outras medidas de economia de água um pouco mais complexas são a troca de descargas por sistemas fracionados (três litros ou seis litros por descarga), o uso de arejadores de torneira, entre outras ações que podem ser medidas para potencializar a economia de água que a empresa fará adotando água de reúso!

NÍCIA MAFRA (Diretora da Lenum Ambiental): Na verdade, é preciso pensar de forma sistêmica, verificando que os sistemas humanos (economia, população, cultura, governos, instituições) interagem com os sistemas ambientais globais, afetando e sendo afetados pelo outro. As modificações que estamos experimentando têm correlação com o crescimento populacional, pelas práticas de uso do solo e modificações em sua cobertura. O aquecimento global causa maior evaporação e redução das chuvas. Pensemos: para cortar uma árvore bastam alguns minutos com uma boa motosserra, mas para que ela cresça... alguns anos!

Já existem várias tecnologias simples e de baixo custo para o aproveitamento de água, um bem essencial à vida. Então vamos dar o devido valor a esse recurso e evitar sua falta? Que tal fazer um inventário de todos os pontos da empresa onde a água pode estar sendo desperdiçada? Acabar com todos os vazamentos, verificar onde ela pode ser aproveitada, fazer um bom projeto de aproveitamento da água da chuva para usos secundários, quem sabe até instalar uma estação de tratamento e assim reaproveitar a água usada nas torneiras e dos pontos de onde não saia contaminada? Tenho certeza de que será um investimento com retorno rápido e mensurável, além de contribuir com a educação ambiental na empresa, pois sem a participação de todos a campanha não obterá sucesso, não é? Uma outra sugestão é implantar junto um sistema de indicadores para medir a redução do desperdício e comparar com a economia – assim, tenho certeza de que você facilmente convencerá a direção da importância da continuidade dessa campanha que visa a melhoria contínua e põe em prática uma ação em prol da sustentabilidade.

TÂNIA R. BELMIRO (Sócia da Carbon Life Consultoria): Tenho uma ideia, Rosalina! Por que não envolver todos os colaboradores, fornecedores e clientes num mutirão para propor novas ideias de como economizar esse bem tão precioso? Ah! Não se esqueça de estimular essas pessoas a pensar que para "economizar" é preciso "ter" água!!

As ideias devem ir além da redução do desperdício da sua empresa... que tal refletir sobre: (1) uma proposta de como manter nossos mananciais saudáveis. Quem sabe um projeto de "mutirão" para plantio de árvores nas nascentes próximas à sua empresa? (2) A redução de emissão de gases de efeito estufa, relacionados à sua operação e transporte. Seguramente mudanças climáticas estão promovendo secas mais frequentes e intensas em partes do planeta. (3) O uso consciente de água nas casas de todos os colaboradores. (4) O tratamento dos efluentes da empresa. (5) O reaproveitamento da água do seu sistema e por aí vai... sei que ideias é que não vão faltar. Pessoas são extremamente criativas se estimuladas. Mas tem que sair do papel, viu? Para isso você deve propor um programa que contemple dentro de um prazo (priorização) os vários projetos necessários para tangibilizar tantas ideias... boa sorte, amiga!

TIRINHA 128: A CARONA SOLIDÁRIA

ALONSO SOLER (Roteirista e Agente de Rosalina): Outro gol de placa, Rosalina! A empresa pode sim ajudar a criar uma cultura de compartilhamento do transporte visando reduzir os impactos da queima de combustíveis. Como consequências positivas, os funcionários se socializariam mais, haveria menos necessidade de estacionamentos no local de trabalho e isso implicaria em economia para as pessoas. Eu posso dar carona nas terças e quintas. Alguém mora perto do meu trajeto para o trabalho?

CYRUS AFSHAR (Cientista Social): Taí uma ótima ideia! Carona solidária pode tornar o trânsito menos estressante para quem dirige, otimiza o uso do carro e, por tabela, divide também as emissões per capita de gases de efeito estufa.

Gerenciamento de Projetos em Tirinhas

Há várias plataformas na internet (Caronetas, Carona Brasil, Eco-carroagem, Carona Segura, Caronas.com, Unicaronas...) que podem te ajudar nessa empreitada, Rosalina! Se sua empresa for grande, o uso desses sites é uma mão na roda e pode ser mais facilmente disseminado entre os colegas (e a possibilidade de achar um vizinho também aumenta) – e não demandaria tanto tempo e esforço para você (em vez de fazer isso "no braço").

Além de divulgar o site e mobilizar as pessoas a adotarem essa prática, algumas empresas (talvez a sua, Rosalina!) poderiam dar um passo a mais para incentivar a prática: oferecer vaga no estacionamento da empresa, desde que o carro esteja levando mais de um funcionário. É um critério mais "sustentável" (e lógico) do que restringir vagas apenas para alguns privilegiados.

NÍCIA MAFRA (Diretora da Lenum Ambiental): Rosalina, essa é uma ideia bacana, pois está totalmente em sintonia com os pilares da sustentabilidade: no pilar social teremos uma melhor integração das pessoas, o que certamente contribuirá para a melhoria da autoestima; no pilar econômico certamente representará redução de custos com combustível ou com transporte público, além de estacionamento e manutenção do veículo; no pilar ambiental a redução das emissões de gases de efeito estufa causados pela queima dos combustíveis fósseis.

Sabia que a principal fonte de emissão de gás carbônico é a queima dos combustíveis, responsável por aproximadamente ¾ das emissões e que o ciclo do carbono já passou do estado de equilíbrio nos últimos duzentos anos, atingindo seu ápice em 2013? Os processos naturais de absorção do gás carbônico – a fotossíntese e a absorção oceânica – foram superados pelo acúmulo de toneladas de emissões a cada ano. Os cientistas e todos os envolvidos com as causas ambientais já haviam alertado para as consequências, mas as pessoas não fizeram um movimento para a real e necessária mudança. Além dos estilos de vida, dos padrões de consumo, será preciso mudar os conceitos da economia. Mas que tal começarmos dando exemplo e fazendo nossa parte? Você, como uma boa gerente de projetos, saberá organizar a mobilização e propiciar aos funcionários essa opção sustentável?

VITÓRIO TOMAZ (Gerente de projetos Web na Agência BG7 e Jovem Ponte): O destaque de Rosalina nesta tirinha está dirigido para as ações de engajamento dos colaboradores. Poderíamos afirmar que, dependendo da atividade da empresa, ações como essas são apenas "paliativas" no sentido de mitigar os impactos ambientais. No entanto, o teor de sensibilização que elas possuem sobre os funcionários certamente não é mensurado apenas pela compensação de CO_2.

Capítulo 23. Gerenciamento Sustentável de Projetos

De alguma maneira, a empresa, ao propor e assumir tal postura, está preenchendo uma lacuna importante, que é a de reeducar os colaboradores em uma nova cultura que, uma vez incorporada, tende a transpassar os "muros" da empresa.

A ação proposta por Rosalina está relacionada ao hábito das pessoas e coloca em pauta o papel das empresas na educação pela cidadania. Não se pode negar a responsabilidade que o poder público e a mídia têm nessa construção e nem cabe dizer quem é mais ou menos responsável. Mas é certo que o *endomarketing* nas empresas pode ser um grande impulsionador de hábitos mais sustentáveis – afinal, é nas empresas onde passamos a maior parte do nosso tempo. Cabe às empresas a reflexão de quão conectadas à ecosfera elas estão e como podem agir para contribuir positivamente a fim de garantir sua sobrevivência e a de seus colaboradores.

TIRINHA 129: O USO DE ENERGIA APÓS O EXPEDIENTE DE TRABALHO

ALONSO SOLER (Roteirista e Agente de Rosalina): Claro! Quantas vezes não passamos pelas avenidas da cidade à noite e vemos que os prédios estão totalmente acesos? Eu me pergunto se os funcionários estão todos trabalhando naquele horário. Provavelmente não! Então por que não implantar projetos simples e baratos visando o uso racional da energia após o horário do expediente de trabalho? Salas comuns, sensores de presença e luzes frias mais econômicas são alguns exemplos. O que mais, Rosalina?

CYRUS AFSHAR (Cientista Social): A preocupação com o consumo de energia é muito importante. Mas, além de pensar no funcionamento do prédio ou no andar da empresa após o horário de expediente, é importante pensar também na necessidade de que TODOS os funcionários tenham que vir todos os dias à empresa. Muitas vezes, a cultura de "bater o cartão" é mais forte do que a cultura da "meta". E isso tem impacto ambiental: não apenas há emissão de carbono no deslocamento do funcionário, como também há um consumo maior de energia pela parte da empresa, mas que, em algumas situações, poderia ser evitado.

Por exemplo, em algumas etapas de um dado projeto em que o trabalho é "solitário" e que pode ser realizado em qualquer ambiente, desde que haja disponibilidade de ferramentas, como computador, internet e certos softwares. Será que pensar nessa mudança de mentalidade, e buscar "naturalizar" a prática do *home office* em mais situações, não poderia complementar esse esforço de usar mais racionalmente a energia do escritório?

NÍCIA MAFRA (Diretora da Lenum Ambiental): Que tal fazermos parte de uma nova grande onda de inovação? Não estou dizendo somente daquelas tecnológicas ou de redes digitais, mas de tecnologias sustentáveis, uma nova filosofia de vida. Repensar todos os processos para minimizar ou eliminar os impactos ambientais. Difícil? Não se quisermos mudar tudo de uma só vez, mas se iniciarmos com os pequenos hábitos de consumo, valorizando as pequenas ações, adotando o sentimento de solidariedade e pensando na criação de novas oportunidades relacionadas às exigências ambientais e sociais, estaremos no caminho certo.

O que estamos sugerindo não diz respeito apenas a grandes empresas, mas a todas as pequenas e médias. É sabido que focar em sustentabilidade traz benefícios financeiros e também aumenta a lealdade dos funcionários e melhora as relações com os consumidores e fornecedores. Então o importante será identificar em quais áreas da empresa o impacto é maior – neste caso, com o foco na redução de energia. Devemos pensar não só na energia consumida, mas também nos produtos, nos processos de produção e até mesmo na reciclagem. Como podemos aumentar a eficiência? Quem sabe substituir as visitas ao cliente, oferecendo venda e suporte *on-line*, poderá acelerar o serviço e reduzir o consumo de energia? Quanto ao desperdício com lâmpadas acesas, tenho certeza de que uma boa campanha de conscientização trará bons resultados – que tal mandar lembretes pela intranet ou até mesmo pelos celulares?

VITÓRIO TOMAZ (Gerente de projetos Web na Agência BG7 e Jovem Ponte): A reflexão que cabe neste caso é a dificuldade das empresas em adaptar suas estruturas. Em especial quando falamos de empresas que vêm crescendo a partir de cenários instáveis onde, num primeiro momento, alugam uma sala em um prédio com estrutura preexistente, ou então até constroem uma sede, mas tendo restrições orçamentárias ou mesmo falta de visão sistêmica relacionadas, em muitos casos, à falta de tempo e necessidade de fazer as coisas acontecerem. Como conciliar esses dois universos? É necessário pensar a médio/longo prazo (sustentabilidade ambiental/social) e, ao mesmo tempo, atender às demandas do presente, o que inclui pagar as despesas e se manter competitivo (sustentabilidade econômica).

Tirinha 130: O uso da bicicleta

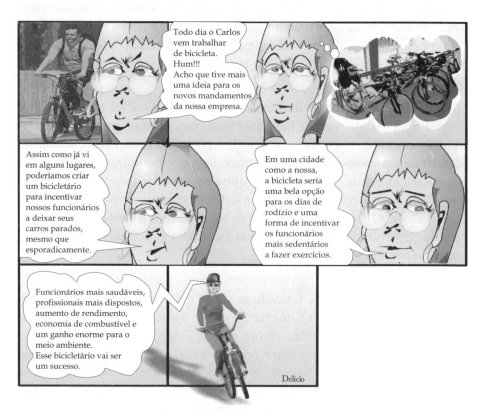

ALONSO SOLER (Roteirista e Agente de Rosalina): Eba! Desse assunto eu entendo e gosto, Rosalina, afinal já uso bicicleta para ir trabalhar há anos! E não é apenas por economia, mas principalmente para manter a minha saúde física e mental. Já pensou se as empresas incentivassem esse uso e mantivessem um bicicletário e um chuveiro no local de trabalho? Eu nunca mais pegaria um carro para ir ao trabalho!!!

CYRUS AFSHAR (Cientista Social): Ótima iniciativa! Bicicleta é mais do que um meio de lazer: é um meio de transporte. Uma empresa que apoia o uso de bicicleta está alinhada com as práticas mais modernas. Claro, é importante ressaltar: a instalação de bicicletários é um incentivo necessário, mas não suficiente, para mudar hábitos. Um fator que desestimula pessoas a usar bicicleta é a questão da falta de segurança no trânsito. Assim, ao mesmo tempo em que o bicicletário é implantado, a empresa poderia também divulgar mapas com as rotas de ciclovias na cidade, para que os funcionários possam traçar rotas mais seguras.

Outra medida que pode potencializar a ação dos bicicletários é organizar periodicamente (mensalmente, quinzenalmente, bimestralmente) pedaladas coletivas depois do trabalho, tais como as do movimento Massa Crítica. Além de uma atividade de socialização entre colegas, a pedalada coletiva pode "tirar o medo" das pessoas que não estão acostumadas a pedalar nas ruas, pois a presença numerosa de ciclistas acaba protegendo todo o grupo.

NÍCIA MAFRA (Diretora da Lenum Ambiental): Rosalina, essa ideia parece ser um grande desafio se pensarmos na condição de trabalho das grandes cidades. Porém, também sabemos que essa concentração de pessoas extrapola os limites do equilíbrio, principalmente no quesito qualidade de vida. A ideia de ir ao trabalho de bicicleta, a princípio, pode parecer uma grande contradição ao tempo da economia e aos hábitos convencionais regulados pelo ritmo acelerado. No entanto, a sustentabilidade ecológica diz respeito às funções de suporte da vida e ao estoque de capital natural em equilíbrio, sendo necessário reduzir a nossa pegada ecológica. Ah! Mas o que é a pegada ecológica? É um indicador simples e abrangente que permite estimar as exigências mínimas em termos de materiais e energia por uma determinada população que também avalia a sustentabilidade das atividades humanas, contribuindo para a consciência social e também para as tomadas de decisão. Ou seja, cada pessoa pode medir sua pegada ecológica e verificar qual a carga você está exercendo em relação ao seu consumo nas categorias: alimentação, habitação, transporte, bens de consumo e serviços. Lembre-se: somos uma parte do todo e influenciamos e somos influenciados por este. Assim, se todos os dias você utiliza a bicicleta, reduz o impacto causado e compensa outros (por exemplo, as suas viagens de avião). Nos sites do WWF, Footprintnetwork.org e até no do INPE (Instituto Nacional de Pesquisas Espaciais) você pode calcular sua pegada (www.suapegadaecologica.com.br). Veja que o transporte influencia e muito o impacto que seus hábitos causam no planeta e uma boa dica é andar de bicicleta!

TÂNIA R. BELMIRO (Sócia da Carbon Life Consultoria): Legal, Rosalina, avise para meninas e meninos de plantão na empresa que andar de bicicleta também tonifica as pernas e o verão tem todo ano!! Hehehe!

Brincadeirinhas à parte, esse projeto sobre transporte sustentável deve incorporar outras "entregas". Bom, além do bicicletário e do chuveiro no trabalho, vocês devem contemplar (1) a aquisição de vestimenta adequada, afinal vivemos num país tropical e a saúde do corpo é importante. (2) A aquisição de equipamentos de segurança – farol de *bike*, olhos de gato, refletores, capacete, óculos, e por aí vai. (3) Curso de formação dos seus bravos e saudáveis colaboradores para condução segura de suas bicicletas. (4) Sensibilização para que mais colegas venham aderir a esse projeto. Lembrei agora! Por que não fazer da bicicleta o esporte da família? Então, se tem filho pequeno, inclua na sua WBS uma outra entrega: (5) "cadeirinha de bebê". Isso!!! Por que não envolver também seus filhos, namorados(as), esposas e maridos? Vamos pensar em um outro projeto? Que tal uma **competição** entre as estruturas funcionais/unidades da sua empresa, Rosalina? Topa? Lembre-se! Ao especificar os requisitos de cada entrega, seja consciente na escolha do equipamento e das matérias-primas sustentáveis, na qualidade e na segurança. Beijo... já estou pronta para sair com vocês...

TIRINHA 131: PROTAGONISTAS DA MUDANÇA

ALONSO SOLER (Roteirista e Agente de Rosalina): Parabéns, Rosalina. Não serão apenas as novas normas e procedimentos formais da empresa que farão as pessoas mudar o seu comportamento em prol de uma nova relação positiva ambiental e social. Elas têm que entender e incorporar os motivos das novas ideias, mudar o seu jeito de pensar e agir de forma a se tornarem agentes da mudança, protagonistas da transformação! *Yes, we can*, Rosalina!

CYRUS AFSHAR (Cientista Social): Clap, clap, clap! O trabalho é um aspecto muito importante da vida das pessoas. Pense: passamos oito horas por dia de nossas vidas dormindo. Das outras 16 horas restantes, passamos a METADE no trabalho. Então é importante que esse tempo (que é um tempo de vida!) seja de qualidade. E práticas sustentáveis fazem parte disso. Há muitas formas de organizar uma empresa ou um ambiente de trabalho. A que se baseia em adotar práticas que visam melhorar a qualidade de vida de seus funcionários e diminuir o impacto ambiental da empresa não é uma maneira "instintiva" de fazer as coisas. Implica esforço, porque implica fazer diferente da maneira como as coisas sempre foram feitas. São mudanças de mentalidade, de práticas.

Não se engane, Rosalina: serão anos, gerações, até que esse modo de pensar e fazer seja o "instintivo". Assim são as mudanças culturais. Mas é importante começar de algum lugar. No trabalho, em casa, no bairro: são pontos de partida possíveis de mudanças de mentalidade que podem chegar à cidade, ao estado, ao país, ao mundo.

NÍCIA MAFRA (Diretora da Lenum Ambiental): Rosalina, uma questão muito importante a ser considerada é a participação, ou o engajamento das partes interessadas. De nada adiantará tanto esforço na organização de eventos para educar se não conseguir sensibilizar as pessoas. Falar em sustentabilidade se tornou quase um jargão, mas o significado real e o alcance do "como" fazer as pessoas ainda desconhecem, correndo-se o risco de o tema se transformar apenas em ações de marketing. Vejamos algumas ideias que resultem em práticas concretas.

Que tal fazer uma pesquisa entre os funcionários para detectar quais são os problemas em relação à sustentabilidade que eles consideram mais relevantes? Na apresentação da pesquisa será importante buscar uma definição clara do conceito adaptável à sua organização e à cultura dela. A Norma ISO 26000/2010 que trata das Diretrizes sobre Responsabilidade Social lhe darão boas bases. Filmes e pequenos textos também ajudam nessa mobilização. Jogos participativos também trazem ótimos resultados, com conteúdo sobre o comportamento sistêmico, por exemplo, base de todo o conceito de ecossistema, também aplicado ao ciclo de vida de um produto, projeto ou sistema organizacional. Lembrando que a cultura não foi considerada um pilar da sustentabilidade, mas as questões econômicas, sociais e ambientais só serão valorizadas de forma integrada se mudarmos os comportamentos e as maneiras de pensar.

Em seguida, será interessante criar um grupo ou setor de gestão da sustentabilidade e responsabilidade social, com representantes de cada área estratégica da empresa. O importante é criar a participação e não somente delegar ao setor de comunicação, como muitas vezes ocorre. A diretoria, o CEO principal ou a presidência precisam compactuar com sua ideia. Então, depois de mobilizar e compor o grupo gestor, que tal levar esse projeto para que os "chefes" validem e participem com seu apoio?

Bom, Rosalina, essa não é uma tarefa simples. Dependerá de uma atuação constante, e a criação de indicadores sempre ajuda no monitoramento e na melhoria contínua. Então, depois de detectar os pontos mais relevantes a serem trabalhados, que tal criar um sistema de acompanhamento dos indicadores?

TÂNIA R. BELMIRO (Sócia da Carbon Life Consultoria): Rosalina, me permita usar uma frase de Mahatma Gandhi: "você deve ser a mudança que você quer para o mundo. Antes de querer mudar o mundo, você deve mudar a si mesmo. Fazendo isso, as pessoas que estão ao seu redor perceberão a mudança e também mudarão". Ouvir dá muito trabalho no início, mas economiza muito tempo... e você, Rosalina, é muito esperta e sabe disso! Só precisa aplicar na sua empresa.

Não queremos pessoas que concordem com tudo, e sim pessoas que queiram construir a diferença juntos. Esses são valores que você deve transmitir aos seus colaboradores, os protagonistas das mudanças construtivas, sólidas. O sentimento de "fazer parte de" é nosso maior motivador de vida, que nos impulsiona ao crescimento. Na melhoria do nosso espaço, relações... todos querem fazer parte de uma "tribo", para isso se pintam igual, se vestem igual, se comunicam igual. Sensibilize pessoas para se orgulharem da sua empresa, *sua tribo*, a ponto de sonharem fazer parte dela e de permanecer nela para a construção das mudanças que promoverão a sobrevivência sustentável do negócio. Projetos criativos demandam que as pessoas estejam "antenadas", engajadas no processo de gestão das mudanças.

Anexo. Relação de Colaboradores

ADILSON PIZE (Sócio da Excellence Gestão Empresarial, PMP, CBPP, CSM, ITIL Foundation) – Consultor, professor de pós-graduação e palestrante. Especialista em Gerenciamento de Projetos, BPM, Gestão Estratégica/BSC, Qualidade Total, Governança em TI e Serviços em geral. Tem paixão e é voluntário em entidades profissionais e sociais. É voluntário no PMI desde 2003, atual membro do PMI Technology Advisory Group.

- Tirinhas comentadas: 110, 111, 112 e 113

ALCIDES SANTOPIETRO (Diretor, Sistemas de Gestão e de Controle de Projetos, PMP) – Possui mais de 15 anos de experiência na área de gerenciamento de projetos. Trabalhou como planejador e gerente de projetos, consultor e professor, ministrando cursos e gerenciando projetos em português, inglês e francês. Sua experiência internacional inclui projetos realizados em quatro continentes.

- Tirinhas comentadas: 25, 26, 27 e 28

ALDO MATTOS (Consultor e Professor) – Engenheiro civil e advogado pela UFBA, trabalhou em obras em diversos países. É autor de vários livros técnicos e consultor de empresas na área de gerenciamento de custos. www.aldomattos.com.

- Tirinhas comentadas: 56, 57, 59, 60 e 61

ALEX URBANO (PMP, Presidente do PMI São Paulo e Sócio Consultor da NetCorp) – Pós-graduado em engenharia de software e bacharel em administração de empresas com especialização em marketing e curso de extensão em finanças corporativa pela Universidade de Michigan. Atualmente é presidente do Capítulo São Paulo do PMI e Sócio consultor da NetCorp Consulting desenvolvendo consultorias empresarias.

- Tirinhas comentadas: 56, 57, 58 e 62

ALFREDO DE BARROS PEREIRA (PgMP, MSP Practitioner, PMP, PRINCE2 Practitioner) – Primeiro filiado do PMI-DF certificado como PgMP. Graduado pelo PMO Master Class. Servidor do Banco Central desde 1985, liderou o PMO do Departamento de TI por cinco anos. Desde 2008 dedica-se ao gerenciamento de programas no PMO Corporativo, sendo o responsável pela metodologia de gerenciamento de programas e pela implantação de programas corporativos.

- Tirinhas comentadas: 118, 119, 120 e 121

ALONSO SOLER (Roteirista e Agente de Rosalina) – Sócio da J2DA Consulting. Doutor em Engenharia (POLI/USP), PMP e *Coach* Executivo. Professor de pós-graduação, consultor e palestrante em tópicos relacionados a gestão de negócios, gerenciamento de riscos, planejamento e controle de grandes projetos de construção. Facilitador certificado do PDRI do *Construction Industry Institute*. Pensador, crítico e autor de livros e artigos técnicos. Autor do livro "Gerenciamento de Projetos: estudo de caso – Rosalina e o Piano", também publicado pela Brasport, já em sua segunda edição.

- Tirinhas comentadas: 1 a 131

ÁLVARO CAMARGO (Autor, Professor, Consultor e Palestrante) – Profissional com 35 anos de experiência na área de projetos estratégicos empresariais, com atuações em países como Angola, Argentina, Colômbia, Estados Unidos e Japão. Autor de livros e artigos científicos, Mestre em Administração pela Universidade Mackenzie, certificado PMP pelo PMI, MBA pela FIA/USP e Bacharel em Ciências da Computação pela Universidade Paulista.

- Tirinhas comentadas: 101, 105, 106, 107, 108 e 109

AMÉRICO PINTO (PMP, Diretor de Pesquisa do Noorden Group) – Consultor, professor, pesquisador, autor e palestrante na área de Gerenciamento de Projetos. Há mais de vinte anos presta consultoria em grandes empresas no Brasil e no exterior. É professor da FGV, Diretor do Noorden Group, Colunista da Revista Mundo PM e Presidente do Conselho Consultivo da PMO Alliance. Em 2011 foi agraciado pelo PMI com o prestigiado prêmio internacional *Distinguished Contribution Award*.

- Tirinhas comentadas: 114, 115, 116 e 117

ANDRÉ ARRIVABENE (PgMP, Consultor e Professor) – Especialista em gerenciamento de projetos e programas, professor nos MBAs de projetos da UFRJ e UVV. Palestrante, autor e coautor de livros e artigos em publicações no Brasil e nos EUA. Certificado em gerenciamento avançado de projetos pela Stanford University, cursa mestrado em Gestão pela Harvard University Extension School.

Anexo. Relação de Colaboradores

- Tirinhas comentadas: 118, 119, 120 e 121

ANDRÉ AUGUSTO CHOMA (Especialista em Projetos de Capital, PMP, PMI-RMP) – Engenheiro Civil e gerente de projetos com certificações PMP e PMI-RMP pelo PMI. Experiência como gerente de construção em projetos industriais e como consultor e analista de grandes projetos de capital no Brasil e no exterior. Autor do livro "Como Gerenciar Contratos com Empreiteiros".

- Tirinhas comentadas: 97, 98, 99 e 100

ANDRÉ BARCAUI (Professor e Consultor) – Pós-doutorado em Administração pela FEA/USP, Doutor em Administração pela UNR, Mestre em Sistemas de Gestão pela UFF e graduado em Tecnologia da Informação e Psicologia Clínica. Coordenador do MBA em Gerência de Projetos e Gestão de Tecnologia da Informação da FGV/RJ. Autor do livro "Gerente também é Gente" e organizador do livro "PMO: Escritórios de Projetos, Programas e Portfólio na prática", ambos publicados pela Brasport.

- Tirinhas comentadas: 72, 73, 74 e 75

ANDRÉ VALLE (Coordenador do FGV Management) – Doutor pela UFF, Mestre pela PUC-RJ e Engenheiro pela UFRJ. Foi Secretário Técnico da ISO, da ABNT e Coordenador da ESR da RNP. Ganhador oito vezes do Prêmio FGV de melhor professor, do Prêmio VISA de Comércio Eletrônico e do Prêmio iBest. Autor de livros como "Fundamentos do G.P.", "Gestão Estratégica de TI", "S.I. para Organizações de Saúde", "Gestão de Projetos" e "E-commerce".

- Tirinhas comentadas: 8, 9 e 10

ANDRIELE FERREIRA RIBEIRO (Diretor da Brainss Treinamentos, Especialista na Preparação de Candidatos à Certificação PMP) – PMP. Mestre em Administração de Empresas e Graduado em Ciência da Computação. Diretor da Brainss Treinamentos, professor e consultor em Gerenciamento de Projetos. Dedica-se, também, desde 2006, a auxiliar candidatos à Certificação PMP a conseguir suas aprovações, sendo um especialista nessa área.

- Tirinhas comentadas: 122, 123, 124 e 125

ÂNGELO BRAGA (PMP, Sócio da ABC Consultoria em Gestão de Projetos e Serviços de TI, Professor da FGV) – Formado em Engenharia Elétrica, pósgraduado em Análise de Sistemas e Gestão de Projetos, Mestre em Marketing Internacional. Experiência de mais de trinta anos em projetos trabalhando em multinacionais como Fiat Automóveis e IBM. Atualmente é Sócio da ABC Consultoria, onde provê projetos de TI, implementação de PMO e treinamento em GP.

- Tirinhas comentadas: 16, 19 e 20

ANTÔNIO ANDRADE DIAS (Presidente da APOGEP, CPM IPMA) – Diretor de Projetos na Universal Services Portugal e Coordenador de Projetos na CEGOC-Tea (Cegos Group). IPMA Delta® Foreigner Assessor é sócio fundador da Associação Portuguesa de Gestão de Projetos. Tem atuado internacionalmente como gestor de projetos-programas e desenvolvido a sua atividade como docente em universidades portuguesas e brasileiras.

- Tirinhas comentadas: 1, 4 e 5

ANTONIO CESAR AMARU MAXIMIANO (Professor da FEA-USP) – Professor de gerenciamento de projetos nos cursos de graduação e pós-graduação da USP. Coordenador de programas e projetos da FIA. Fundador do PMI-SP.

- Tirinhas comentadas: 2, 6 e 7

CARLOS ESPANHA (Integrante do PMO Corporativo do BNDES) – Profissional com mais de vinte anos de experiência com projetos de TI e de negócios. Analista de sistemas pela UNICARIOCA com especializações em Gestão Estratégica de TI pela UNICARIOCA, Segurança da Informação pela UFRJ e Gerenciamento de Projetos pela FGV, graduado no programa PMO MasterClass, certificado PRINCE2. Conselheiro do PMO Alliance.

- Tirinhas comentadas: 8, 9 e 10

CARLOS MAGNO DA SILVA XAVIER (Sócio do Grupo Beware, D. Sc., PMP) – Eleito em 2010 uma das cinco personalidades brasileiras da década na área de gerenciamento de projetos. É consultor de diversas Organizações e autor/coautor de 13 livros, dentre eles "Metodologia de Gerenciamento de Projetos – Methodware" – publicado pela Brasport e já em sua terceira edição, tendo sido eleito em 2010 o melhor livro brasileiro da década na área de gerenciamento de projetos. E-mail: magno@beware.com.br.

- Tirinhas comentadas: 25, 26, 27 e 28

CARLOS SERRA (PMO Lead na Lloyd's Register, MSc, PMP, PRINCE2 Practitioner) – Experiência em gerenciamento de projetos nos setores de energia, óleo e gás, varejo e TI e lecionando na FGV e UniverCidade. Mes-

Anexo. Relação de Colaboradores

tre em gestão de programas e projetos pela universidade de Warwick (Reino Unido), especialização em gestão de projetos pela UFRJ e graduação em engenharia pelo CEFET-RJ. Vive em Londres desde 2011, onde é *PMO Lead* para EMEA na Lloyd's Register.

- Tirinhas comentadas: 118, 119, 120 e 121

CYRUS AFSHAR (Cientista Social) – Formado em Ciências Sociais pela USP e em Jornalismo pela PUC-SP, é mestre em Estudos do Desenvolvimento pelo ISS da Universidade Erasmus de Roterdã e em Relações Internacionais pelo IBEI de Barcelona. Como jornalista, trabalhou na Rádio CBN, na Folha de S. Paulo e no Instituto Pólis. Fez estágio no Instituto das Nações Unidas para Pesquisa em Desenvolvimento Social em Genebra. É pesquisador no DIEESE em São Paulo.

- Tirinhas comentadas: 126, 127, 128, 129, 130 e 131

DARCI PRADO (Sócio consultor da FALCONI, PhD) – Sócio-consultor da FALCONI. Graduado em Engenharia Química pela UFMG, pós-graduado em Engenharia Econômica pela Fundação Dom Cabral e doutor pela UNICAMP. Participou da fundação dos capítulos do PMI em Minas Gerais e Paraná. Autor de dez livros sobre gerenciamento de projetos. Conduz uma pesquisa de maturidade em GP desde 2005 no Brasil e na Itália.

- Tirinhas comentadas: 8, 9 e 10

EDMARSON B. MOTA (Coordenador e Professor MBA da FGV-IDE) – Doutor em Administração (UNAM-AR), mestre e engenheiro (PUC-RJ). Dedica-se exclusivamente às atividades Docentes e de Consultoria, com ênfase em Gerenciamento de Projetos e Desenvolvimento Humano de Gestores. Coautor de diversos livros. Autodidata, com visão e abordagem holística.

- Tirinhas comentadas: 3, 14 e 15

EDUARDO FREIRE (Sócio da FrameWork – Gestão e Projetos, Msc) – Mestre em Ciências da Computação no CIN/UFPE. Course Action Lab Design Thinking na Stanford University. MBA em GP pela FGV. Especialização em Gestão de Projeto de Investimento pela Fiocruz e Graduação em Administração. É Professor em pós-graduação/MBA. Foi um dos 47 no mundo agraciado com Microsoft MVP (*Most Valuable Professional*) Award em Microsoft in Project desde 2011.

- Tirinhas comentadas: 17 e 18

EDY NILTON DONIZETTI APARECIDO (Gerente de Programa na Embraer) – PMP, engenheiro elétrico-eletrônico, com MBA em Administração de Empresas pela FAAP, especializações em Gestão de Projetos pela Poli-USP, Gestão Estratégica de Negócios pela FGV-SP e Gestão da Inovação e do Conhecimento pela FGV-SP. Possui experiência em Gestão de Projetos, Programas e Portfólio nos setores automotivo, eletroeletrônico, telecomunicações e aeroespacial.

- Tirinhas comentadas: 118, 119, 120 e 121

ELIS ÂNGELA NOVAES (Diretora de Educação Corporativa Doctum) – Graduada em Psicologia, MBA em Gerenciamento de Projetos. Especialista em Saúde Mental e em Psicologia Hospitalar. Há 11 anos atua na área acadêmica – Diretora do segmento de Educação Corporativa da Rede de Ensino Doctum. Responsável por projetos educacionais que capacitaram nos últimos dois anos mais de 25.000 empregados de empresas de grande porte em 11 estados da federação.

- Tirinhas comentadas: 81, 82, 83, 84 e 85

FÁBIO VAMPEL (sócio da FV Gestão, PMP) – Bacharel em Engenharia Industrial pela Universidade Santa Cecília dos Bandeirantes, pós-graduado em Engenharia Mecânica pela UNICAMP e MBA em Administração de Projetos pela FIA-USP. Possui ainda as certificações PMP e *Black Belt*. Trabalhou na área de automação da Rexroth, na engenharia de projetos da Edwards Lifesciences e na Suzano Petroquímica como responsável pela área de planejamento e PMO.

- Tirinhas comentadas: 40, 41, 42, 46, 47 e 48

FARHAD ABDOLLAHYAN (Consultor da UNOPS, Pesquisador e Professor) – Mestre, doutorando em Administração e Mestre em Gestão de Projetos. Consultor credenciado e certificado em metodologias britânicas e PMI (PMP, RMP e OPM3). Possui trinta anos de experiência nas diversas funções e organizações nacionais e internacionais. Escritor e colunista da revista Mundo PM.

- Tirinhas comentadas: 58, 59, 60, 61 e 62

FRANCISCO PATERNOSTRO NETO (Consultor Empresarial, Coach e Empreendedor) – Mestre em Agronegócio pela FGV/SP/ESALQ-USP/Embrapa; MBA em RH pela FIA; Graduado em Administração de Empre-

Anexo. Relação de Colaboradores

sas pela FCESP; pós-graduado em Marketing, RH; tutor na FIA/Pós-MBA e certificado em *Coaching* pelo ICC e Neuroeadership Group. Atuou em diversas empresas nacionais e multinacionais no Brasil e no exterior.

- Tirinhas comentadas: 76, 77, 78, 79 e 80

GERSON PECH (Diretor da Harmony Consulting, Professor Associado da UERJ e convidado da FGV) – Desenvolveu processos e procedimentos de Gestão de Riscos para grandes organizações. Foi Diretor de Informática da Universidade do Estado do Rio de Janeiro, tendo sido responsável pelo desenvolvimento e pela consolidação de seus projetos corporativos. Mestre e doutor pelo CBPF (Centro Brasileiro de Pesquisas Físicas). Pós-graduado em Gerenciamento de Projetos pela FGV.

- Tirinhas comentadas: 90, 91, 92, 95 e 96

GUILHERME ARY PLONSKI (Professor da USP, ex-Presidente Fundador do PMI-SP) – Professor Titular da FEA e Professor Associado da Poli, ambas da USP, onde coordena o Núcleo de Política e Gestão Tecnológica e a Escola Técnica e de Gestão e é conselheiro do Instituto de Estudos Avançados. Foi Diretor Superintendente do IPT, Presidente da Associação Nacional de Entidades Promotoras de Empreendimentos Inovadores e Presidente fundador do PMI-SP.

- Tirinhas comentadas: 3, 14 e 15

GUTENBERG SILVEIRA (Diretor de Consultoria na Deloitte) – Doutor em Administração pela FEA-USP e mestre em Administração pela Mackenzie. Possui certificação PMP e mais de quarenta anos de experiência no mundo corporativo, atuando em posições executivas na HP, CA, Lucent e Editora Abril. Atua há 28 anos como docente, tendo ocupado cargos de chefia e coordenação de cursos de pós-graduação. É professor dos cursos de MBA da FGV, FATEC e Mauá.

- Tirinhas comentadas: 16, 19 e 20

HUMBERTO BAPTISTA (Cientista, Consultor e Empresário Não Linear) – Formação variada de Ciência da Computação à Administração. Trabalhou em diversas empresas inovadoras em tecnologia e negócios. Há dez anos tem se dedicado a aperfeiçoar empresas para que tenham um crescimento significativo e a uma crescente estabilidade. Seus projetos sempre tomam a visão global das organizações e trazem às pessoas o foco necessário para atingir suas metas.

- Tirinhas comentadas: 49, 50, 51, 52, 53, 54 e 55

IVETE RODRIGUES (Professora e Coordenadora na FIA – Fundação Instituto de Administração, PhD) – Doutora em Administração de Empresas pela FEA/USP. Professora e coordenadora adjunta de projetos da FIA (Fundação Instituto de Administração). Possui experiência em educação, consultoria e pesquisa na área de gestão da inovação e projetos.

- Tirinhas comentadas: 16, 19 e 20

IVO MICHALICK (Sócio da M2 Coaching & Consulting) – Profissional de gerenciamento de projetos e *coaching*, com certificações PMP e PMI-SP do PMI e CPCC (*Certified Professional Co-Active Coach*) pelo CTI. Mestre em Ciência da Computação pelo DCC/UFMG, com atuação em projetos no Brasil e no exterior. Professor e coordenador de cursos de gerenciamento de projetos no IETEC, sócio-diretor da M2 Coaching & Consulting e mentor do PMI para o Brasil.

- Tirinhas comentadas: 72, 73, 74 e 75

JANICE FIRMO (Consultora da SW Quality, PMP, CSM) – Certificada Scrum Master e PMP, possui 14 anos de experiência na área de software, nove anos com Scrum e dez anos em Gerência de Projetos. Atuou como Consultora Scrum do Boris Gloger Company na Alemanha e atualmente trabalha como consultora de melhoria de processos pela SWQuality.

- Tirinhas comentadas: 32, 33, 34, 35 e 36

JOÃO BATISTA TURRIONI (Professor da UNIFEI – Universidade Federal de Itajubá) – Graduação em Engenharia de Produção pela UNIFEI (1983), mestrado em Engenharia de Produção pela USP (1993), doutorado em Engenharia de Produção pela USP (1999) e pós-doutorado pela Universidade do Texas (2007). Possui experiência na área de Engenharia de Produção, com ênfase em Gestão da Qualidade.

- Tirinhas comentadas: 63, 64, 65, 66

JOÃO CARLOS BOYADJIAN (Diretor Executivo da CPLAN CONSULTORIA) – Administrador, mestre de Engenharia Naval pela USP, fundador do PMI-SP, professor da FIA, FGV, UFSCAR e PECEGE-USP. Autor do e-book "Ger. de Projetos – Intervir". Autor da peça teatral "Day by Day de um Projeto" e coautor do livro "Ger. de Projetos Brasil – IETEC". Autor do Sistema FLOW-PM. Palestrante profissional. Coordenador de cursos de pós-graduação em Gerenciamento de Projetos do IETEC e FATEC SP.

Anexo. Relação de Colaboradores

- Tirinhas comentadas: 25, 26, 27 e 28

JOÃO GAMA NETO (Pioneiro Agile no Brasil e ex-Presidente do PMI São Paulo) – Entusiasta das abordagens ágeis há mais de 15 anos. Apresentou o assunto em dezenas de congressos, seminários e *workshops*, destacando-se o PMI Global Congress de 2005 e 2008. Certificou-se PMP em 2005, CSM em 2007 e PMI-ACP em 2011. Membro ativo do PMI São Paulo, onde foi Presidente, Vice-Presidente, Diretor e Conselheiro Fiscal.

- Tirinhas comentadas: 32, 33, 34, 35 e 36

JOÃO SOLÉR (*Coach* Executivo) – Foi analista de sistemas por trinta anos, chutou o pau da barraca e virou psicólogo. É sócio do Instituto Mazini, onde atua em processos de mudanças comportamentais, ajudando pessoas e empresas a alcançar seus objetivos desejados.

- Tirinhas comentadas: 72, 73, 74 e 75

JOHN DALE (Consultor e Professor de MBA em Gestão de Projetos) – Mais de trinta anos de experiência em consultoria para empresas internacionais, principalmente na recuperação e auditoria de projetos de Tecnologia da Informação, Pesquisa e Desenvolvimento e de Engenharia. Entusiasticamente transmite sua experiência através de MBAs pela FGV-SP e pela ESB (Espanha) como professor em cursos de pós-graduação e em *coaching*.

- Tirinhas comentadas: 3, 14 e 15

JOSÉ CARLOS ALVES (Presidente do PMI-DF e PMO do MF) – Certificado PMP. Economista com Especialização em Gestão Empresarial pela UDF. Consultor e Instrutor na Área de Gerenciamento de Projetos, Planejamento Estratégico e Gestão de Pessoas. Professor Universitário, atuou na Caixa Econômica Federal por 25 anos em diversas posições de gestão conduzindo importantes projetos para a organização, assim como em empresas privadas.

- Tirinhas comentadas: 1, 4 e 5

JOSÉ CARLOS FIRMINO DE CAMPOS (Consultor em Gestão de Projetos) – PMP, bacharel em Engenharia Civil pelo Mackenzie, MBA em Administração de Projetos pela FEA/FIA/USP, especialização em Gerenciamento na Construção Civil pela Poli/FDTE – USP, coordenador e professor da FGV em cursos de Gerenciamento de Projetos, ex-diretor do PMI-SP e consultor da Arcadis Logos e Athiê Wohnrath.

- Tirinhas comentadas: 37, 38, 39, 40, 41 e 42

JOSÉ FINOCCHIO JUNIOR (Diretor Executivo da PM2.0) – Professor, autor, palestrante e consultor de gestão. Criador de metodologias simplificadoras e ágeis para a gestão de projetos. Tem se dedicado a criar, compartilhar e disponibilizar conhecimento sobre gestão de projetos na internet e mídias sociais. Suas comunidades de discussões profissionais estão entre as maiores do país.

- Tirinhas comentadas: 17, 18, 49, 50, 51, 52, 53, 54 e 55

JOSÉ RENATO SANTIAGO (Consultor de Gestão de Projetos) – Doutor em Engenharia pela USP com pós-graduação em Marketing. Consultor nas áreas de Gestão de Projetos, Lições Aprendidas, Gestão de Indicadores, Inovação e Pessoas. Autor dos livros "Gestão do Conhecimento", "Capital Intelectual" e "Buscando o Equilíbrio". Administrador do site www.jrsantiago.com.br, onde publica e discute temas e conceitos relacionados a gestão e portfólio de projetos.

- Tirinhas comentadas: 21, 22, 23 e 24

JOSEANE ZOGHBI (Gestora Pública) – Mestre em Administração, MBA em Gestão de Projetos, administradora e pedagoga. Graduou-se no PMO Master Class. Há sete anos na Gestão de Projetos públicos, foi Subsecretária de Planejamento e Projetos do Governo do ES, atuando no Modelo de Gestão, implantação do PMO-ES, Planejamento Estratégico, Indicadores e Portfólio. Vencedora dos prêmios Melhor PMO 2013 e Projeto Inovador 2014 da Mundo PM.

- Tirinhas comentadas: 114, 115, 116 e 117

JULIANA PRADO (Diretora de Gestão do DER-ES, PMP) – Engenheira de Produção Civil e MBA em Gerenciamento de Projetos. Atua na implantação de Gestão Estratégica de governos, em especial na implantação de PMOs no Governo do ES, Prefeitura de Aracruz e DER-ES, onde atualmente está como Diretora de Gestão. É *coach* e instrutora de Liderança de Alta Performance da Escola para Executivos Master Mind Brasil.

- Tirinhas comentadas: 67, 68, 69, 70 e 71

JULIANO REIS (Professor, Consultor, *Coach* e Evangelizador em GP) – Certificado PMP, ITIL e *Scrummaster*. MBA em Gerenciamento de Projetos pela FGV. Professor de cursos de Pós-graduação. Palestrante dos temas Gestão de TI e Gestão de Projetos. Primeiro profissional brasileiro contratado pelo PMI Global como representante nacional. Gerenciou vários projetos de

Anexo. Relação de Colaboradores

desenvolvimento de software com equipes distribuídas nos EUA, na Europa e na Índia.

- Tirinhas comentadas: 67, 68, 69, 70 e 71

JÚLIO MANHÃES (Autor do Livro: Estruturação da Mudança pela Teoria das Restrições) – Técnico da Petrobras e professor convidado de pós-graduação da UERJ e de Graduação da Candido Mendes. Mestre, pós-graduado e Bacharel em Engenharia de Produção, MBA em Gerenciamento de Projetos e Pós-graduando em Petróleo. Prêmio: ABEPRO 2007, CBGP 2012, PMI-Rio 2013. Reconhecimento Acadêmico da Goldratt Schools Israel 2013.

- Tirinhas comentadas: 49, 50, 51, 52, e 53

KLEBER NOBREGA (Autor do livro: Falando de Serviços e do Blog Kleber Nobrega) – consultor em Gestão de Serviços, Estratégia e Qualidade. Palestrante e Conferencista internacional. Doutor em Engenharia de Produção pela Poli-USP; mestre em Engenharia de Produção pela UFSC; engenheiro mecânico pela UFPB; *Lead-Assessor* ISO 9000, STAT-A-MATRIX – NJ, USA. Sócio-Diretor da Perceptum Assessoria e Desenvolvimento.

- Tirinhas comentadas: 63, 64, 65, 66

LÉLIO VARELLA (PMP, Sócio da P&M ProActive Ltda) – Especialista em PMO, Desenvolvimento de Competências de GP, melhoria de desempenho e resultados em projetos. Coautor dos livros "Aprimorando Competências de Gerente de Projetos", volumes 1 e 2, ambos publicados pela Brasport.

- Tirinhas comentadas: 67, 68, 69, 70 e 71

LUIS AUGUSTO DOS SANTOS (Consultor e Professor) – MSc, PMP, Consultor associado ao Mackenzie Soluções. Engenheiro eletricista e pós-graduado pela FEI e mestre em ciências pela UNIFESP. Professor em cursos de MBA na Universidade Presbiteriana Mackenzie, Oficina de Gerenciamento de Projetos no Instituto Mauá de Tecnologia. Ex-presidente do PMI-SP.

- Tirinhas comentadas: 97, 98, 99 e 100

LUÍS NEGREIROS (Consultor de PMO, MSc, PMP) – Mestre em Sistemas de Gestão, pós-graduado em Gerenciamento de Projetos, MBA em Organizações e Estratégia, integrante do PMO Master Class. Engenheiro e profissional de GP desde 1997, atuou em empresas como Siemens e Oi. Hoje é consultor de PMO contratado para a Área Financeira da Petrobras. Professor em cursos de MBA na COPPEAD, FGV e UFRJ. Autor de artigos sobre GP e palestrante em diversos seminários.

- Tirinhas comentadas: 11, 12 e 13

LUIZ AUGUSTO PINHEIRO DA SILVA – LAPIS (Criador da Lista E-Plan) – PMP, Engenheiro Civil com pós em Engenharia Econômica. Atuou em orçamento, cálculo estrutural, propostas técnicas e comerciais, condução de obras e fixou-se em planejamento de projetos como consultor na Petrobras. É coautor do livro "Primavera P3". Atualmente trabalha na Queiroz Galvão Exploração & Produção.

- Tirinhas comentadas: 40, 42, 43 e 44

LUIZ EDUARDO N. LEGASPE (Gerente de Administração Contratual e Riscos) – Economista, com experiência em Administração Contratual e Riscos focada em projetos de infraestrutura, tendo atuado por mais de vinte anos nas construtoras líderes do segmento.

- Tirinhas comentadas: 102, 103, 104, 107, 108 e 109

LUIZ HENRIQUE TADEU RIBEIRO PEDROSO (MSc, PMP) – Mestre em Engenharia com tese na área de Gerenciamento de Riscos em Projetos pela Escola Politécnica da USP. Professor nas disciplinas de Gerenciamento de Projetos e em Simulação de Monte Carlo. Consultor na área de Gerenciamento de Projetos, Análise de Riscos Financeiros e de Cronograma de Projetos – www.pedrosoconsultoria.com.br.

- Tirinhas comentadas: 90, 91, 92, 93 e 94

MAGALI AMORIM (Professora e Consultora em Gerenciamento de Projetos de Gestão Secretarial) – Especialista em Marketing e Propaganda, Mestranda em Educação Profissional (Centro Estadual de Educação Tecnológica Paula Souza). Facilitadora em Capacitações em Assessoria Executiva, Atendimento ao Cliente, Planejamento e Organizações de Eventos e *Design Thinking*. Organizadora e coautora de diferentes projetos editoriais.

- Tirinhas comentadas: 2, 6 e 7

MARCELO COTA (Chefe Adjunto de Departamento no Banco Central, D.Sc., MSP Practitioner, PMP) – Doutor em Administração pela FEA/USP. Servidor do BC desde 1993, responsável pelo planejamento e gerenciamento de projetos. Bolsista no Japão, nos EUA e na Holanda. Professor convidado nos MBAs da FIA, FGV e IBMEC. Presidente do PMI-DF gestão 2011-2012. Graduado no PMI LIM Master Class 2007. Certificado PMP desde abril de 2004 e MSP Practitioner desde 2014.

- Tirinhas comentadas: 114, 115, 116 e 117

MARCOS ROBERTO PISCOPO (Professor, Pesquisador e Consultor em Gestão de Projetos) – Doutor em Administração pela Universidade de São Paulo, com estágio doutoral na Bentley University. Professor da Uninove no Mestrado Profissional em Gestão de Projetos e da EAESP/FGV. Editor da Revista de Gestão e Projetos. Possui interesse por pesquisa em estratégia empresarial e gestão de projetos.

- Tirinhas comentadas: 8, 9 e 10

MARCUS GREGÓRIO SERRANO (Consultor e Professor, Sócio Diretor da Macrogestão Consultoria e Ensino) – Especialista em Gerenciamento de Projetos, certificado PMP pelo PMI e certificado PRINCE2® Practitioner pelo Governo do Reino Unido. Sócio-Diretor da Macrogestão Consultoria e Ensino, especializada em Planejamento Estratégico e Gerenciamento de Projetos. Presidente do PMI-ES.

- Tirinhas comentadas: 11, 12 e 13

MARGARETH CARNEIRO (Profissional de Planejamento e Gestão – MSc, PMP) – Doutoranda em Administração pela UNR, mestre em Gestão do Conhecimento pela Faculdade Católica e pós-graduada em Projetos pela FGV. PMP desde 1999 e certificada PMI Leadership Master. Autora de livros e artigos. Organizadora do livro "Gestão Pública", publicado pela Brasport. Desfruta de respeitabilidade no mercado do Brasil e internacional. Voluntária do PMI desde 1998, atualmente é diretora do *Board* do PMI Internacional.

- Tirinhas comentadas: 110, 111, 112 e 113

MARIA ANGÉLICA CASTELLANI (Sócia da FIXE Consulting & Training, PMP, CSM, CSD) – Formada em Computação Científica, PMP, CSM, CSD. Sócia da FIXE Consulting & Training. Consultora em Gerenciamento de Projetos e Processos, PMO e *Change Management*. Professora e Palestrante Nacional e Internacional (Mercosul).

- Tirinhas comentadas: 86, 87, 88 e 89

MARIA HELOIZA MAGRIN (Diretora de Projetos/PMO da SOFTMAG, PMP, MBA, SAP CPM) – Diretora de Estudos Técnicos do PMI-SP 2013/2014. Ganhou prêmio "Voluntária do Ano 2012 – PMI-SP". Possui vasta experiência em implantação e otimização de PMOs e projetos globais. Palestrante, autora de livro e professora de vários cursos de pós-graduação. MBA pela FGV e certificada PMP pelo PMI e pela SAP.

- Tirinhas comentadas: 1, 4 e 5

MÁRIO DONADIO (Diretor da UniConsultores, Educação para a Competência Empresarial) – Consultor, escritor, conferencista, professor e *coach*. Mais de trinta anos atuando em empresas no Brasil e em vários outros países da América Latina. Autor de cinco livros sobre liderança, gestão e educação corporativa e oito DVDs técnicos sobre habilidades de liderança e ferramentas gerenciais.

- Tirinhas comentadas: 76, 77, 78, 79 e 80

MÁRIO TRENTIM (Autor do livro: Managing Stakeholders as Clients) – Professor e consultor em gerenciamento de projetos com mais de 15 anos de experiência. Autor de livros em português, inglês e espanhol, incluindo "Managing Stakeholders as Clients", publicado pelo PMI e vencedor do prêmio Harold Kerzner 2014.

- Tirinhas comentadas: 110, 111, 112 e 113

MARISA VILLAS BÔAS DIAS (Consultora e Professora de Gestão de Projetos) – Mestre em Administração pela FEA-USP e Engenheira de Produção pela Poli-USP. Professora de programas de pós-graduação e MBAs do Insper, FIA e FGV. Desenvolveu carreira na Andersen Consulting (Accenture) e HP Brasil. Atualmente é consultora independente e mentora de executivos em projetos estratégicos e de implantação de modelos de gestão por projetos.

- Tirinhas comentadas: 29, 30 e 31

MAURO SOTILLE (Diretor da PM Tech Capacitação em Projetos, MBA, PMP) – Doutorando em Administração de Empresas, Mentor do PMI para o Brasil, Presidente do PMI-RS e membro da equipe que desenvolveu o PMBOK *Guide*. Certificado PMP desde 1998. Autor de livros na área e professor de gerenciamento de projetos junto a vários cursos de pós-graduação. Sócio-diretor da PM Tech Capacitação em Projetos.

- Tirinhas comentadas: 122, 123, 124 e 125

MÍRIAM MACHADO (Consultora da Planning Consultoria, MSc e PMP) – Palestrante e consultora com vivência internacional. Mestre em administração, MBA em GP e PMP, especialista na área de comunicação e *stakeholders*. Idealizadora da metodologia BFC – *Best Fit Communication*. Consultora do Sebrae Nacional e professora de pós-graduação na área de marketing e GP.

- Tirinhas comentadas: 2, 6 e 7

NÍCIA MAFRA (Diretora da Lenum Ambiental) – Gestora de projetos socioambientais, atua na área da sustentabilidade com foco na gestão ambiental de resíduos sólidos urbanos e logística reversa da cadeia produtiva de embalagens. Tem formação multidisciplinar: Mestre em Gestão Ambiental pela UNA-MG (2011); MBA em Gerência de Projetos pela FGV-BH (2007); especialização em Gestão Ambiental de Resíduos Sólidos pela PUC-MG (2004); Graduação em Belas Artes pela UFMG (1983).

- Tirinhas comentadas: 126, 127, 128, 129, 130 e 131

NIKOLAI DIMITRI DE ALBUQUERQUE (Agilista) – Diretor executivo da INNOVIT Gestão de Projetos e Melhoria de Processos. Presidente executivo do PMI de Santa Catarina nas gestões 2008/2009 e 2010/2011. *Certified Software Tester* (CSTE), *Certified Scrummaster* (CSM), *Certified Scrum Practitioner* (CSP) e *Certified ITIL V3 Foundation*. Coordenador e professor do curso de pós-graduação em gerenciamento de projetos na FESSC e SATC.

- Tirinhas comentadas: 32, 33, 34, 35 e 36

OSMAR ZÓZIMO (Editor Chefe Revista MundoPM) – Formado em Ciência da Computação e mestrado em Engenharia da Produção, ambos pela PUC-PR. MBA em Empreendedorismo pela FGV-PR; curso sobre Gestão de Projetos Avançada pela George Washington University; e Gestão Estratégica em Projetos pela LaVerne University Califórnia. Atualmente é Editor-chefe e Diretor Executivo da Revista MundoPM – Project Management.

- Tirinhas comentadas: 86, 87, 88 e 89

PAULA TIRAPELLI (Coordenadora de Educação Corporativa na Bunge) – Possui experiência em Gestão de Pessoas voltada à Educação Corporativa, Desenvolvimento de Lideranças e RH Estratégico, no Brasil e na Europa. MBA em Gestão Estratégica de RH, Qualificação MBTI e Coaching Internacional. Alguém que acredita no ser humano e é imensamente grata à missão de dedicar a vida à habilidade de aprender, desaprender e reaprender.

- Tirinhas comentadas: 81, 82, 83, 84 e 85

PAULO AFFONSO FERREIRA (Consultor de Projetos, PMP, PRINCE2) – Consultor e gerente de projetos. Foi Diretor e Presidente do PMI-SP, ministra cursos e *workshops* de Gestão de Projetos, desenvolve Metodologias e auxilia no Escritório de Projetos nas empresas. Membro do *Advisory Group* do PMI para o Lexicon (Dicionário Controlado), participou da tradução para o português do PMBOK *Guide* e do padrão de gerenciamento de portfólio do PMI.

- Tirinhas comentadas: 29, 30 e 31

PAULO KEGLEVICH (Sócio da KSC Projetos, MSc, PMP, MSP, PRINCE2 Practitioner) – Mestre em Ciência da Computação pela UFRGS, é assessor da APMG® para a América do Sul. No PMI Global participou em vários projetos globais de definição e revisão de padrões internacionais. É professor associado da Fundação Dom Cabral. É consultor e empresário com mais de trinta anos de experiência em TI e Engenharia.

- Tirinhas comentadas: 29, 30 e 31

PAULO YAZIGI SABBAG (Dirigente da Sabbag Consultoria) – Doutor em Administração pela FGV, mestre e engenheiro pela Escola Politécnica da USP. É PMP pelo PMI desde 1998. Autor de três livros, um deles agraciado com o Prêmio Jabuti 2013. Dirige a Sabbag Consultoria desde 1993. Leciona na FGV desde 1988.

- Tirinhas comentadas: 21, 22, 23 e 24

PEDRO LUIZ DE OLIVEIRA COSTA NETO (Professor Titular do Programa de Pós-Graduação em Engenharia de Produção da Universidade Paulista) – Engenheiro de Aeronáutica pelo ITA; MSc pela Stanford University; Doutor em Engenharia e professor aposentado da Poli-USP; Diretor Presidente da Fundação Carlos Alberto Vanzolini de 1992 a 1997; membro da Academia Brasileira da Qualidade e seu Diretor Presidente no biênio 2014-2016.

- Tirinhas comentadas: 63, 64, 65, 66

PETER MELLO (The Spider Team) – Consultor, pesquisador e evangelista para o desenvolvimento de cronogramas por restrições. http://peter.smello. email.

- Tirinhas comentadas: 37, 38, 39, 43, 44 e 45

PETER PFEIFFER (PhD, PMP, Sócio da Management de Projetos e Processos) – Formado em sociologia, é consultor em Desenvolvimento Organizacional no âmbito da cooperação internacional. Facilitador de processos de mudanças e Gerenciamento de Projetos de Desenvolvimento. Certificado como PMP desde 1999 e atualmente membro do PMI Ethics Member Advisory Group. Autor dos livros "Gerenciamento de Projetos de Desenvolvimento" e "Facilitação de Projetos", ambos publicados pela Brasport.

- Tirinhas comentadas: 11, 12 e 13

PRISCILA ZANUNCIO VENDRAMINI MEZZENA (PMP, Gerente do Escritório de Projetos e de Processos da Consciência S&T) – Graduada em Arquitetura e Urbanismo pela EESC-USP. MBA em Gestão Empresarial pela FIA. Foi diretora de filiação, membro e Presidente do Conselho de Orientação do PMI-SP. Responsável pela implantação do modelo MPS.Br níveis G e F na Consciência S&T. Atuou em diversos trabalhos em gerenciamento de projetos.

- Tirinhas comentadas: 21, 22, 23 e 24

RAPHAEL ALBERGARIAS (Fundador e Presidente IPMA Brasil) – Doutorando em Administração, Mestre em Administração, MBA em Gestão de Projetos e Administrador. *Coach* Executivo, IPMA-C, PMP, PMI-SP, PRINCE2 *Practitioner, Orange Belt*. Professor de pós-graduação (Mestrado e MBA), Palestrante Internacional e consultor com experiência em projetos de capital. Autor de livros e artigos relacionados à gestão e estratégia.

- Tirinhas comentadas: 3, 14 e 15

RICARDO VARGAS (Diretor Mundial de Projetos, Nações Unidas – UNOPS) – Especialista em projetos, portfólio e riscos. Autor de 14 livros na área. Diretor do grupo de práticas de projetos ONU responsável por projetos humanitários em diversos países. Engenheiro Químico com mestrado em Engenharia de Produção pela UFMG e certificados pela George Washington University, Harvard Law School e Massachusetts Institute of Technology.

- Tirinhas comentadas: 1, 4 e 5

ROBERTO PONS (CEO do grupo PROJECTLAB, PMP, MSc) – CEO da Projectlab, grupo de treinamento e consultoria em Gerenciamento de Projetos. Mestre em *Major Programme Management* pela Universidade de Oxford, Engenheiro Eletrônico pela Princeton University, com MBA em Gerenciamento de Projetos pela FGV, PMP, *Coach* certificado pelo IIC. Professor de pós-graduação da FGV, COPPEAD e UFRJ.

- Tirinhas comentadas: 122, 123, 124 e 125

ROQUE RABECHINI JR. (Sócio da C&R Consultoria) – www.rabechini.com.br. Consultor de empresas com atuação no Brasil e América Latina. Pós-doutorado e mestrado em Administração (FEA/USP), Doutor em Engenharia de Produção (Poli/USP). Engenheiro de produção. Professor do Programa de pós-graduação em Administração na Universidade Nove de Julho.

- Tirinhas comentadas: 2, 6 e 7

ROSÁRIA DE F. S. MACRI RUSSO (Sócia da R2DM, PhD, PMP) – PhD em Administração (FEA/USP), MBA em Administração de Projetos (FIA) e certificada PMP. Trabalhou mais de 25 anos com consultoria em TI, principalmente na área financeira. Professora no curso de Mestrado em GP (Uninove) e em cursos de MBA em Gestão de Negócios e Projetos. Pesquisadora no grupo "Decide" sobre Teoria da Decisão na FEA/USP e conselheira de governança no PMI-SP.

- Tirinhas comentadas: 93, 94, 95 e 96

RUI PINTO (Consultor e Professor de Gestão de Projetos e Sócio da Trans Soluções) – Especialista em Gestão de Projetos pela FGV/RJ, doutorando em Administração pela UNR/Argentina, certificado PMP pelo PMI. Coautor do livro "PMO: Escritórios de Projetos, Programas e Portfólio na Prática", publicado pela Brasport. Professor de pós-graduação da FGV, FDC e IBMEC. Possui trinta anos de atuação em diversas áreas de gestão e em empresas de segmentos diversificados.

- Tirinhas comentadas: 11, 12 e 13

SÉRGIO RICARDO DO NASCIMENTO (Sócio da SRN Consultoria) – Mestre em Engenharia Civil (IPT), MBA em Gestão de Empreendimentos com ênfase em Planejamento (PROMINP), MBA em Gerência de Projetos (FGV), Engenheiro Mecânico (Mackenzie), Técnico em Metalurgia (SENAI-SP). Professor convidado na FGV, Senac e instrutor de cursos abertos e de certificação. Diretor de Programas do PMI-SP (2015-2016). *Director at Large* na AACE Brasil (2014-2015).

- Tirinhas comentadas: 97, 98, 99 e 100

TÂNIA R. BELMIRO (Sócia da Carbon Life Consultoria) – Pós-Doutora em Engenharia de Produção (USP). Ph.D. em Engenharia de Produção (Heriot-Watt University, Escócia). Engenheira Eletricista (UFU). Certificação PMP (PMI). Parceira Sinduscon (SP). Consultora e Instrutora nas áreas de Gerenciamento de processos (BABOK) e projetos (PMBOK). Professora em MBAs da FGV, FIA e BBS. Realiza projetos em Angola. Autora de livros e artigos em gestão de projetos, processos e qualidade.

- Tirinhas comentadas: 126, 127, 130 e 131

TATIANA GONÇALVES (Advogada, Sócia de Oliveira Gonçalves Advogados) – Advogada e sócia-fundadora de Oliveira Gonçalves Advogados. Mestre em Direito Empresarial. Professora de Direito Empresarial e Direito Civil da Fundação Presidente Antônio Carlos (FUPAC). Membro da Lista de Árbitros da CAMARB (Câmara de Arbitragem Empresarial) Brasil. Membro do Corpo de Árbitros da Câmara de Mediação e Arbitragem do CREA/MG (CMA/CREA-MG).

- Tirinhas comentadas: 101, 102, 103, 104, 105 e 106

VALDIR BARRETO ANDRADE FILHO (Sócio da Ágon Consultoria, MSc, PMP) – Engenheiro Eletrônico e Mestre pela UNICAMP. Certificado PMP em 1999. *Blue Belt* em MS Project. Consultor em Gerenciamento de Projetos. Coordenador das Pós-graduações em Gerenciamento de Projetos do INPG e Sustentare (Joinville). Professor convidado da FIA, FACAMP, FGV, IBMEC, Fundação Dom Cabral, UNICAMP e Fundação Paula Souza.

- Tirinhas comentadas: 43, 44, 45, 46, 47 e 48

VALÉRIA BLANCO (Coach e Consultora Organizacional) – Mestre em Gestão do Conhecimento e Tecnologia da Informação (UCB). Especialista em Mensuração e Avaliação (ROI Institute). Especialista em *Coaching* Executivo e de Bem-Estar (MentorCoach – EUA). Certificada e acreditada internacionalmente (*Professional Certified Coach* – ICF). Consultora Sênior, instrutora e palestrante com experiência nacional e internacional.

- Tirinhas comentadas: 76, 77, 78, 79 e 80

VITOR VARGAS (CEO da V. V. Holding & Consulting) – CEO da V. V. Holding & Consulting. Certificado PMP. MBA em Gestão de Empreendimentos pelo IBEC/INPG e membro da AACE Brasil. Condecorado como profissional do ano de 2013 na categoria Consultor Empresarial e Diretor pela Braslider. Professor de MBAs pelo Brasil e correspondente internacional da PMForum e PM World Today.

- Tirinhas comentadas: 41, 45, 46, 47 e 48

VITÓRIO TOMAZ (gerente de projetos Web na Agência BG7 e Jovem Ponte) – Formado em Publicidade e Propaganda pela PUC-SP. Vivência de três anos no ambiente de projetos da J2DA Consulting com foco em sustentabilidade. Atuou como iniciador do blog e canais de redes sociais da revista Mundo PM, esteve à frente ao longo de dois anos da Agência Iterativa, onde desenvolveu projetos de websites especiais. Atualmente está na BG7 como gerente de projetos web.

- Tirinhas comentadas: 126, 127, 128 e 129

WAGNER MAXSEN (Comentarista) – Consultor em estratégia corporativa e gerenciamento de projetos. Instrutor sênior do ESI International e professor de pós-graduação. Diretor do *Board* do PMI e líder da equipe de suporte à implementação de projetos da UNOPS (Nações Unidas), percorrendo os continentes implementando projetos que fazem a diferença na vida daqueles que necessitam. Maníaco por aprender novas línguas, obter certificações e tomar café.

- Tirinhas comentadas: 86, 87, 88 e 89

WILMAR CIDRAL (Diretor e Educador da Sustentare Escola de Negócios) – Pós-graduado em Marketing e O&M. Mestre em Administração Moderna de Negócios pela FURB. Doutorando em Tecnologia da Informação e Comunicação ECA/USP (Brasil) e ISEGI/NOVA (Portugal). Foi Gerente de Produto da Hering. Atuou em consultorias nos setores têxteis, de construção civil, cartões de crédito e educação.

- Tirinhas comentadas: 81, 82, 83, 84 e 85